KB196075

누가 왕이 되는가

스릴과 반전, 조선 왕위 쟁탈기

스릴과 반전, 조선 왕위 쟁탈기

누가 왕이 되는가

조성일 지음

가디언

일러두기

- 단행본이나 조선왕조실록 등 모든 서적명은 《 》로 표기했으며, 그림·노래·시·드라마 제목은 〈 〉로 표기했습니다.
- 맞춤법과 인명·지명 등은 국립국어원의 용례를 따랐습니다. 다만 저자의 말맛을 살리기 위해 몇몇 경우는 구어체나 유행어, 관용적 표현을 사용했습니다.
- 조선 왕 가계도는 여러 자료를 바탕으로 하여 작성했습니다. 왕의 부인들 중 '정비'는 모두 기록했으나, '후궁'과 '자녀'는 일부는 넣고 일부는 넣지 않았습니다. '왕실 주요 인물'을 위주로 재구성했으므로 가계도는 단지 본문을 이해하는 데에만 참고하시길 바랍니다.
- 본문에 나오는 날짜는 전부 음력입니다.

시작
하며

"태정태세문단세예성연중인명선광인효현숙경영정순헌철고순종"

이른바 '태정태세문단세' 노래 덕택에 우리는 조선 왕 '스물여섯 명'
의 순서쯤은 절대 틀리지 않고 순식간에 외운다. 누군가는 글자 수를
세어 보고 스물여덟 자라며 조선의 왕이 스물여덟 명이 아니었냐고
할지도 모르겠다. 하지만 아무리 생각해도 마지막 '종' 자에 맞는 왕이
떠오르지 않아 '순' 자까지 친다 해도 스물일곱 명이 아닌가.

우선 '종' 자는 노랫말 운율 상 마지막을 자연스럽게 장식하기 위
해 넣은 것으로, 조선의 마지막 왕으로 오해 아닌 오해를 하는 '순종'
을 다 넣어 불렀다고 볼 수 있다. 그런데 문제는 그렇게 이해한다 해
도 스물일곱 명이다. 스물여섯 명이 되질 않는다. 도대체 뭐가 문제인
가. 이는 500년 역사의 조선과 13년간 존속한 대한제국을 같은 '조선
시대'로 오해하는 데서 비롯된 착각이다.

엄밀히 말해 조선은 갑오개혁으로 사실상 해체됐다. 일제의 간
계에 의한 것일지라도 청나라와 사대관계도 청산하여 자주국이 되었
다. 따라서 조선의 왕은 창업자인 '태조'에서 26대인 '고종'까지이다.

다만 고종은 새 나라인 대한제국을 선포하여 초대 황제가 되면서 두 나라에 걸친 군주가 되었다. 아울러 군주도 다른 성씨가 아니라 조선을 통치한 전주 이씨 가문이 그대로 이어받았다. 그래서 많은 사람이 조선과 대한제국을 같은 나라로 인식한다. 또 고종의 아들 순종을 조선의 마지막 왕으로 착각 아닌 착각을 한다.

조선의 왕에서 순종이 제외되어야 하는 건 당연하다. 순종은 조선의 세자는 되었어도 왕이 된 적은 한 번도 없기 때문이다. 대한제국 2대 황제가 되었을 뿐이다.

대한제국은 조선의 국체를 계승하지 않았다. 새로 창업한 나라라고 하는 게 맞다. 조선의 26대 왕 고종이 스스로 환구단에 올라 국호를 '대한제국'이라 부르는 나라의 창업을 선포하지 않았는가. 단순히 국호만 바꾼 게 아니다. 그동안 조선을 통치한 '헌법'과 같은 《경국대전》 체제를 해체하고 따로 헌법의 성격을 갖는 '대한국국제'도 반포했다.

그래서 이 책에서는 조선은 '조선'이고 대한제국은 '대한제국'으로 볼 것이다. 별개의 나라로 접근한다는 의미다. 따라서 조선의 왕 스물여섯 명의 즉위기를 살펴본다. 다만 마지막에 번외로 '순종' 편을 따로 집필하면서 조선의 왕가가 어떻게 해체되었는지 저간의 사정을 간략하게 덧붙이겠다.

어찌 보면 이와 같은 우리의 사소한 오해가 내가 이 책을 쓴 동기가 되었다. 조금만 역사를 알려고 했으면, 아니 알려 주는 누군가가 있었으면 이런 오해쯤은 생기지 않았을 것이란 확신이 생겼다.

조선의 왕위 계승권은 정실부인, 즉 중전이 낳은 맏아들인 적장자에게 우선권이 주어진다. 하지만 자식 두는 일이 어디 맘먹은 대로 되던가. 왕실도 장삼이사의 집안과 다를 바 없었다. 중전이 아들을 낳지 못하거나, 두었더라도 일찍 죽은 일이 다반사였다. 그러다 보니 적장자가 왕이 된 경우는 고작 여덟 명에 불과했다.

조선에는 적장자를 제외한 왕위 계승 서열 같은 게 없었다고 한다. 영조처럼 아들이 아닌 동생이 왕세제로, 정조와 헌종처럼 손자가 왕세손으로 즉위한 사례도 있다. 그래서 적장자가 없으면 세자 자리를 놓고 치열한 물밑 싸움을 벌이게 된다.

조선 후기로 갈수록 적통 승계가 많지 않았다. 적통의 대가 끊긴 게 가장 큰 이유였다. 왕위 계승권을 둘러싼 싸움이 치열해졌고, 그 결과물로 궁중 암투사가 생겨났다.

우리는 조선 왕 중 꽤 많은 왕의 즉위기를 알고 있다. 역사소설이든, 드라마든, 영화든, 여러 미디어의 단골 소재로 다루어졌기 때문이다. 하지만 상식 수준을 뛰어넘는, 인간의 민낯을 고스란히 드러내는 드라마틱한 복수와 혈투의 주인공이었던 왕들만 우리의 편견 속에 자리 잡은 듯하다.

조선 왕 스물여섯 명의 즉위기를 살펴보면 쉽게 왕위에 오른 사람이 한 명도 없다는 사실을 알게 된다. 왕실의 법도에 따라 다음 왕이 분명한 적장자인 세자가 있어도, 갖은 수단을 다해 세자 자리를 흔들었다.

하물며 적장자가 없다면 상황은 우리의 상상을 뛰어넘는다. 당연히 후궁에게서 생산된 서자에게 눈길을 돌릴 것이고, 여러 서자 중 누구를 고를지 고민하는 간택의 과정은 흔한 말로 '암투사' 그 자체였다.

물고 물리는 후궁들의 치열한 물밑 경쟁은 단순한 후궁들만의 경쟁이 아니었다. 여기에는 외척 세력을 비롯하여 당시 권력자들의 가문까지, 다양한 권력들이 얽히고설키면서 지금 읽어도 너무나 재미있는(?) 숨 막히는 서사를 만들어 냈다.

조선 왕 즉위기는 당사자들에게는 피눈물 나는 고통이었고, 후손들에게는 흥미진진한 이야기다. 하지만 이 '고통'과 '흥미'는 함께 어우러져 우리에게 반면교사로 작용하며 역사적 교훈을 준다.

우리가 알아야 할 소중한 이 역사는 '정사'보다는 '야사'의 성격이 더 강하다. 야사도 엄연히 우리나라를 일구어 온 역사의 한 페이지이다. 그런데도 이른바 'B급 역사' 취급받기 일쑤다. 그마저도 일부 왕만 그 과정이 조명됐을 뿐 대다수 왕의 즉위기는 역사 속에 묻혀 있다. 나는 이 묻힌 왕들까지 물 위로 끌어 올려 조선의 왕 스물여섯 명 모두를 살펴보고 싶은 욕심이 생겼다. 내 능력을 벗어나는 일임을 알면서도 과감하게 도전했다. 공부하면서 쓰면 되겠다고 생각했다.

일단 이 책은 '역사'이고, 그중에서도 '조선', 더 들어가서 '왕세자 책봉과 즉위'에 초점을 맞춘 즉위기이다.

책 이름 《누가 왕이 되었는가》가 다소 밋밋하다고 느낄 수도 있지만, 그 속에 담긴 서사는 절대 녹록하지 않다. 즉위기의 행간에 담긴 역사는 '암투사'라고 해도 틀리지 않을 만큼 흥미진진할 뿐 아니라 숨이 막힐 정도이다.

'암투사'라는 표현 때문에 뭔가 음모가 득시글거릴 것 같은 느낌이 먼저 다가오리라. '암暗' 자가 가지는 의미가 어둡고, 어둡다는 것은 백일하에 드러났다기보다는 뭔가 숨겨져 있고, 사람들이 알기보다는 몰래 한다는 의미가 더 강한지라 그럴 것이다. 맞다.

조선의 왕비와 후궁들은 자기 아들을 세자로 삼으려고 갖은 노력을 다했다. 때로는 속이고, 때로는 모함하고, 때로는 죽이고, 이런 암투 끝에 세자로 책봉된다 해도 맘을 놓을 수 없었다. 그 어두운 그림자는 아주 작은 빈틈도 허용하지 않았다. 어떻게든 틈이 생기면 비집고 들어왔다. 어쩌면 조선 역사는 다음 왕의 자리를 두고 왕의 여인들이 벌인 난투극이라 해도 크게 틀리지 않을 것 같다.

여기서는 조선 왕 스물여섯 명 모두의 왕위 이야기를 담을 예정이다. 어떤 왕은 정말 피비린내 나는 드라마틱한 암투의 결과물로서, 또 어떤 왕은 자신도 모르게 하루아침에 왕이 되기도 했다. 순리에 따르든, 암투를 벌이든, 조선의 왕 스물여섯 명에게는 다 역사적 배경과 서사가 있다. 나는 이런 것에 주목하되, 특히 왕의 여인의 역할에 초점을 맞춰 볼 생각이다.

지난 2년간 나는 태조에서 고종에 이르기까지 한 명씩 공부와 집필을 거듭하길 26번 했다. 그러다 보니 마침내 마침표가 찍혔다. 그동안 꽤 여러 권의 책을 썼지만, 이번만큼 공부했느냐고 물으면 고개를 가로저을 수밖에 없다. 이 책을 쓰면서 정말 공부다운 공부를 했다는 느낌을 받는다.

하지만 그 완성도의 수준을 운운하기에는 아직 한참 모자란다. 으레 하는 겸사가 아니다. 다만 역사학자가 아닌 역사 큐레이터로서 나름 독자들이 읽을 만하게 잘 펼쳐 놓으려 애썼다고 자부한다. 이제 원고는 내 손을 떠나 출판사로 넘어갔다. 그리고 독자에게로 갈 것이다. 질책과 기대가 동시에 내 어깨를 누른다.

2025년 2월
조성일

차례

태정태세문단세,
예성연중인명선 광인효현숙경영 정순원철고······,

조선 왕 스물여섯 명, 이 가운데 단 한 명도 손쉽게 왕위에 오르지 못했다.
아들을 권좌에 올리기 위한 궁중 여자들의 치열한 암투와
권력을 움켜쥐기 위한 권력자들의 복수와 혈투.
이들이 얽히고설키면서 만들어 낸 숨 막히는 서사가 펼쳐진다.

스스로
왕 자리를
꿰차다

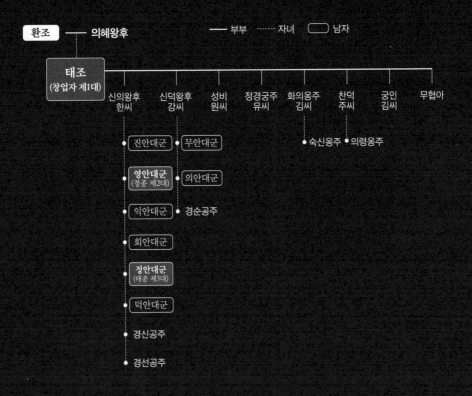

환조 —— 의혜왕후   —— 부부 ······ 자녀 ⬭ 남자

태조
(창업자 제1대)

신의왕후 신덕왕후 성비 정경궁주 화의옹주 찬덕 궁인 무협아
한씨   강씨   원씨   유씨   김씨   주씨   김씨

진안대군   무안대군   숙신옹주 ● 의령옹주

영안대군 의안대군
(정종 제2대)

익안대군   경순공주

회안대군

정안대군
(태종 제3대)

덕안대군

경신공주

경선공주

태조

1335~1408 | 재위 1392~1398

먼저 《누가 왕이 되었는가》의 첫 글은 이 책의 기본 '콘셉트'를 충실히 반영하지 못함부터 고백해야겠다. 왜냐고? 애초 이 책을 기획할 때의 기본 콘셉트는 "'조선 왕의 즉위'를 둘러싼 왕실의 암투를 날것처럼 다룬다"는 것이었다. 내 능력을 넘어서지만, 특히 왕비들의 권력에 대한 본능을 살펴보는 것도 후대의 우리에게 시사하는 바가 있겠다는 '소박한' 의도였다.

그런데 다루는 시대는 조선이고, 조선의 출발은 태조 이성계가 아닌가. 당연히 이 책의 첫 번째 즉위기는 태조 이성계를 다룬 것일 수밖에 없다.

이성계가 조선의 첫 번째 왕이 될 때 그의 부인들은 과연 어떤 역할을 했을까. 그런데, 알다시피, 이성계는 '세자'에서 왕위에 오른 경우가 아니다. 이성계는 고려 왕조를 멸망시키고 새 나라 '조선'을 건국하여 스스로 '왕(태조)' 자리를 꿰찬 인물이다. 태조에게는 왕실의 얽

조선 창업자 태조 어진 (한국학중앙연구원 소장)

히고 얽힌 '혼맥'과 그 속에서 세자 자리를 놓고 벌이는 '왕비'와 '후궁'들 간의 숨 막히는 암투 같은 게 있을 리 없다. 하지만 '부인'들의 역할이 없었다면 과연 이성계가 조선의 왕이 될 수 있었을까. 이런 문제의식으로 '이성계 편'을 시작한다.

먼저 고려의 무장 이성계가 어떻게 조선을 세우고 첫 왕 태조가 되었는지부터 살펴보자. 이성계가 왕이 되는 과정에 대한 사전 지식으로 무장한 다음 부인들의 역할을 들여다보면 더 이해가 빠를 것이기 때문이다.

이성계는 1335년(충숙왕 후4년) 고려 동북면 화령에서 태어났다. 동북면이면 함경도 영흥지역이다. 여기서 드는 궁금증 하나. 이성계는 '영흥'에서 태어났음에도 왜 본관이 '전주'일까? 이성계가 워낙 큰 인물이라 당연히 전주 이씨의 시조라고 알고 있는 사람들이 꽤 있다. 굳이 이런 궁금증을 드러내는 것은 이성계가 시조가 아니라는 이야기이다.

《태조실록》에 보면 '전주'가 본거지였던 이성계의 조상들이 영흥으로 옮겨간 이야기가 비교적 자세하게 나온다. 전주 이씨는 신라시대 때 '이한李翰'을 시조로 하여 전라도 전주에 터전을 잡고 번성해 온 가문이다. 그러다 17세손 중 한 사람인 이안사李安社가 스무 살 무렵에 전주를 떠나게 되었다. 이안사는 이성계의 고조부로, 훗날 목조穆

누가 왕이 되는가

18

祖로 추존되는 인물이다.

이안사가 전주를 떠난 것은 전주 감영 관기와 부적절한 관계를 맺었던 데서 비롯됐다. 이 문제가 중앙에 알려져 개경으로 압송될 위기에 처하자, 이안사는 재빨리 가솔들을 거느리고 전주를 떠났다. 그리고 도착한 곳이 강원도 삼척이다.

그런데 이 무슨 운명의 장난이란 말인가. 전주 감영의 관기를 두고 이안사와 삼각관계였던 전주의 산성별감山城別監이 삼척의 안렴사按廉使로 부임한다는 것 아닌가. 이에 화들짝 놀란 이안사는 앞뒤 잴 것 없이 부랴부랴 다시 이삿짐을 쌌다. 그리고 도착한 곳이 원산이었고, 이후 영흥까지 흘러 들어갔단다.

이안사가 삼척에 머물 때 있었다는 야사 한 토막이 있다. 이른바 '백우금관百牛金冠' 설화. 이안사의 아버지 이양무李陽茂가 죽었다. 묏자리를 찾던 이안사는 집안 일꾼에게서 한 도승이 했다는 "5대 후에 임금이 난다"는 명당 얘기를 전해 듣는다. 이 상황에서 명당 얘기를 듣고 가만있을 사람이 있겠는가. 이안사는 곧바로 도승을 찾아갔다. 도승은 명당을 가리키며 조건이 있다고 했다. 개토제開土祭(묘지를 팔 때 지내는 제사) 때 소 1백 마리를 잡아야 하고, 관은 금관을 써야 효험이 있다나 뭐라나.

이안사는 난감했다. 하지만 궁하면 통한다고 하지 않았던가. 이안사는 편법을 생각해 냈다. 그는 마침 처가에 있던 흰 소를 떠올렸다. 흰 소白牛의 '白' 자와 1백 마리 소百牛의 '百' 자가 같은 음이 아닌가. 그리고 금관은 관에 황금빛의 밀짚을 씌워 해결했다. 그 덕택인지 어쩐지 5대손인 이성계가 진짜 왕이 된다. 살짝 MSG도 치고 마사지한 냄새가 나지만 아무튼 신기하게 그렇게 됐다. 지금도 삼척에 가면

이 설화의 현장에 '준경묘濬慶墓'가 있다.

이야기가 갑자기 곁가지로 심하게 빠졌는데, 다시 정신 차려 이성계가 왕이 되는 과정으로 돌아가 보자.

이성계는 누구나 인정하는 무관이다. 그는 아버지 이자춘李子春이 원나라에 빼앗겼던 쌍성총관부雙城摠管府(원나라의 고려 통치 기구)를 되찾는 데 힘을 보탰고, 그 공으로 이름이 사람들의 입에 회자되기 시작한다. 특히 그의 활 솜씨는 중국이나 일본에도 기록이 있을 만큼 대단했다고 한다. 이 일이 있은 지 5년 뒤에 아버지가 죽자, 그는 아버지의 벼슬(금오위상장군·동북면상만호)을 이어받았다.

이렇게 존재감을 드러내기 시작한 이성계는 여러 차례 전투에 참전해 '무패' 행진을 보이면서 서서히 중앙 정계에 영향력을 키우기 시작한다. 하지만 여전히 그의 이름은 중앙 정계에서 미미할 뿐이었다. 이에 이성계는 자신의 이 같은 핸디캡을 개혁 세력인 신진사대부들과 어울리면서 채워 넣었다.

그중 대표적인 신진사대부가 바로 정몽주이다. 이 무렵 정몽주는 이성계와 일거수일투족을 거의 같이할 만큼 친밀한 관계였다. 조선의 설계자로 통하는 정도전과의 관계 설정도 정몽주를 통해서 이루어졌다. 그러면서 이성계는 군부 실력자 최영이 최고 권력자 이인임을 축출하려는 데 힘을 보태 신임을 얻었음은 물론이거니와, 이인임의 친척으로 고위직에 있던 조민수와도 뜻이 통하는 사이가 됐다. 개혁 세력이든 보수 세력이든 가리지 않고 두루두루 친하게 지냈다.

그런데 사대관계에 있던 명나라가 영토 욕심을 부렸다. 쌍성총관부가 있던 지역이 원나라를 계승한 자신들의 땅이라며 '철령위鐵嶺衛'를 설치하고 직접 다스리려고 한 것이다. 이에 대해 최영은 이 요구를 순순히 받아들일 수 없다며 '요동 정벌'을 주장한다.

이성계는 최영의 요동 정벌 주장에 딴지를 건다. 이성계가 내건 반대 이유는 바로 우리가 익히 들었던 '사불가론四不可論'이다. 첫째, 작은 나라가 큰 나라를 거역함以小逆大. 둘째, 여름에 출병함夏月發兵. 셋째, 원정군이 나가면 왜구가 그 빈틈을 노릴 염려가 있음擧國遠征 倭乘其虛. 넷째, 장마철에는 활이 제 기능을 발휘하지 못하고 전염병 발생의 우려가 있음時方暑雨 弓弩膠解 大軍疾疫.

이성계의 반대 논리는 나름의 설득력이 있었다. 물론 그 혼자만의 생각도 아니었다. 이는 그가 소통하고 있던 신진사대부들의 의견이기도 했다. 사대관계에 있는 우리가 큰 나라인 명을 칠 수 없고, 농사가 한창일 때 군사를 동원하면 누가 농사를 지을 것이며, 군사가 비면 왜구가 그 틈을 비집고 들어올 테고, 비를 맞으면 아교가 녹아 활이 제구실할 수 없다.

이성계는 요동 정벌을 원천적으로 반대하지는 않았다. 공민왕 시절 요동을 정벌했다가 군량미를 다 태우는 바람에 퇴각해야 했던 쓰라린 경험이 있었던 터라 이성계는 식량이 풍부한 가을이 어떠냐고 역제의하기도 했었다.

최영은 후배 이성계의 주장에 신경 쓰지 않았고, 1388년 요동 정벌에 나선다. 당연히 최영은 자신이 직접 전장에 나가 지휘하겠다고 했다. 그러나 우왕이 극렬하게 반대했다. 가뜩이나 겁이 많던 우왕으로서는 곁에 최영이 없다는 사실을 받아들일 수 없었다. 혹시 누가 자신을 해칠 수도 있다는 불안감에 사로잡혀 있었다. 결국 최영은 불참하고 대신 이성계가 진두지휘하게 된다.

1388년 4월 18일 평양에서 출발한 정벌군은 5월 7일에 압록강하류에 있는 위화도에 도착했다. 때마침 장맛비가 엄청나게 내려서 오도 가도 못하는 지경이 되었다. 우군도통사 이성계는 좌군도통사 조민수와 상의하여 '회군'을 결정한다. 그리고 우왕과 최영에게 회군 하겠다고 보고한다. 최영이 펄쩍 뛰었음은 물어보나 마나 한 소리였다. 하지만 이성계는 자신이 그린 나름의 큰 그림에 따라 뜻대로 밀고 나갔다. 역사는 이를 '위화도 회군'이라 기록했다.

이 회군은 이성계가 신진사대부들과 그렸던 큰 그림을 실행에 옮기는 출발점이었다. 정벌군은 빠른 속도로 천 리가 넘는 길을 열흘 만에 내달려 개경에 도착한다. 출정을 떠날 때 평양에서 위화도까지 19일이 걸렸던 것을 생각하면 두 배나 빠른 속도이다. 왜 이렇게 빨랐을까. 이성계에게는 다 계산이 있었다.

결론부터 미리 말하면, 쿠데타를 일으켜 권력을 잡기 위해서였다. 회군한 이성계는 산전수전 공중전까지 겪은 노회한 최영과 두 차례 혈전을 벌였고, 결국 우왕을 폐위한다. 하지만 여기서 1차 반전이 일어난다. 믿었던 조민수가 배신하여 아홉 살의 창왕을 세웠던 것이다.

그런데 예상치 못한 걸림돌이 또 생겼다. 정몽주였다. 창왕을 폐위하고 공양왕을 세울 때까지 의기투합했던 정몽주는 이성계의 의도를 의심했다. 이성계의 속내가 망해 가는 고려를 개혁해 다시 세우는 것이 아니라 그 스스로 왕이 되려는 게 아닌가 싶었던 것이다.

이때부터 정몽주는 이성계와 어긋나기 시작했다. 정몽주 세력은 명나라에서 돌아오는 세자를 마중 나갔다가 낙마 사고로 누워 있던 이성계를 제거하려 했다. 그런데도 이성계는 이렇다 할 대응이나 움직임을 보이지 않았다.

하지만 이성계의 다섯째 아들 방원(훗날 태종)은 달랐다. 아버지에게 보고하지도 않고 독자적으로 개경 선죽교에서 정몽주를 살해한다. 이날의 마지막 순간에 두 사람이 맞닥뜨린 입장을 이방원의 〈하여가何如歌〉와 정몽주의 〈단심가丹心歌〉로 설명하기도 한다.

"이런들 어떠하며 저런들 어떠하리/ 만수산 드렁칡이 얽어진들 어떠하리/ 우리도 이같이 얽어져 백 년까지 누리리라."

- 이방원의 〈하여가〉

"이 몸이 죽고 죽어 일백 번 고쳐 죽어/ 백골이 진토 되어 넋이라도 있고 없고/ 임 향한 일편단심이야 가실 줄이 있으랴."

- 정몽주의 〈단심가〉

이제 남은 건 이성계가 어떤 모양새로 왕위에 오르느냐였다. 이미 시중에는 "이씨李氏가 나라를 얻는다"는 뜻의 〈목자득국木子得國〉 노래가 널리 퍼졌다. '木' 자와 '子' 자를 합하면 '李' 자가 되지 않는가.

결국 이성계는 왕의 성을 바꾸는 '역성혁명易姓革命'을 통해 새 나라 조선의 왕이 되었다. 왕이 되란다고 덥석 왕의 자리를 받지는 않는다. 여러 차례 사양하다가 마지못한 척 받는다. 혈연관계가 다른 사람에게 물려주었기 때문에 선양禪讓의 형식이었다. 참고로 혈연관계가 있는 사람에게 왕위를 물려주는 것은 양위讓位라 한다. 1392년 7월 17일, 이성계는 수창궁에 나아가 왕위를 계승하여 새 왕조를 열었으니, 바로 조선朝鮮이었다.

간략하게 살펴본 여기까지가 소위 남자들이 권력을 잡아 가는 바깥 사정이었다. 그렇다면 이성계 집안의 안쪽 상황은 어떠했을까.

태조 이성계의 가계도부터 살펴보자. 이성계에게는 모두 여덟 명의 여인이 있었다. 첫 정실부인 신의왕후 한씨를 비롯하여 두 번째 정실부인 신덕왕후 강씨, 세 번째 정실부인이나 다름없던 성비 원씨, 그리고 후궁으로 화의옹주 김칠점선, 정경궁주 유씨 등. 태조는 이들 정실과 후궁 사이에서 모두 8남 5녀를 둔다.

우선 여기서 눈에 띄는 부분은 이성계의 '정실부인'이 둘 또는 세 명이나 된다는 점이다. 조선시대는 분명 일부일처제가 작동하는 유교의 나라였는데, 어찌하여 정실부인이 한 명이 아니란 말인가.

이 점을 이해하기 위해서는 이성계가 어떤 시대에 살았는가를 살펴봐야 한다. 이성계는 적지 않은 나이인 쉰여덟 살에 조선의 왕이 되었다. 그리고 일흔네 살에 사망한 점을 고려하면 그의 삶의 상당 부분은 '조선'이 아닌 '고려'시대였음을 알 수 있다. 해서 그의 혼인 관련 문제 역시 조선이 아닌 고려의 상황을 먼저 따져 봐야 제대로 이해할 수 있다.

고려시대의 혼인제도는 '일부일처제'가 원칙이었다. 하지만 이 원칙이 확고하게 지켜졌느냐 하면 그렇지 않다. 한 지아비가 여러 지어미를 거느리는 것을 알고도 모르는 척 묵인해 왔다. 물론 '정실'은 한 명이고, 나머지는 '첩'이었다. 이를테면 '처첩제'라고 하는 게 옳은 표현 같다.

고려 충렬왕 때 재상 박유朴楡가 '여몽전쟁'(1231년부터 1259년까지 아홉 차례에 걸쳐 일어난 고려와 몽골의 전쟁)으로 인해 남자가 많이 죽음으로써 여성이 상대적으로 많아졌고, 원래 해동(중국 동쪽, 즉 우리나라) 땅은 음기가 세다는 이유를 들어 '일부다처一夫多妻'를 주장했다가 여성들의 집단 반발에 부닥쳤다는 《고려사》의 기록이 있다. 아무튼 처첩제에 관한 한 고려는 상당히 자유로웠다.

그런데 우리가 이성계의 혼인 관계를 제대로 이해하기 위해서는 고려 말에 있었던 '양처제兩妻制'를 주목해야 한다. 양처제란, 낱말을 액면 그대로 풀면, '두 명의 처'를 둔다는 의미이다. 분명 원칙은 일부일처인데, 두 명의 처를 공식적으로 둔다? 이건 형용모순이다. 그렇다면 왜? 1417년 2월 23일 자 《태종실록》을 보자.

"고려 말엽에 높고 낮은 벼슬아치들이 서울 외에 양처兩妻를 함께 둔 자도 있고, 다시 장가들고서 도로 전처와 합한 자도 있으며, 먼저 첩을 얻고 뒤에 처를 얻은 자도 있고, 먼저 처를 얻고 뒤에 첩을 얻은 자도 있으며, 또 일시에 삼처三妻를 함께 둔 자도 있어서, 그가 죽은 뒤에 자식들이 서로 적자를 다투게 되니 쟁송이 많았으나, 그때에는 처를 두고 처를 얻는 것을 금하는 법이 없었습니다."

이 기사는 태조가 아닌 아들 태종 때의 기사라서 고려가 아닌 조선의 기록이라는 점을 감안하고 보아야 한다. 조선의 혼인제가 태종 대를 중심으로 '일부일처'로 확고하게 굳어졌기 때문이다.

아무튼 이 기사를 보면, 고려 말기에는 '일부일처제'를 어기더라도 문제가 되지 않았다는 다소 느슨한 혼인제의 모습이 보인다. 조선보다는 고려시대가 더 자유로웠다는 일반적인 역사 상식에 부합하는 일이라 새로울 게 없어 보인다.

다만 첫 줄에 등장하는 '양처'라는 표현에 더 집중해 보자. 두 명의 부인이란 의미의 양처는 '향처鄕妻'와 '경처京妻'를 일컫는 말이다.

위 기사에서도 '서울 외'에 둔다고 하지 않았는가.

자, 눈 밝은 독자는 향처와 경처의 한자에서 그 의미를 이미 눈치챘을 것 같다. 향처는 고향 집에 머무르는 부인, 경처는 서울 집에 사는 부인이다. 그러면 왜 고향 집과 서울 집이 있었을까.

가만히 생각해 보자. 요즘 젊은이들은 크게 공감하지 못하겠지만 옛날 사대부들은 대부분 지방에 본거지를 두고 있었다. 우리 성씨의 본관을 보면 알 수 있다. 지방 출신의 선비가 과거시험에 합격하여 출세하면 어디로 가는가. 그렇다. 관청이 있는 서울로 간다. 이 점은 지금도 크게 다르지 않다.

당시에는 일찍 결혼하는 풍습이라 과거에 급제할 때면 대부분이 혼인했기에 당연히 고향 집에 부인이 있었다. 관료가 된 선비가 서울로 갈 때 지금처럼 부인과 아이들이 함께 이삿짐을 싸지 않았다. 고향 집에 있는 부모와 조상을 모셔야 한다는 이유로 부인과 아이들은 그대로 남고 선비 혼자 서울로 갔다. 나라에 충성하는 것보다 부모에게 효도하는 것을 더 중요한 덕목으로 여기던 사회였다.

그런데 서울로 간 선비는 독수공방 대신 서울의 세련된 신식 여인을 또 부인으로 맞는다. 그 부인은 서울에서 그 선비와 함께 산다 해서 '서울 부인'이라 불렸다. 이성계에게 공식적으로 부인이 두 명인 것은 이런 연유와 무관하지 않다. 열일곱 살 이성계는 1351년 열다섯 살인 한경韓卿의 딸 청주 한씨와 혼인한다. 그가 신의왕후 한씨神懿王后 韓氏이다. 《순조실록》에 의하면 한씨가 태어날 때 하늘에 아름다운 음악 소리가 들려오고 오색 영롱 구름이 감돌았다고 한다. 그래서 한씨 친정집 뒷산 이름을 풍류산風流山이라 지었다나 뭐라나. 그걸 기리기 위해 순조 때 한씨의 고향에 한씨 기념비까지 세운다.

한씨는 무장이라 한시도 집에 있지 않는 남편 이성계를 대신해서 집안일을 도맡았다. 흔한 말로 내조에 전념했다.

슬하에는 모두 6남 2녀를 두었다. 아들은 방우, 방과, 방의, 방간, 방원, 방연이다. 이들 중 나중에 왕이 된 아들이 둘이나 있다. 위화도 회군 때 이성계 집안은 말 그대로 엄청난 위기 속에 있었다. 이성계가 위화도에서 우왕과 최영에게 거듭 회군하겠다는 의사를 밝혔지만 번번이 거절당하는 상황이었다. 더욱이 노회한 최영이 혹시 있을지도 모를 이성계의 이상 행동에 대비해 가족을 인질로 잡는다는 소문이 돌았다. 이때 아들 방원이 급히 포천에 머물던 어머니 한씨를 동북면으로 피신시켰다고 한다.

하지만 이성계가 창업할 수 있도록 지성으로 도운 사람은 둘째 부인인 신덕왕후 강씨神德王后 康氏였다. 정확한 연도는 알 수 없지만 신의왕후 한씨가 살아 있을 적에 이성계와 정략적으로 결혼한 강씨는 황해도 곡산 출신으로 소위 '경처'라 할 수 있다.

향처인 첫째 부인 신의왕후는 집안일을 도맡아 하기도 하였거니와, 이성계가 왕위에 오르기 전해인 1391년에 사망함으로써 왕비로서의 직접적인 역할을 하지는 못했다. 대신 경처 강씨가 결정적인 역할을 해낸다. 굳이 '정략결혼'이라 표현한 것은 강씨의 집안이 보통 집안이 아니기 때문이다.

신덕왕후의 친정은 고려 충혜왕 때 세도를 떨친 권문세가이다. 특히 이성계와 스물한 살의 나이 차에도 불구하고 이 두 사람이 결혼한 것은 뭔가 함께 도모할 수 있겠다는 계산이 있었지 않았을까.

두 사람은 우물가에서 처음 만났다고 한다. 호랑이 사냥을 나갔던 이성계가 목이 말라 우물을 찾았고, 그 우물에 있던 여인이 바가지에 물을 떠서 건넸는데, 물에다 버들잎을 띄워 주었다고 한다. 이성계가 고약한 짓이라고 나무라자 그 여인은 급히 마시면 탈 날 것 같아 버들잎을 불며 천천히 마시라는 뜻이었다고 말한다. 이 지혜에 감복한 이성계가 정신을 차리고 그 여인을 찬찬히 뜯어보고는 한눈에 반했다고 한다. 이 설화에 대한 신빙성은 "글쎄"이지만, 〈용비어천가〉에 나올 법한 것으로 이해하면 될 듯싶다.

그녀가 결정적인 역할을 한 것은 이성계가 말을 타다 떨어져 해주에 머물러 있을 때였다. 혹 정몽주가 이성계를 제거할지도 모른다는 생각에서 강씨는 생모 한씨의 무덤에서 시묘살이하던 방원을 급히 해주로 보내 이성계를 개경으로 오도록 했다. 만약 강씨의 지략이 없었다면 무방비 상태의 이성계는 어떻게 되었을까. 우리가 짐작하는 대로다.

그뿐이 아니다. 방원이 정적이 된 정몽주를 죽였을 때 이성계는 엄청나게 분노했다. 방원을 가까이 오지 못하도록 했을 뿐만 아니라 아들 대접도 하려 하지 않았다. 이때 이성계를 설득해 낸 사람이 바로 강씨다.

이런 대담성과 결단력을 보이며 강씨는 조선 창업에 있어서 이성계와 동업자가 되었다. 물론 자신의 슬하에 있던 두 아들 중 방석을 세자로 세우는 과정에서 후에 태종이 되는 방원과 권력투쟁을 벌이기도 했다. 우리가 '왕자의 난'으로 알고 있는 이 이야기는 '태종' 편에서 하겠다.

한편 신덕왕후는 1936년 사망한다. 그를 잊지 못한 태조는 흥천사를 지었고, 신덕왕후 슬하의 아들들과 함께 흥천사를 산책하는 것을 즐겼다고 한다. 강씨에 대한 태조의 애틋함을 엿볼 수 있는 대목이다.

한편 이성계에게는 사실상 세 번째 정실부인이라 할 수 있는 '성비 원씨 誠妃 元氏'가 있다. 신덕왕후가 죽고 1년 6개월 뒤인 1398년 2월 25일 성비 원씨가 태조의 부인으로 간택되어 입궁했다. 처음에는 빈이었다가 후에 성비 誠妃가 되었다. 이성계와 40, 50여 살 나이 차가 있어서 슬하에 자녀는 없다. 그런데 문제는 이성계 사후에 '비'였던 그녀를 대왕대비로 대우해야 하는지를 두고 논쟁이 벌어졌다고 한다. 어쨌든 사실상 비였기 때문에 세 번째 부인이라고 할 수 있다.

이 밖에 이성계에게는 후궁 출신으로 슬하에 의령옹주를 둔 찬덕 주씨 贊德 周氏, 관기 출신으로 슬하에 숙신옹주를 낳은 화의옹주 김씨(옹주는 왕의 서녀이지만 이때에는 후궁에게도 붙였다고 함), 정경궁주 유씨 貞慶宮主 柳氏, 궁인 김씨 宮人 金氏, 기생이었던 무협아 巫俠兒 등이 있다.

이처럼 많은 부인과 후궁을 두었지만, 태조 이성계의 부인들에 관한 이야기는 빈약하다면 빈약할 수 있다. 하지만 이야기가 빈약하다고 해서 역할까지 빈약한 건 아니다. 이성계가 조선을 창업할 때 참모들의 역할이 컸다면, 때로는 내조로 때로는 동지로 힘을 합한 부인들의 역할 또한 이에 못지않다. 향처인 첫 부인 신의왕후 한씨와 경처인 두 번째 부인 신덕왕후 강씨의 도움은 분명 이성계를 '태조'로 만드는 데 큰 힘이 되었으리라.

자기도
모르게
왕 되다

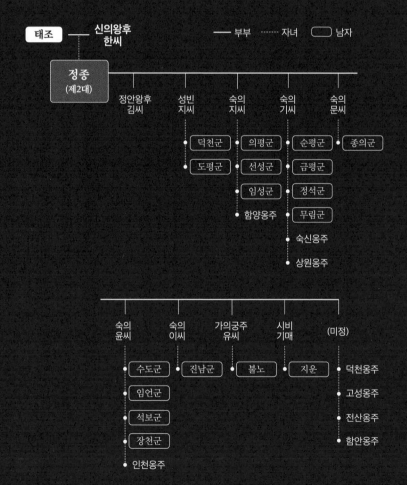

태조 ── 신의왕후 한씨   ── 부부   ···· 자녀   ☐ 남자

정종 (제2대)

정안왕후 김씨 | 성빈 지씨 | 숙의 지씨 | 숙의 기씨 | 숙의 문씨

덕천군 | 의평군 | 순평군 | 종의군
도평군 | 선성군 | 금평군
임성군 | 정석군
함양옹주 | 무림군
숙신옹주
상원옹주

숙의 윤씨 | 숙의 이씨 | 가의궁주 유씨 | 시비 기매 | (미정)

수도군 | 진남군 | 불노 | 지운 | 덕천옹주
임언군 | 고성옹주
석보군 | 전산옹주
장천군 | 함안옹주
인천옹주

정종

1357~1419 | 재위 1398~1400

조선 전기 왕권을 둘러싼 암투사에서 가장 잔혹하고 흥미진진한(?) 이야기를 할 차례다. 이름하여 '왕자의 난'이다.

아마도 대부분이 이 이야기의 상당 부분을 알고 있을 것이다. 그렇지만 그 역사 지식은 남성이 벌인 권력투쟁에 초점이 맞춰졌을 가능성이 크다. 지금까지의 역사 공부는 남자들의 역사를 주로 다뤘기 때문이다.

왕자의 난에는 남성만이 참가하지 않았다. 여성도 한몫 단단히 했다. 왕자의 난을 입체적으로 이해하기 위해서는 씨줄이랄 수 있는 남성의 활약상과 날줄인 여성의 암약이 서로 교직해야 한다.

왕자의 난은 두 번에 걸쳐 일어난다. 1차 난으로 이성계의 둘째 아들 방과가 왕위에 오르고, 2차 난으로 애초 이 쿠데타를 기획하고 주도하고 완성했던 다섯째 아들 방원이 왕권을 잡는다. 거사에서 주인공(왕) 이름이 거의 보이지 않기에 '자기도 모르게 왕 되다'라고 제목을 뽑아도 될 정도의 이야기인 1차 왕자의 난에 대해 알아보자.

저 함경도 변방의 무장 이성계가 어찌어찌해서 새 왕조를 창건하여 조선의 문을 열었다. '태조' 편에서 이성계의 조선 창업에는 그의 둘째 부인 신덕왕후 강씨가 '동업자'였다고 쓴 바 있다. 이 점을 특별히 주목하면서 이야기를 전개해 나가겠다.

신덕왕후라 불리는 이성계의 '경처' 강씨는 남편 이성계보다 무려 스물한 살, 큰아들 방우보다 두 살이 어렸고, 둘째 방과보다 한 살이 많았다. 강씨와 이들 '향처' 신의왕후 한씨 소생 자녀들과의 관계를 족보상으로 보면 어머니와 자녀가 되겠지만, 나이로는 남매처럼 보였다는 게 더 정확한 표현일지 모르겠다. 그럼에도 이들의 관계는 좋았다고 한다.

강씨는 한씨 소생 넷째 방간과 다섯째 방원을 개경의 집으로 불러 공부시켰다. 아버지 이성계가 전장에 나가 살다시피 하였기에 자식 교육이나 집안 살림은 향처 한씨가 도맡아 했었다. 그러다 경처 강씨가 들어오면서 자녀 교육 같은 일에서 역할 분담도 하게 된 듯하다. 그때나 지금이나 시골 출신 아이들이 공부를 위해 서울로 '유학'을 왔는데, 이때 가장 큰 고민거리가 '거처'였을 터이다. 강씨의 등장은 이런 고민을 일거에 해소해 주었다.

특히 이성계의 아들 중 방원이 유일하게 고려의 과거시험에 합격한다. 이는 천재 소리를 듣던 방원 자신의 능력이기도 하거니와, 강씨의 뒷바라지에 힘입은 바도 크다고 할 수 있다. 강씨는 방원이 글 읽는 소리를 들으면서, "어찌 내가 낳은 아들이 되지 않았는가?"라고 탄식했다던가.

방원은 열일곱 살에 과거에 급제했다. 그것도 '문과'에 우수한 성

누가 왕이 되는가

적으로 합격했다. 함경도 변방의 무과 집안이라는 가문의 배경을 생각하면 경사 중의 경사였다. 앞선 이야기이기는 하지만 조선의 왕 중 과거시험에 합격한 사람은 그가 유일하다.

방원의 급제 사실을 알리는 관교官敎를 받아 든 아버지 이성계는 너무도 기쁜 나머지 읽고 읽고 또 읽었을 정도였다. 궁궐을 향해 절했다는 일화 앞에서 그의 기쁨을 설명할 수 있는 낱말을 찾지 못하겠다.

방원이 아버지의 특별한 사랑을 받았음은 물론이거니와, 이를 뒷바라지한 강씨 역시 남편에게서 지극한 사랑을 받았음은 당연하리라.

또한 방원의 입장에서 비록 생모는 아니더라도 헌신적인 뒷바라지를 해준 둘째어머니를 따르지 않을 수 있겠는가. 더욱이 두 사람은 이성계가 큰 그림(조선 창업)을 실행에 옮겼을 때 함께 힘을 합쳐 위기를 극복해 내는 협업을 펼쳤다는 이야기는 앞에서 한 바 있다.

이런 돈독한 관계가 죽고 죽이는 사이가 된 것은 '권력', 즉 '왕권' 때문이었다. 권력은 부자지간에도 나누지 않는다고 하잖는가.

태조 이성계가 왕위에 올랐을 때는 그의 나이 이미 쉰여덟. 요즘에야 오십 대가 한창때라지만 당시의 평균수명을 생각하면 오늘 당장 죽는다고 한들 전혀 이상하지 않았다. 그러니 후계자, 즉 '세자'를 서둘러 책봉해야 함은 선택이 아니라 필수였다.

태조의 뒤를 이을 세자 '후보'들은 즐비했다. 특히 이미 다 커서 어른이 된 한씨 소생 왕자들이 여섯 명이나 있었다. 큰 이변이 없는 한 '적장자' 계승 원칙을 따르면 된다. 자연스럽게 맏아들 '방우'가 세자로 책봉되는 것이 순리처럼 보였다. 그러나 왕권에 그다지 관심을 두지 않았던 방우가 1393년에 돌연 사망한다. 세자의 영순위이자 가장 강력한 후보가 사라진 것이다. 그러면 실질적 적장자가 된 둘째인 방과에게 응당 그 자리가 돌아가야 한다. 하지만 역사의 비정함은 막내이자 여덟째 아들 방석을 지목한다. 위로 형들이 즐비한데 하필 막내가 점지됐을까?

이 궁금증을 풀기 위해서는 조선 태조 대 왕실의 안방 권력을 들여다봐야 한다.

이성계의 향처 한씨는 조선의 개국을 보지 못하고 1년 전인 1391년에 사망한지라 태조의 왕비는 당연히 경처 강씨의 차지가 되었다. 강씨는 조선의 첫 왕비라는 타이틀을 거머쥔 셈이다. 태조는 강씨에게 '현비顯妃'라 하여 건국 후 첫 왕비의 위상을 올려 주며 예우했다. 여기서 한씨가 살아 있었다면 강씨가 왕비가 될 수 있었을까 하는 역사적 가정은 하지 않기로 한다.

그러므로 조선 태조 대의 안방 권력을 거머쥔 사람은 당연히 강씨였다. 조선 왕비의 권력이 그냥 형식적이라고 생각하면 큰 오산이다. 나름 꽤 셌으며, 공식적인 권력을 행사할 수 있었다. 그렇기에 강씨는 특별한 기여가 없어도 당연히 권력을 누릴 수 있었다. 하지만 강씨는 그 권력의 상당 부분을 나눠 가질 수 있는 특별한 '지분'이 있었다. 조선을 창업할 때 남편과 동업자라는 평가를 받을 만큼 혁혁한 공을 세우지 않았던가.

강씨는 웬만한 남자보다 배포가 크다는 평가가 있을 정도로 당찼다고 한다. 위기의 순간에 지혜를 발휘하는 영특함은 물론이거니와, 피비린내 나는 살육도 담대하게 대처할 수 있는 여걸이었다. 이방원에게서 정몽주를 죽였다는 말을 듣고 당황하는 남편 이성계에게 한 말에서 강씨의 담대함을 고스란히 느낄 수 있다.

"언제나 대장군으로 자처하시더니 어찌 이리 당황해하십니까?"

그런 강씨에게는 두 아들이 있었다. 이성계의 아들 중 서열 일곱째(방우 사망으로 실제 여섯째이자 강씨 소생 맏아들) 방번과 여덟째이자 둘째인 방석이다.

이런 상황에서 왕비 강씨는 누구를 세자로 책봉하길 바라겠는가. 배다른 아들들과 사이가 좋으니 그저 순서대로 한씨 소생 아들에게 순순히 왕권이 돌아가도록 했을까. 천만의 말씀이다. 앞에서 복선처럼 말했듯 부자지간에도 나누지 않는 것이 바로 권력 아니던가.

강씨 입장에서는 욕심을 부려 볼 만했다. 아니 쟁취해 볼 가치가 충분히 있는 일이었다. 한씨 소생의 아들이 세자가 되는 경우와 자기 아들이 세자가 되는 경우의 차이는 따로 설명이 필요 없는, 하늘과 땅만큼의 차이다. 더욱이 강씨는 여장부 뺨치는 리더십을 가지고 있었고, 또 자신이 직접 조선 창업에 힘을 보탤 만큼 권력욕도 매우 큰 사람이었다. 그렇다면 강씨의 선택은? 이 질문은 '양자택일'이 아니라 '답정너'('답은 정해져 있고 너는 답만 하면 돼'의 준말)일 수밖에 없으리라.

여기에다 딱히 특정인을 고집하지 않는 애매모호한 남편 태조의 입장도 강씨의 권력욕을 부채질하는 데 한몫했다. 왕이 우유부단할 때 옆에서 결단을 부추길 수 있는 가장 강력한 조력자는 누구일까. 이 역시 '답정너'. '왕비'일 수밖에 없다.

또 조선의 설계자이자 실권자인 정도전도 세자 책봉 문제에서는 강씨와 의견을 같이했다. 물론 속내는 좀 달랐지만. 정도전은 조선을 덕망 있는 사람(신하)이 통치해야 한다는 '왕도정치' 기획자이다. 왕의 절대권력 대신 '신하'가 함께 권력을 행사하는 방식이다. 심하게 말하면 왕은 형식적인 존재일 뿐 신하가 나라를 통치하는 정치를 꿈꿨다.

그런데 '어른'인 아들이 세자가 되고 왕위를 이어받는다면 왕도정치 실현은 물 건너간다고 판단하지 않았을까. 어른이라면 왕으로서의 권력을 분명히 행사하려 할 것이고, 또 그럴 때 제지하기가 쉽지 않다. 쉽게 말해 그런 왕 밑에서 신하 노릇 하기가 여간 버거운 것이 아니다. 그렇다면 당연히 쉽게 통제할 수 있는 권력자가 필요했고, 그 적임자는 응당 아직 어린 강씨 소생 두 아들이었으리라.

이렇게 '동상이몽'이지만 각자의 이익이 맞아떨어지면서 세자 자리는 강씨의 큰아들 방번에게 돌아가는 듯했다. 하지만 방번이 고려 공양왕 동생의 사위라는 점과 그의 미덥지 못한 행실이 약점으로 작용했다. 신하들의 강력한 반대에 부딪치자, 강씨는 둘째 방석으로 대신하는 것으로 타협했다. 조선이 건국된 지 한 달 만에 세자 책봉은 이렇게 전격적으로 이루어진다. 그날의 《태조실록》 기사를 보자.

"왕이 강씨를 존중하여 뜻이 방번에 있었으나, 방번은 미친 듯하고 경솔하여 볼품이 없으므로 공신들이 이를 어렵게 여겨 사적으로 서로 이르기를, '만약 반드시 강씨가 낳은 아들을 세우려 한다면 막내아들이 조금 낫겠다'라고 하더니 (…) 극렴이 '막내아들이 좋습니다' 하니 임금이 드디어 뜻을 결정하여 세자로 세웠다."

실록의 기록임에도 태조가 현비 강씨의 의견을 얼마나 중시했는지가 절절히 묻어난다. 상황이 이렇게 되자 한씨 소생의 아들들은 당연히 큰 불만을 가질 수밖에 없었다. 특히 조선 창업에 가장 적극적으로 참여했고, 권력욕 또한 가장 강력했던 다섯째 방원의 불만은 하늘을 찌를 듯했다.

방석의 세자 책봉을 계기로 한씨 소생 형제들은 똘똘 뭉쳤다. 어머니의 부재가 불러온 왕권에서 배제되는 상실감에 따른 반발 심리가 작용했을 것이다. 반발 심리는 응당 반작용을 자극하기 마련이다. 이들은 호시탐탐 기회를 노렸다. 하지만 쉽지 않았다. 세자 뒤엔 절대권력이랄 수 있는 아버지 태조가 버티고 있고, 여전히 입김이 센 강씨가 방패막이가 되어 주고 있었다. 틈이 보이지 않았다.

이렇게 속수무책의 상태로 세월이 흘러 책봉 당시 열한 살이었던 세자 방석의 나이 어느덧 열여섯 살이 되었고 슬하에 아들까지 두게 된다. 방원은 초조했다. 이러다 그냥 왕의 형으로 인생이 끝나는 거 아닌가 하는 조바심도 났다.

그러던 어느 날 갑자기 기회가 찾아왔다. 1396년 8월 13일, 세자의 생모이자 왕비인 강씨가 세상을 떠났다. 향년 41세. 세자의 가장 강력한 후원자가 사라졌다. 세자의 운명은 어떻게 될 것인가?

겉보기에는 아버지 태조가 멀쩡하게 버티고 있으므로 무슨 일이 일어날 것 같지 않았다. 하지만 세자의 속내는 복잡했다. 특히 야심으로 가득한 형 방원이 있지 않은가.

그런데 이 무슨 운명의 장난이란 말인가. 때마침 태조의 병세가 위독한 지경이 되었다. 이제 누가 무슨 짓을 한들 막을 수 있는 방패막이마저 사실상 사라졌다. 세자의 지위 자체를 장담할 수 없는 지경이 되었다.

방원은 이 같은 우려를 배반하지 않았다. 강씨가 사망한 지 열사흘 만인 8월 26일 방원은 결국 쿠데타를 감행한다. 일단 태조 7년인

1398년 8월 26일 자 《태조실록》 기록을 보자.

"정도전 (…) 등이 임금의 병이 위독하다고 일컬어 여러 왕자를 급히 불러들이고는, 왕자들이 이르면 내노內奴와 갑사甲士들이 공격하고, 정도전과 남은南誾 등은 밖에서 응하기로 하고서 기사일에 일을 일으키기로 약속하였다."

기사일己巳日은 8월 26일이다. 그런데 위 기록에는 이날 그 시각 정도전이 남은의 첩 집에 모여 '비밀모의'를 했다고 적혀 있다. 일단 기록을 액면 그대로 받아들여 서술하겠지만, 비밀모의라고 한 것에 작은따옴표를 찍어 두겠다.

방원은 정도전을 의심했다. 정도전은 세자 책봉 과정에서 예상을 깨고 방석을 지지했었다. 그는 조선을 유교 국가로 설계한 성리학자가 아니던가. 응당 적장자를 세자로 세워야 함에도 막내 책봉에 이의를 달지 않았다. 아니 적극적으로 밀었다. 정도전의 이 같은 모순적 행동의 행간에는 야심이 숨어 있다고 의심해도 전혀 이상하지 않았다. 그뿐이 아니다. 정도전은 여러 차례 상소를 올려 왕자의 병권을 빼앗으려고 시도했다. 혹시 있을 수 있는 변란을 사전에 막기 위한 대책이었으리라.

자, 이왕지사 들여다본 《태조실록》의 기록을 조금 더 보자.

여기에 점치는 사람이 "세자의 배다른 형 중에 '천명'을 받은 사람이 여럿"이라고 발언하는 대목이 나온다. 태조의 이복동생 의안군義安君 이화李和가 방원에게 소위 '밀고'하면서 알려진 얘기다. 이화는 점치는 사람의 말에 대한 정도전의 반응도 전했다. "곧 마땅히 제거할 것인데 무슨 근심이 있겠는가?"

작은아버지에게서 이런 귀띔을 받은 방원은 심기가 복잡했다. 도대체 정도전은 왜 왕자들을 모두 불러 모았을까. 점쟁이가 한 말이 계속 마음에 걸렸다. 비록 아버지의 병이 위중하다고는 해도 한꺼번에 모두 한군데로 모았다? 방원은 여기에는 분명히 뭔가 숨은 의도가 있다고 생각했다.

아버지가 잘못되었을 때 혹시 있을지도 모를 '사고'를 사전에 방지하기 위해서⋯. 그 '사고'라 함은 아우의 왕위 계승권, 즉 세자 자리를 위협할 위험을 제거하기 위함이 아닐까. 생각이 여기까지 미치자 방원은 등골이 오싹함을 느꼈다.

하지만 누구보다 야심이 컸던 방원은 '천재일우千載一遇'의 기회를 놓칠 리 없었다. 태조와 세자를 둘러싸고 있는 세력, 즉 정도전 일파를 제거하기 위한 작전에 돌입한다. 이를 역사는 '1차 왕자의 난'이라고 기록하고 있다.

여기서 잠깐, 앞에서 작은따옴표를 쳤던 '비밀모의'와 관련한 뒷담화를 해야겠다. 어떤 기록이나 전언을 보더라도 남은의 집 이야기는 모두 나오므로 이날 정도전이 남은의 집에 있었던 것은 사실로 보인다. 다만 여기서 거사를 위한 '비밀모의'를 한 것이냐, 아니면 늘 그랬듯 '술'을 마셨느냐 하는 점이다.

정도전은 남은과 자주 어울렸다고 한다. 남은은 태조가 세자의 안위를 부탁했을 정도로 신임이 두터운 인물이었다. 정도전이야 말하면 입이 아픈, 태조의 오른팔 아니던가. 그러니 두 사람이 자주 어울리는 것은 전혀 이상한 일이 아니다.

그런데 역사는 이날의 거사를 '정도전의 반란'이라고 기록한다.

우리의 상식과 다르게 역사는 왜 이렇게 기록했을까. 아마도 방원이 큰 그림은 물론이거니와, 디테일까지 완성해 나가는 과정에서 혹시 있을지 모를 허물을 만들지 않기 위해서가 아닐까. 이런 의구심이 드는 것은 정도전의 음주가 상식 밖의 행동이기 때문이다. 왕자들을 다 불러 모아 한꺼번에 죽이는, 뒷감당이 장난 아닌 거사를 치르는 중에 한가하게 술을 마신다? 그것도 한밤중에. 여러분이라면 이해가 가는가.

하지만 방원은 이런 말로 자기 행동이 정당했음을 웅변했다. 《태조실록》의 기록을 보자.

"정도전과 남은 등이 어린 서자(방석)를 세자로 꼭 세우려고 하여 나의 같은 어머니에게서 낳은 형제들을 제거하고자 하므로, 이에 약자인 내가 선수를 친 것이다."

자, 이쯤 하고, 방원이 최고 권력을 향해 가는 여정에 있었던 많은 조력자를 살펴보자. 그중에서 누구보다 강력한 조력자가 있었으니, 그가 바로 부인 여흥 민씨와 그녀의 친정 가문이었다. 훗날 원경왕후로 추증된 여흥 민씨의 아버지는 여흥부원군 민제로, 그의 집안은 고려 최고의 명문가로 평가받았다.

성균관 사성이었던 민제는 과거에 급제해 성균관에 갓 들어온 방원을 사윗감으로 미리 점찍었을 만큼 방원에게 남다른 사랑을 베풀었다고 한다. 수재급이었던 방원의 총명함에 반했을 터, 이는 변방의 무사 집안 따위의 핸디캡도 너끈히 극복할 수 있는 인물 됨됨이였다.

두 살 연상인 민씨와 혼인한 방원은 10년간 처가살이하면서 많은 것을 보고 배우고 느낀다. 그래서 "내가 어렸을 때 민씨에게 자라서 은혜와 사랑을 많이 받았다”는 훗날의 회고처럼 '제일 행복했던 시절'을 보낸다. 방원이 부인 민씨에게 갖는 신뢰와 존경이 얼마나 컸는지 짐작할 수 있는 대목이다.

민씨는 시아버지가 조선을 창업할 때 옆에서 적극적으로 도왔던 남편의 숨은 조력자로 활동했다. 특히 민씨는 정도전 등이 왕자들의 사병을 혁파하려 할 때 혹시 훗날 필요할지도 모른다는 생각에서 무기를 집안 으슥한 곳에 숨겨 놓았다고 한다. 이게 1차 왕자의 난 때 방원이 많은 사병을 동원할 수 있는 원동력이 되었음은 물어보나 마나다. 또 친정 동생 민무구와 민무질도 방원의 심복이 되어 적극적으로 돕도록 했다.

더욱이 거사에서 민씨가 보인 기지는 압권이었다. 방원과 그의 형제들이 특별한 대비 없이 궁에 들어가자, 정치에 대한 동물적 감각의 소유자였던 민씨의 촉은 뭔가 수상함을 느꼈다. 그래서 민씨는 남편 방원이 궁에서 빠져나올 수 있도록 자신이 배가 몹시 아프다는 핑계를 만들어 내는 꾀를 냈다. 이 일로 방원은 무사히 집으로 돌아와 '준비'하여 거사를 일으켰다고 한다. 방원은 정도전과 남은은 당연하고 신덕왕후 소생의 두 아들인 세자 방석과 큰아들 방번까지 제거하면서 권력을 장악했다.

자, 그럼《태조실록》의 기록을 통해 방원의 '1차 왕자의 난' 피날레 장면을 보자.

“정안군(방원)이 사람을 시켜 그(영안군, 방과)를 찾아서 맞이하여 궁성 남문 밖에 이르니, 해가 장차 기울어질 때였다. 이때 사람들이 모두 임금에게 청하여 정안군을 세자로 삼고자 하였으나, 정안군이 굳이 사양하면서 영안군을 세자로 삼기를 청하였다."

이 무슨 소리인가. 쿠데타를 기획하고 실행하고 성공한 방원이 자신이 아닌 형 방과가 세자 자리를 물려받아야 한다고 하지 않는가. 물론 눈치 빠른 사람들은 이 말을 액면 그대로 받아들일 리 없음을 잘 안다. 그럼에도 세자 자리를 양보한다? 방원은 "나라의 근본을 정하고자 한다면 세자 자리는 마땅히 적장자에게 있어야 할 것"이라며 결국 아버지 태조에게 상소까지 올린다.

"적자를 세자로 세우면서 맏아들로 하는 것은 만세의 마땅한 도리인데, 전하께서 맏아들을 버리고 어린 아들을 세웠습니다. 이에 정도전 등이 세자를 감싸고서 여러 왕자를 해치고자 하여 화가 미처 예상하지 못할 지경에 있었습니다. 그러나 다행히 천지와 종사의 신령에 힘입게 되어 난신이 형벌에 복종하고 참형을 당하였으니, 바라건대 전하께서는 적장자인 영안군을 세워 세자로 삼게 하소서."

조금의 흐트러짐도 없다. 이 짧은 인용글에서 보듯 방원은 시시비비를 명확하게 지적하면서 '마땅한 도리'를 앞세우고 있지 않는가. 방원은 큰 그림을 위한 또 다른 발톱은 전혀 드러내지 않았다. 훗날을 위해 그 어떤 허물도 만들지 않겠다는, 디테일까지 고려한 치밀함까지 행간에 숨겼다.

아무튼 상황이 이렇게 되자 태조는 "모두 내 아들이니 어찌 옳지 않음이 있겠는가"라며, 옆에 있던 세자 방석에게 "너에게는 편리하게 되었다"고 했다. 그리고 "즉시 윤허를 내렸다"고 《태조실록》은 적고 있다. 이렇게 1차 왕자의 난은 일단락되었다.

　방과는 맏형이 죽음으로써 대신 맏이가 된 사유로, 전혀 마음에
도 없는 세자가 되었다. 그것도 서른다섯 살의 나이에. 거사가 진행
중이던 그 시각, 방과는 소격전에서 아버지의 쾌유를 비는 제사를 지
냈다고 한다. 그는 거사 소식을 듣고서 몹시 놀랐고, 그길로 김인귀 집
으로 도망쳤다. 하지만 역사는 그의 뜻과는 전혀 다르게 진행되고 있
었다. 세자에 책봉되었다는 얘기를 듣고 그가 내뱉었다는 말에서 영
안군 방과의 마음을 헤아릴 수 있을 것 같다.

　"내가 세자라니! 차라리 정안공이 하지?"

　그럼 세자 방석은 어떻게 되었을까. 물으나 마나 한 질문이다. 권
력은 아주 하찮은 싹이라도 문제 될 것 같으면 싹둑 잘라 버리는 것이
속성 아니겠는가. 쿠데타 세력은 세자를 폐위하여 귀양 보냈고, 귀양
가는 도중에 목숨을 빼앗았다. 세자와 같은 어머니 강씨에게서 태어
난 형 방번도 살려 두지 않았다.

　이 일로 태조는 엄청난 충격을 받았다. 천하제일의 무장도 세월
앞에서, 날뛰는 아들 앞에서 당해낼 재간이 없었던 듯싶다. 쿠데타가
있은 지 한 달 만인 9월에 스스로 상왕上王이 되어 태조는 세자가 된
방과에게 왕위를 물려주었다. 그가 바로 조선의 2대 왕 정종이다.

　하지만 세상인심은 왕인 그보다는 동생 방원에게 쏠렸다. 사람
들은 방원의 야망을 보았고, 기민한 결단력을 보았고, 치밀한 행동력
을 보았다. 그것은 1차 왕자의 난이 태조의 뒤를 둘러싼 왕권 투쟁의
'끝'이 아니라 '서막'일 수 있다는 강한 암시였다.

'왕자의 난' 완결판을 쓰다

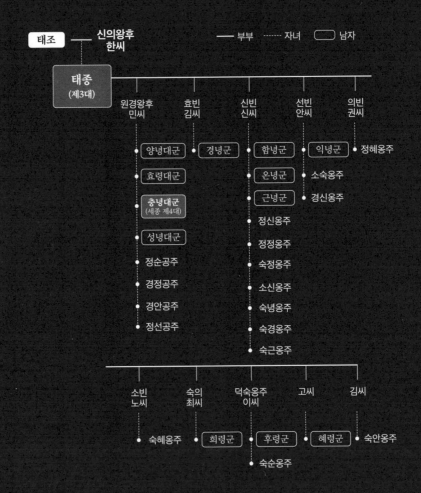

태조 ── 신의왕후 한씨 ── 부부 ┈┈┈ 자녀 ⬭ 남자

태종 (제3대)

원경왕후 민씨 / 효빈 김씨 / 신빈 신씨 / 선빈 안씨 / 의빈 권씨

- 양녕대군 · 경녕군 · 함녕군 · 익녕군 · 정혜옹주
- 효령대군 · 온녕군 · 소숙옹주
- 충녕대군 (세종 제4대) · 근녕군 · 경신옹주
- 성녕대군 · 정신옹주
- 정순공주 · 정정옹주
- 경정공주 · 숙정옹주
- 경안공주 · 소신옹주
- 정선공주 · 숙녕옹주
- 숙경옹주
- 숙근옹주

소빈 노씨 / 숙의 최씨 / 덕숙옹주 이씨 / 고씨 / 김씨

- 숙혜옹주 · 희령군 · 후령군 · 혜령군 · 숙안옹주
- 숙순옹주

태종

1367~1422 | 재위 1400~1418

이미 여러분은 '정종' 편에서 '왕자의 난' 앞에 '1차'라는 수식어가 붙은 것을 보고 이방원의 '작전상 후퇴'를 눈치챘을 테고, 숨 고르기가 끝나면 곧바로 절정을 향해 돌진할 것을 예상했을 테니, 쓸데없는 말장난하지 말고 곧바로 본론으로 들어가자.

두 걸음 나아가기 위한 한 걸음 물러서기. 목숨 건 싸움을 주도하고도, 노자의 《도덕경》에 나오는 '그칠 줄 알아서 그칠 곳에 그친知止止止'다는 말처럼 이방원의 '지략'을 더 적확하게 표현할 수 있을까.

사실 '2차 왕자의 난'은, 스포일러(결말을 미리 알려 보는 재미를 떨어뜨림)하면, 1차에 비해 다소 싱겁다. 이미 1차전에서 '작전상 후퇴'를 한 방원이 실질적 권력은 다 틀어쥐고 있었기 때문이다. 이렇게 누구나 예상하듯 결말이 뻔하다면 그 과정에서 돌출되는 약간의 스펙터클은 손에 땀을 쥐게 하기에는 충분하지 않다.

그렇다고 해도 방원은 또 다른 긴장감의 세계로 우리를 초대한다. 자, 2차 왕자의 난 속으로 뛰어 들어가 보자. 2차 왕자의 난 도입부에서는 새로운 인물이 일단 주인공으로 등장한다. 이름하여 '이방간'이다.

방간이 누구인가. 방간은 그동안 주인공 방원의 이름이 워낙 비중 있게 다뤄지다 보니 조연보다 못한 엑스트라처럼 비친 것도 사실이다. 하지만 방간은 엄연히 태조 이성계의 넷째 아들이자 방원의 바로 위 형이다. '적자'에 '대군'이다. 적자는 본처에게서 태어난 자식을, 대군은 왕자를 의미한다는 것쯤은 다 알고 있을 터.

적자에 대군이라. 이 말은 언제든 왕권을 넘볼 수 있는, '1순위' 가능성이 전혀 없지 않은 지위이다. 하지만 어쩌면 방간에게는 왕권이 사실상 물 건너갔을 수도 있었다. 유교 국가에서 왕위는 '부자 계승'이 원칙 아니던가. 그렇다면 정종의 아들에게 왕위가 계승되는 게 법통에도 맞고 자연스럽다. 이 점에 대해 이의를 달 사람은 아무도 없다.

자, 이 점을 염두에 두고 이미 왕이 된 정종을 제외한 태조 이성계의 아들들, 즉 왕자들의 왕권 욕심이 어떠했는지 살펴보자. 《정종실록》 정종 2년(1400년) 1월 28일 자 기사에 나온다.

"임금이 대를 이을 적장자가 없으니, 같은 어머니에게서 태어난 아우가 마땅히 대를 잇게 될 터인데, 익안공(방의)은 성품이 순후하고 근신하여 다른 생각이 없었고, 방간(회안공)은 자기가 차례로서 마땅히 후사가 되어야 한다고 생각하였으나 배우지 못하여 미친 듯하고 어리석었으며, 정안공(방원)은 영예롭고 숙성하며 경서와 이치에 통달하여 개국과 정사定社(1차 왕자의 난)가 모두 그의 공이었다. 그러므로, 나라 사람들이 모두 마음으로 스스로 와서 복종하였다."

각 대군의 성품과 야욕을 이보다 더 짧고 명쾌하게 설명할 수 있을까 싶다. 태조의 셋째 아들이자 정종의 바로 아래 동생 방의는 특별한 기록도 없고 소설이나 영화, 드라마에서도 거의 다뤄지지 않는 것으로 보더라도 의미 있는 인물은 아니다.

하지만 방의의 바로 아래 동생 방간은 달랐다. 조선 창업 때 동생 방원 못지않게 적극적으로 아버지 이성계를 도왔고, 1차 왕자의 난 때에는 방원을 도왔던 방간이 방원에 못지않은 야심을 키우고 있었던 것이다. 방원이 1차 왕자의 난을 일으킨 '명분', 즉 형들을 제치고 막내가 왕이 될 수 없다는 점을 깊이 새겨보면 방간의 왕 계승 순위는 형 방의보다는 뒤로, 동생 방원보다는 앞선다. 그런데 형 방의의 존재감 없는 상황을 생각하면 자신도 왕권을 넘볼 수 있는 거 아닌가. 하지만 걸림돌은 역시 방원이었다.

방원의 야욕에 대해서는 앞에서 충분히 얘기했으므로 여기서는 논외로 치겠다. 그리고 방원의 동생들은 아직 이 싸움에 낄 형편이 못 되기도 하였거니와, 이미 권력이 방원에게로 기울어 있는 상태라 언급할 가치가 없다.

아무튼 이 기사에서 우선 눈여겨봐야 할 대목은 바로 "임금이 대를 이를 적장자가 없으니"이다. 만약 정종에게 대를 이을 적장자가 있다면 일단 형식적으로 왕의 형제들은 왕권을 감히 넘볼 수 없다.

하지만 안타깝게도 정종에게는 정말 적장자가 없었다(참고로 정종은 아홉 명의 첩 사이에서 17남 8녀를 두기는 했다. 모두 서자여서 왕권과는 거리가 멀었다). 이건 예삿일이 아니다. 언제든지 피비린내 나는 왕권 투쟁이 다시 일어날 수 있다는 폭발성이 잠재함을 상징했다.

게다가 상식적 접근을 허용하지 않는 또 다른 잠재적 변수가 있었으니, 그것은 바로, 위 실록 기사에서 보듯, 1차 왕자의 난을 평정하며 실권자가 된 방원의 존재였다. 그는 "나라 사람들이 모두 와서 스스로 복종"할 만큼 실질적 '왕'이나 다름없었다.

아무튼 이때의 상황은 어쩌면 방의가 관심 밖이라 당연히 그다음 순서인 방간이 욕심을 부릴 만했고, 그 다다음 차례인 방원과의 경쟁 관계가 서서히 형성되고 있었다고 해도 틀린 말이 아니다. 하지만 "손대면 톡 하고 터질 것 같은" 긴장감은 없었다. 방원의 일방적 우위가 아니던가.

물론 방원의 입장에서는 형 방간이 여간 성가신 존재가 아니었을 것이다. 왕이 되려면 일단 형식적이라도 방간의 양보가 절대로 필요하기 때문이다. 그런데 양보하지 않고 자기가 하겠다고 나선다? 이건 모양 빠지는 일이다. 그럼 어떡해야 하는가. 이 질문에 대한 답은 뒤에서 하기로 하고 일단 'A급' 역사[《정종실록》 정종 2년(1400년) 1월 28일]는 어떻게 기록하고 있는지 보자.

방간과 방원의 보이지 않는 신경전이 벌어지는 가운데, 방원이 사냥을 나가려고 했다. 이때 방간의 아들이 와서 사냥하는 곳을 묻고 말하길, 아버지도 사냥을 나간다고 했다. 이에 방원은 동물적 촉수로 뭔가 이상 징후가 있음을 알고 사람을 보내 방간의 사냥터를 정탐한다. 그런데 이게 무슨 일인가. 방간의 군사가 모두 갑옷을 입고 있는 게 아닌가. 그러자 주변에서 방원더러 군사를 동원해 강력하게 대응하라고 요청했다. 하지만 방원은 눈물을 흘리며 이런 말로 거절했다.

"골육을 서로 해치는 것은 불의가 심한 것이다. 내가 무슨 얼굴로 응전하겠는가?"

그럼에도 당연히 주변에서 여러 차례 더 강력한 요청이 있었을 테고, 방원은 마지못해 갑옷을 입고 군사를 움직인다. 그리고 곧바로 심복인 신극례를 시켜 임금을 챙기도록 했다.

하지만 방간은 정종에게 방원이 자신을 치려고 해서 부득이 군사를 일으켰으니 놀라지 말라고만 한다. 방간은 내친김에 아버지 태조가 머무는 태상전에도 방원이 자신을 해치려 해서 군사를 일으켰노라고 전한다. 그러자 태조는 이런 말로 응대했다고 한다.

"네가 정안(방원)과 아비가 다르냐, 어미가 다르냐. 저 소 같은 위인이 어찌 이에 이르렀는가?"

태상왕의 이 발언으로 대세는 어디로 향했는지 알 수 있다. 그럼에도 방간과 방원의 군사가 서로 충돌했다. 결과는 방간의 패배. 방간은 갑옷과 활, 칼 등 자신의 무기를 모두 다른 사람에게 주고는 이런 말로 패배를 시인했다.

"내가 더 가진 물건이 없기에, 네게는 줄 것이 없구나. 내가 살아만 나면 뒤에 반드시 후하게 갚겠다."

그리고 한마디 더 덧붙인다.

"내가 남의 말을 들어서 이 지경이 되었다."

자, 여기서 우리는 방간을 부추긴 새 인물이 누구인지 주목해야 한다. 그는 바로 박포朴苞이다. 이와 관련해 방간이 했다는 진술이 《정종실록》 정종 2년 1월 28일 자에 나온다.

"지난해 동지에 박포가 내 집에 와서 말하기를, '오늘의 큰비에 대해 공은 이미 나타난 조짐들이 들어맞는 일을 아는가? 예전 사람이 이르기를, 「겨울비가 도道를 손상하면 군대가 저잣거리에서 교전한다」 하였다' 하기에, 내가 대답하기를, '이 같은 때에 어찌 군사가 교전하는 일이 있겠는가?' 하니, 박포가 말하기를, '정안공이 공을 보는 눈초리가 이상하니, 반드시 장차 변이 날 것이다. 공은 마땅히 먼저 손을 써야 할 것이다' 하였다. 내가 그 말을 듣고 생각하기를, '공연히 타인의 손에 죽을 수는 없다' 하여, 이에 먼저 군사를 발한 것이다."

그렇다면 우리는 여기서 겨울비의 불길함을 내세워 방원의 동태가 심상치 않다고 한 박포라는 인물이 도대체 누구인지를 간략하게나마 짚어 봐야 하지 않을까.

박포는 조선 창업 때 이성계를 도와 개국공신으로 책봉됐다. 방원이 주도한 1차 왕자의 난 때에도 나름 큰 역할을 했다. 하지만 기여도에 비해 낮은 대우(2등 공신)를 받자 박포는 불만을 토로하였고, 결국 그 불만으로 인해 귀양까지 가게 된다. 이쯤 되면 박포의 입장이 어떠한지 짐작할 수 있다. 당연히 방원과 척지게 되었다. 그리고 복수를 꿈꾸는 건 자연스러운 전개 과정이다. 해서 그는 방원을 고꾸라뜨릴 수 있는 인물로, 역시 방원으로 인해 여러 불이익을 받는 방간을 지목하고 그의 책사 역할을 자임했다.

여기까지는 'A급' 기록에 기반하여 살펴본 내용이다. 그런데 이

기록을 우리가 액면 그대로 받아들일 수 있을까. 더욱이 역사는 2차 왕자의 난을 '방간의 난'이라고도 하고, '박포의 난'이라고도 기록하고 있다. 왜일까? 나의 'B급' 썰은 바로 여기서 출발한다.

나는 이 싸움에서 누가 이긴 자인가 하는 점에 주목한다. 이긴 자는 당연히 자신에게 유리하게 기록하길 원한다. 아울러 진 자에게는 가능한 한 불리하게 기록하려고 한다. 그 이유를 굳이 장황하게 설명할 것도 없다. 그래야 자신이 돋보이고 나아가 책임에서 벗어나기 때문이다. 이 점에서 나는 방원이 방간의 사냥을 핑계로 군사행동을 일으켰다는 의심을 지울 수 없다. 방간이 정말로 사냥을 나간 거라면 방원의 군사가 굳이 새벽에 행동에 나설 이유가 없기 때문이다.

더욱이 방간은 정종과 태조의 신병을 확보하려고 애쓴 흔적이 전혀 보이지 않는다. 아니, 방원보다 먼저 정종에게 접근했음에도 '군사행동이 있을지 모르니 놀라지 말라'고만 한다. 이게 쿠데타를 일으킨 자의 행동인가. 더욱이 정종보다 더 권위 있는 태상왕을 활용할 수 있었음에도 그렇게 하지 않았다. 만약 방간이 왕권을 잡으려고 쿠데타를 일으켰다면, 임금인 정종과 태상왕 태조의 승인이 절대적임을 모를 리 없다. 이건 기본 중의 기본 상식이 아닌가.

나는 여기서 쿠데타를 일으킨 방간의 무능을 본다. 하지만 실제 상황이 정말로 이러했을까 하는 의심은 지울 수 없다. 왜?

박포란 인물이 등장하기 때문이다. 내 뇌피셜('개인적인 추측 또는 추론'을 일컫는 신조어)을 가동하면, 방원이 쿠데타에 성공한 후 그래서 형 방간에게만 모든 혐의를 뒤집어씌우면 그 비난의 일부가 자신에게도 향할 수도 있다는 우려에서 이렇게 실록에 기록하지 않았을까 싶다.

박포가 방간과 장기를 두다가 방원의 군사가 강하니 먼저 쳐서 제거하자는 그 문제의 발언을 했다는데, 한 나라의 왕권을 거머쥐려는 쿠데타 모의치고는 너무도 허술하다. 허술하다는 표현도 과하다. 이 말에는 그래도 애초 의도했다는 뉘앙스가 있지 않은가. 내가 보기에는 모의 축에도 끼지 못한다. 방원의 공격을 받자, 방간은 살기 위해 자기 군사(사병)를 동원해 응전했을 뿐이고, 애초 계획된 군사의 일방적 공격 앞에 무기력하게 무릎을 꿇을 수밖에 없었을 뿐이리라.

자, 이제 방원을 당할 자 누구인가. 그나마 가장 경계해야 할 인물인 방간마저 사라졌다. 위 두 형이 왕위를 계승할 수 없으니 어쩌겠는가. 그다음 순서인 방원 말고 누가 있겠는가.

방원은 이 모든 걸림돌을 제거한 지 사흘 만인 2월 4일 '세자'로 책봉된다. 내가 굳이 세자에 작은따옴표를 쳤다. 그 이유는 잠시 뒤에서 밝히기로 하고, 세자가 되는 것부터 살펴보자.

《정종실록》 정종 2년 2월 1일 자를 보면 일단 방간의 세력을 평정한 뒤 하륜河崙이 나선다. 하륜은 요즘 말로 하면 '킹메이커kingmaker'로, 당시 벼슬이 참찬문하부사參贊門下府事였다.

"정몽주의 난에 만일 정안공이 없었다면, 큰일이 거의 이루어지지 못하였을 것이고, 정도전의 난에 만일 정안공이 없었다면, 또한 어찌 오늘이 있었겠습니까? 또 어제 일로 보더라도 하늘의 뜻과 사람의 마음 또한 알 수 있습니다. 청하건대, 정안공을 세워 세자世子를 삼으소서."

아니, '세자'라 했는가. 방원은 분명 왕 정종의 동생 아니던가. 그러면 아우 '제弟' 자를 써서 '세제'가 되어야 마땅한데, '세자'가 되었으니, 그것이 알고 싶다.

여기서 방원이 '정통성'에 얼마나 집착했는지를 알 수 있다. 방원이 1차 왕자의 난을 일으킨 명분이 무엇이던가. 적자인 형들이 즐비한데 순서를 무시하고 막내가 세자에 책봉된 것을 바로 잡는다는 것 아니었던가. 이 점에서 순서를 따지면 형 방의나 방금 손발을 묶은 방간에게 '세제' 자리가 돌아가야 마땅하다. 하지만 방원은 이제 더 이상 기다릴 수 없었다. 권력이란 생물 같아서 순간순간 변하기 마련이고, 그동안 산전수전 공중전까지 치르며 정지 작업을 펴오지 않았던가. 더 이상 뭉그적거렸다간 될 일도 안 된다는 판단이 작용했을 법하다.

그래서 방원은 궁중 암투사 '왕자의 난' 완결편을 썼던 거다. 그런데 형들을 제치고 자신이 세제가 되면 여전히 형들의 존재가 부담스러웠을 것이다. 그래서 이 점을 단번에 뛰어넘을 묘책이 있었으니, 그것이 바로 임금의 아들(적장자)이 되는 거였다. 아들에게 왕위를 물려준다는데 왕의 형제 따위가 시비를 걸 수 있겠는가. 해서 방원은 정종의 아들로 입적한다. 이를테면 양자로 간 것이다.

방원에게서 신경 쓰이는 또 하나는 비록 서자들이지만 정종에게 아들이 없었던 것은 아니라는 점이다. 정종에게는 적장자가 없을 뿐이지 서자들은 많았다. 이에 이 서자들과의 서열 정리 또한 명쾌하게 해둘 필요가 있었을 것이다.

정종도 왕위를 방원에게 물려주는 것에 대해 큰 불만이 없었고, 아주 쿨하게 아들로 입적시켜 사전 정지 작업을 진행했다.

이렇게 모든 걸림돌을 제거한 방원은 1400년 11월 13일 마침내 조선의 제3대 왕 태종으로 즉위한다.

물려받았을까,
꿰찼을까

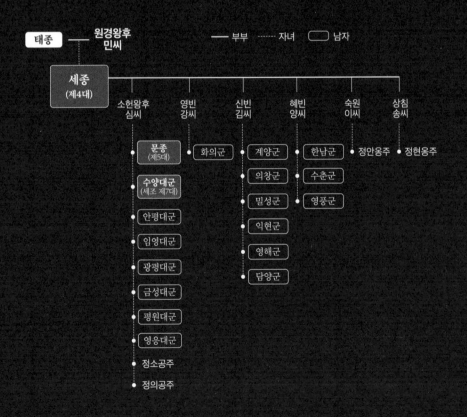

| 태종 | 원경왕후
민씨 | ── 부부 ┈┈┈ 자녀 ⬭ 남자 |

세종
(제4대)

소헌왕후 심씨	영빈 강씨	신빈 김씨	혜빈 양씨	숙원 이씨	상침 송씨
문종 (제5대)	화의군	계양군	한남군	정안옹주	정현옹주
수양대군 (세조 제7대)		의창군	수춘군		
안평대군		밀성군	영풍군		
임영대군		익현군			
광평대군		영해군			
금성대군		담양군			
평원대군					
영응대군					
정소공주					
정의공주					

세종

1397~1450 | 재위 1418~1450

조선의 4대 왕 '세종'은 아무런 우여곡절 없이 왕위에 올랐을까?

이 질문의 행간에는 그렇지 않다는 결론이 숨어 있다. 알다시피, 세종은 애초 '세자'도 아니었고, 또 세자 말고도 위에 형이 한 명 더 있었던 터라 불가능까지는 아니더라도 왕이 될 가능성은 크지 않았던 게 사실이다. 그럼에도 그가 왕이 되었다. 어떻게?

세종의 아버지 태종 이방원이 형제들과 피비린내 나는 '왕자의 난'을 일으켜 왕이 되었다는 이야기는 앞에서 했다. 그렇다 보니 세종의 즉위 배경에는 다시는 '왕자의 난' 같은 비정상적인 방법이 수단이 되어서는 안 된다는 태종의 성찰적 각오가 한몫했다.

태종은 고려의 문과에 급제한 인재답게 경전에 대한 소양을 갖추고 있었다. 유교적 가르침대로 하면 그 자신도 왕이 될 수 없었다. 그러나 왕위에 대한 집착이 너무 강한 나머지 '쿠데타'를 일으켰다. 그러면서도 태종은 가능하면 유교 질서를 지키려고 시늉했다. 자신

이 곧바로 왕위에 올라도 전혀 어색하지 않을 상황에서도 둘째 형
(정종)을 앉혔다가 그 후에 형 정종의 아들로 입적하여 즉위하지 않
았던가.

세종에게는 위로 다섯 형이 있었는데, 위 셋이 어려서 죽어 양녕
대군과 효령대군이 있었다. 내가 여기서 '형'의 순서를 따지는 것은 태
종이 그랬듯, 유교 질서가 그랬듯, 당시에는 '적장자 계승의 원칙'을
매우 중요하게 여겼기 때문이다.

해서 태종의 다음을 이을 세자 자리는 태어난 순서로 하면 넷째
이지만 실질적 장남인 양녕대군에게 돌아가는 게 당연했다. 물론 실
제로도 양녕대군이 세자가 되었다. 아직 조선의 역사가 짧기는 하더
라도 맏아들 승계 원칙에 따라 책봉된 최초의 세자였다. 정통성 면에
서 어느 것 하나 흠잡을 데가 없었다.

세종대왕 어진　　(세종대왕기념사업회 소장)

그럼에도 왕의 자리는 동
생, 그것도 바로 아래도 아니
고 그 아래 동생인 충녕대군이
차지했다. 여기에는 미루어 짐
작할 수 없는 여러 가지 요소
들이 작동했다.

사실 양녕대군은 아버지
태종과 어머니 원경왕후의 사
랑을 듬뿍 받고 자랐다. 위로
형 셋이 요절했으니, 혹시 이 아
들도 어찌 되는 건 아닐까 하는
노심초사가 작동하여 하늘처럼

떠받들며 키웠을 것이다. 이게 독이 될 줄이야. 부모 사랑이 넘치는 만큼 양녕대군의 행동거지는 엇나갔다.

양녕대군은 어려서 외가에서 자랐다. 전하는 얘기에 따르면, 자식을 낳기만 하면 죽자, 원경왕후의 친정어머니가 용한 스님에게 물었다고 한다. 집터가 나쁘다고 했단다. 해서 양녕대군을 낳자마자 외가에서 키웠다고 한다. 자연스럽게 아버지 태종의 대업에 큰 힘을 보태는 외삼촌 민무구와 민무질 등과 도타운 친분을 쌓았을 것이다.

하지만 어려서부터 그 어떤 제지도 받지 않고 자란 터라 자유분방함이 넘치는 양녕대군은 기행에 기행에다가 악행에 악행까지 거듭하며 사람들의 눈 밖에 나기 시작했다. 이런 말썽이 곧 세자 자리를 위협하는 결정적인 요소였다는 점을 미리 강조해 두겠다.

특히 양녕대군이 외가에 보인 태도가 사람들의 입에 자주 오르내린다. 외삼촌 민무구와 민무질이 아버지 태종에 의해 죽임을 당하는 일이 벌어졌다. 이들의 동생들이 양녕대군을 찾아가 억울함을 토로했다. 어려서 함께 자랐던 터라 서로 간에 흉허물이 없다고 생각했던 것이다. 그런데 이때 보인 양녕대군의 모습이 우리의 상식을 벗어난다. 양녕대군은 태연하게 민씨 집안은 교만 방자하여 화를 입어도 싸다고 대꾸했단다. 결국 이 일화는 그 동생들도 자결하도록 하는 데 일조했다.

아무튼 이런 사고뭉치를 언제까지 참고 봐야 하는가. 아마도 여기에는 장사가 없을 것이다. 태종도 인내의 한계를 느꼈다. 그럼 그다음 수순은? 당연히 폐세자다. 그럼 그다음 세자는? 당연히 맏아들 승계 원칙을 따른다면 둘째인 효령대군에게 돌아가야 한다. 그런데 실제로는 어떠했는가?

효령대군은 존재감이 없는 왕자였거니와, 왕권에도 그다지 관심이 없었던 듯싶다. 양녕대군이 세자 자리에서 내려올 수도 있다는 소문이 돌자, 갑자기 책을 펴고 공부하는 척 안 하던 짓을 하니, 양녕대군이 헛짓거리 그만하라고 했다는 이야기가 야사에 전해지기는 하는데, 과연 그랬을까 하는 의구심이 크게 드는 건 사실이다.

우리 속담에 "효령대군 북 치듯 한다"라는 말이 있는데, 이는 효령대군이 절에 들어가 가죽이 늘어지도록 북을 치며 번뇌를 씻었다는 데서 유래했다고 한다. 이 일화로 미루어 보아 성품이 부처를 쏙 빼다 닮은 것으로 보인다. 그러니 세속적인 욕망이 있었겠는가 싶기도 하다.

그러면 이제 세자 자리를 차지할 사람이 누굴까. 당연히 효령대군 다음 순서인 충녕대군 말고 누가 있겠는가. 하지만 꼭 그랬을까 하는 의구심이 드는 건 나만일까? 원칙대로라면 양녕대군의 아들을 고려했어야 하는 게 아닌가. 하지만 역사의 수레바퀴는 그렇게 굴러가지 않았다. 그 수레에는 충녕대군이 탔다.

우리가 아는 충녕대군은 어려서부터 성군의 자질을 타고난 '위인'이었기에 '음모'나 '욕망' 같은 낱말과는 거리가 먼 인물이다. 어쩌면 그런 의심을 하는 것조차 불경으로 여길 만큼 우리는 세종의 좋은 이미지에 가스라이팅당했는지도 모른다.

내가 이렇게까지 '막말'에 가까운 독설을 하려는 건 'B급' 역사로 살펴보는 조선의 궁중 암투사가 아니던가.

애초부터 태종은 양녕 다음으로 충녕을 마음에 두었을지도 모른다. 만약 양녕이 잘못되었을 때 술을 전혀 못 하는 효령은 시쳇말로 아사리판인 정치 세계에서 살아남을 수 없다는 생각을 일찌감치

했을 수도 있다. 그래서 자연스럽게 똑똑하고 착하기까지 한 충녕이 대안으로 자리 잡고 있었을 것이다.

태종의 마음이 어디에 있었는지를 확실하게 보여 주는 일화가 있다. 《태종실록》 태종 16년(1416년) 2월 9일 자에 보면, 하루는 태종이 "집에 있는 사람이 비를 만나면 반드시 길 떠난 사람의 고생스러움을 생각할 것"이라고 툭 질문하자, 충녕이 경전 구절까지 인용하여 대답을 내놓았는데, 태종이 아주 흡족해했다고 한다.

"《시경詩經》에 이르기를, '황새가 언덕에서 우니, 부인이 집에서 탄식한다'고 하였습니다."

문제는 태종이 흡족함을 넘어 "세자(양녕대군)가 따를 바가 아니다"라며 세자와 비교까지 하는 편애를 보여 줬다는 점이다. 당하는 세자로서는 동생의 똑똑함이 똑똑함으로만 보였을까. 아버지에게 잘 보이려는 '술수'로 보이지 않았을까. 나쁜 쪽으로 비교 대상이 되었을 때 기분 좋을 사람은 없다. 이런 태종의 편애가 양녕을 더 비뚤어지게 만든 거 같다는 생각이 든다.

그럼 충녕이 세자가 되고 왕이 되는 데 태종의 전폭적인 지지만 있었을까. 충녕대군의 '노력'은 없었을까.

줄탁동시啐啄同時라는 말이 있다. 병아리가 알을 깨고 나올 때 병아리는 달걀 안쪽에서 어미 닭은 바깥쪽에서 서로 부리로 쪼아 동시에 껍질을 깨뜨리는 것을 뜻한다. 흔한 말로 손뼉도 마주쳐야 소리가 나듯 태종과 충녕의 합작품이 아닌가 싶은 거다.

그럼 충녕의 '욕망'이 들어간 행동도 한번 볼까. 충녕은 세자의 행동거지를 대놓고 비판할 정도로 바른 아이로 행동했다. 새 옷을 자랑하는 세자에게 마음부터 갈고 닦으라고 충고했다, 매형 이강백의 첩에게 눈독 들이는 세자에게 집안 식구끼리 무슨 짓이냐고 일갈했다, 할머니 신의왕후 제삿날 세자가 바둑을 두자 소인배와 놀음놀이를 하는 것도 말이 안 되는데 하물며 할머니 제삿날이냐고 다그쳤다… 이런 식의 일화가 '실록'에 수두룩하게 나온다. 이런 행동을 색안경을 끼고 보면, 다 큰 그림 속에서 아버지 태종의 이쁨을 받기 위한 충녕의 행동이 아니었을까? 사람이니까, 충분히 그럴 수도 있겠다는 생각이 든다.

아무튼 양녕대군이 이제 세자 자리에서 내려올 일만 남은 상태에서 충녕은 결정타를 날린다. 1418년 5월 11일, '어리' 사건이 일어난 것이다. 양녕이 충녕더러 아버지에게 일러바쳤냐고 의심할 만큼 이 사건의 파장은 컸다.

양녕은 지중추부사 곽선의 첩 어리와 밀회를 즐겼다. 이 일이 들통나 아버지 태종에게서 큰 꾸지람을 들었음에도 양녕은 밀회를 멈추지 않았다. 양녕은 되레 더 적극적인 행동을 보인다. 장인 김한로 집에 어리를 숨겨 두고 아이까지 갖게 했다. 태종이 길길이 뛰며 화를 냈음은 불문가지. 이때 양녕이 손으로 써서 올린 대답이 걸작이었다.

"아바마마도 첩이 많으시면서 왜 제가 축첩하는 것은 안 됩니까?"

여기서 아주 의미심장한 《태종실록》의 기록을 하나 보자. 태종 15년(1415년) 12월 30일 자에 나오는 이야기다. 충녕이 아버지 즉위에 공이 큰 남재에게 연회를 베푼 적이 있는데, 이때 남재가 충녕에게 이렇게 말했다.

"옛날 주상께서 잠저潛邸에 계실 때 제가 학문을 권하니, 주상
께서 말하기를, '왕자는 참여할 데가 없는데 학문은 하여 무엇하겠느
냐?' 하기에, 제가 말하기를, '군왕의 아들이라면 누군들 임금이 되지
못하겠습니까?' 하였는데, 지금 대군이 학문을 좋아하는 것이 이와
같으니 제 마음이 기쁩니다."

태종이 이 말을 듣고 "과감하다. 그 늙은이가" 했다던데, 정말 과
감한 발언이 아닌가. 세자가 엄연히 있다는 점을 고려하면, 자칫 역모
사건으로 비화할 수도 있을 만큼 남재의 말은 엄청난 위험성을 지니
고 있었다.

이미 대세는 충녕으로 기울어졌음을 보여 주는 일화도 있다. 《세
종실록》 세종 28년(1446년) 4월 23일 자에 보면, 양녕대군이 "살아서
는 왕(세종)의 형이요, 죽어서는 부처(효령대군)의 형이 될 것이니, 나는
참 복이 많은 사람"이라고 했다던가.

그뿐이 아니다. 《선조실록》 선조 36년(1603년) 3월 9일 자에 보면
"옛날 양녕대군은 태종의 뜻이 충녕에게 있다는 것을 알고 미친 척했
다. 어느 날 야밤에 효령의 집을 찾아가 효령에게 귓속말하고 돌아왔
다. 다음 날 새벽 효령 역시 불가에 입문했다"고 기록돼 있다.

결국 세자 양녕대군은 1418년 6월 3일 폐세자가 되었고, 그 자리
에는 충녕대군이 앉았다. 논리는 '택현擇賢', 즉 어진 사람을 뽑는다는
것이었다. 일단 '능력' 있음의 필요조건이 충족됐다. 이제 남은 것은 '추
천'이라는 충분조건이다. 영의정 유정현이 이 조건을 충족시켜 주었다.

"신 등이 이른바 택현도 또한 충녕대군을 가리킨 것입니다."

이제 더 이상 뭐가 필요한가. 태종은 양녕이 폐세자되던 날 목 놓아 대성통곡했다고 《태종실록》에 전하는데, 그동안 아들 양녕에 대해 보인 애정을 생각하면 '악어의 눈물'은 아니었을 것이다.

태종은 충녕대군을 세자로 책봉한 지 두 달만인 1418년 8월 10일 느닷없이 왕위를 물려주고 상왕으로 물러나겠다고 했다.

태종은 왕이 된 지 열여덟 해가 되었다며 자신은 외관이나 행실 모두 임금의 상이 아니라고 했다. 왕자의 난을 일으킨 것도 죽지 않고 살려고 한 것이라고 했다. 특히 태종은 아버지 태조에게서 인정받지 못한 것을 아들에게 왕위를 물려주는 것으로 표현할 만큼 천추의 한 으로 여겼다. 그러면서 이렇게 말한다.

"18년간 호랑이 등에 탔으니, 이미 또한 족하다."

그러면서 태종은 대보大寶를 세자 충녕에게 건넸다. 이제 부담은 세자인 충녕의 몫이었다. 왕위는 아버지 태종이 물려준다고 덥석 받 을 수 있는 자리가 아니다. 사양하는 게 유교의 도리이기도 하거니와, 양녕이 세자일 때 했던 양위 소동으로 외삼촌들이 희생되는 걸 똑똑 히 보았기 때문이다.

그래서 충녕은 대보를 태종에게 돌려보내기를 여러 차례 거듭하 였지만, 이번 양위는 진심이라는 것을 깨닫고는 어쩔 수 없이 왕좌에 올 랐다.

다만 태종은 병권만큼은 여전히 틀어쥐었다고 한다. 혹시 척신

들이 왕의 자리를 위협하지는 않을까 하는 노심초사에서 병권만큼
은 쥐고 있어야 마음이 놓일 것이기에.

이렇게 세종의 시대가 열렸다.

적장자로는
처음 왕 되다

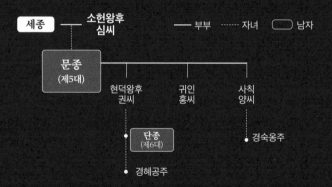

세종 ── 소헌왕후 심씨 ──── 부부 ⋯⋯ 자녀 ⬭ 남자

문종 (제5대)

현덕왕후 권씨   귀인 홍씨   사칙 양씨

단종 (제6대)   경숙옹주

경혜공주

문종

1414~1452 | 재위 1450~1452

문종? '태정태세문단세…'에서 다섯 번째에 '문'이 있는 것으로 보아 '왕'이었음은 분명한데, 도대체 누구지? 날라리이긴 했어도 명색이 사학과를 다닌 나도 문종은 낯설다. 하지만 문종은 엄연한 조선의 5대 왕이다.

문종은 우리 역사상 가장 위대한 임금을 꼽으라면 단 한 명도 이의를 달지 않을 세종대왕의 맏아들이고, 유교의 '적장자 계승' 원칙에 따른 정통성을 완벽하게 갖춘 '적장자 출신 최초의 임금'이다.

낯설지만 완벽한 정통성을 갖췄다는 평가는 곧 이 책 이름에 걸맞은 '암투' 같은 긴장감 넘치는 드라마가 있을까 하는 의문이 들게 한다. 더욱이 전임 왕 세종이 거의 흠잡힐 데 없을 만큼 '완벽한(?)' 왕이었기에 자식 농사 또한 잘 지었을 터, 즉위기는 재미 요소를 반감시킬 것으로 보인다. 물론 여러분이 끝까지 이 글을 읽을지는 순전히 내 글재주에 달렸음을 잘 안다. 해서 있는 지식 없는 지혜 다 짜서 문종의 왕위 계승을 둘러싼 '암투사'를 만들어 보겠다. '만든다'는 표현에 시비를 걸지 말길 바란다. 없는 걸 지어낸다는 것이 아니라 'B급 정보를 넣어 쓴다', 즉 MSG를 살짝 친다로 이해해 주길.

문종은 세종의 정비 소헌왕후 심씨昭憲王后 沈氏 소생이다. 위로 누나가 한 명 있고, 아래로 수양대군, 안평대군, 임영대군, 금성대군… 등 낯익은 이름의 동생들이 즐비하다. 참고로 세종은 한 명의 정비와 다섯 명의 후궁(아이를 낳은 후궁 숫자이고, 실제 일곱 명의 후궁이 더 있음) 사이에서 18남 4녀를 두었다. 다복하다. 문종은 큰아버지 양녕대군이 세자일 때 태어났다. 태종의 셋째 아들의 맏아들이라 왕위 계승과는 약간 거리가 있었다. 그의 아들 단종처럼 세손 시절부터 왕위 계승권 1위 자리는 아니어서 '정통성' 면에서 아들에게 약간 밀리는 부분이 있긴 하다. 그럼에도 아버지 충녕대군의 느닷없는 즉위에는 다소 시빗거리가 있을지언정 왕의 맏아들인 그의 왕위 계승에는 시빗거리가 전혀 없다.

그런데 세종의 부인이자 문종의 어머니인 소헌왕후 심씨의 친정 때문에 자칫 문종의 세자 자리 위상이 흔들릴 수도 있었다. 여기에는 할아버지 태종의 그림자가 짙게 어른거린다.

심씨는 열네 살 때 열두 살의 충녕군과 가례를 올렸다. 왕위와는 거리가 있는 왕자의 부인이라 심씨는 그다지 관심을 끌지 못했으리라. 하지만 남편 충녕이 양녕의 폐세자로 '택현'에 의해 졸지에 세자가 되고, 두 달 만에 양위 받아 세종이 되었으니, 싫든 좋든 심씨는 왕비(소헌왕후)가 되었다.

그런데 소헌왕후 친정이 나름대로 내로라하는 집안이 아니던가. 아버지가 심온沈溫이다. 심온은 태조 시절 문하시중이었던 심덕부沈德

符의 아들이다. 심덕부는 이성계가 위화도 회군을 할 때 힘을 보탠 공이 있고, 한양의 궁전과 종묘를 건설하는 책임자를 지낼 만큼 왕실과 끈끈한 관계를 맺은 인물이다.

심온 역시 고려 말에 과거에 급제하여 태종 때 대사헌과 한성판윤을 지내는 등 요직을 두루 거친 명망가였다. 그러니 시쳇말로 힘깨나 쓰는 가문이랄 수 있다. 사실 심온의 가문은 태조 이성계도 태종 이방원도 쉽게 어찌할 수 없는 가문이었다고 한다.

이 '힘깨나 쓰는 가문'이라는 게 태종의 심기를 몹시 불편하게 했다. 태종은 거의 경기를 일으킬 만큼 외척에 대해 알레르기 반응을 보인 인물이 아니던가. 태종이 왕이 되는 데 있는 거 없는 거 보태 가며 도왔던 장인 민제를 비롯하여 민무구와 민무질 등 처남들도 죽일 만큼 왕권을 위협할 가능성이 보이면 가차 없이 제거했다.

물론 조금도 흔들림 없는 왕권을 세우기 위해 혹시 있을지도 모를 위험 세력에 미리 대비하려는 유비무환有備無患의 정신으로 좋게 볼 수도 있다. 그런데 그 싹을 잘라 내는 과정이 피도 눈물도 없는 잔혹 드라마였다는 점에서 '도착적 발작'이 아닌지 과잉 평가하기도 한다.

아무튼 이런 절대 왕권을 세우려는 태종은 자연스럽게 새롭게 떠오르는 세종의 비 심씨의 친정이 신경 쓰였을 것이다. 혹시 착하디 착한 왕을 쥐락펴락하지는 않을까. 태종의 마음속에 들어가 보지 않아 정확한 것은 몰라도 그가 그동안 보여 준 전력으로 보아 충분히 짐작할 수 있으리라.

어쨌든 충녕이 보위에 오르자, 왕비 심씨 집안에도 경사가 났다. 친정아버지 심온이 영의정에 올랐던 거다. 영의정을 '일인지하 만인지상一人之下 萬人之上'이라 하지 않던가. 임금 바로 아래의 최고위직이다.

요즘으로 치면 국무총리. 누가 보더라도 신하로서 올라갈 수 있는 최고의 자리까지 오른 것이다. 그의 능력으로 보아 충분히 오를 만한 인사였다. 하지만 사위가 왕이어서 사적 인연이 작용한 거 아닌가 하고 의심하기도 한다. 세상인심이 다 그런 거다. 여기까지는 있을 수 있는 일이라고 본다.

그런데 문제는 세상인심이 이런 입질에만 머무는 게 아니라는 데 심각성이 있다. 심온은 영의정이 되자 곧바로 명나라에 태종의 양위를 알리러 가는 사은사謝恩使가 되었다. 심온이 명으로 출발할 때 장면은 과연 임금의 장인인 '국구國舅'다웠다. '많은 사람'이 나와 그를 전송했다. 많은 사람에 작은따옴표를 칠 만큼 이 문제는 상왕 태종의 심기를 건드렸다. 충녕을 보위에 올릴 때 가장 꺼림칙하던 게 현실이 될 수 있음을 확인한 셈이니까.

그렇게 심온은 명나라로 떠났다. 이때 '강상인의 옥'이 발생한다. 병조참판이었던 강상인姜尙仁이 군사에 관한 보고를 태종을 건너뛰고 세종에게만 했다. 겉보기엔 정상적인 과정으로 보일 수 있지만 병권에 예민한 태종에게는 있을 수 없는 일이었다. 더욱이 태종은 세종에게 양위하면서 병권만큼은 직접 챙기겠다고 했음에도 본인을 지나친 것이었다. 여기에다 벼슬 시킬 사람을 추천하라고 했더니 자기 동생 강상례姜尙禮를 적어 올렸다.

이에 태종은 병조의 업무를 소홀히 한 죄와 임금을 속여 동생을 추천한 죄를 물어 강상인을 잡아들였다. 1418년 8월 25일이었다. 이 날 《태종실록》에는 태종이 강상인을 시험하는 장면이 나온다.

상왕 태종은 강상인에게 세종이 만든 상아패象牙牌와 오매패烏梅牌를 어디에 쓰는 것이냐고 묻는다. 강상인은 '대신'을 부르는 데 쓴다고 대답했다. 상왕 태종은 강상인더러 그러면 번지수가 잘못됐으니 상아패와 오매패를 새 임금 세종에게 가져가라 했다. 강상인이 이걸 들고 세종에게 갔다. 세종이 이것이 무엇에 쓰는 것이냐고 강상인에게 물었다. 이번에는 밖에 나가 있는 '장수'를 부르는 데 쓰는 거라 대답했다. 그러자 세종은 여기 두면 안 되므로 상왕에게 도로 갖다 바치라고 했다.

사실 상아패와 오매패는 임금이 밖에 나가 있는 '장수'를 부를 때 쓰는 것이었다. 그런데 강상인이 패의 쓰임새를 잘못 말한 것이다. 특히 이는 병권만큼은 직접 챙기겠다는 태종의 명을 어긴 일이었다. 상왕의 간계에 강상인이 걸려든 것이다.

이걸 역사에서는 '강상인의 옥'이라고 기록하고 있는데, 이게 왜 심온을 숙청하는 빌미가 되었을까. 이 사건에 연루된 사람 중에 심온의 동생 심정沈泟이 있었다. 병조좌랑 안헌오가 태종에게 강상인·심정·박습이 사적인 얘기를 하면서 호령이 두 곳에서 나오는데 한 곳에서 나오는 것만 못하다고 하더라 했다. 여기에서 심온은 물론이거니와, 심온의 동생 심정의 이름이 거론됐다. 심온이 이 사건의 배후로 지목된 것이다.

태종의 의도대로 앞장서 심온 제거 작업에 나선 사람은 좌의정 박은이었다. 반남 박씨인 박은은 심온과 정치적 경쟁자였다. 그래서인지 야사에는 심온이 죽기 직전 자손들에게 반남 박씨 집안과 혼인하지 말라고 했다던가. 실제로 심온의 가문과 박은의 가문은 사돈을 맺지 않았다고 한다.

아무튼 영문도 모른 채 사은사 임무를 마치고 귀국길에 오른 심온은 압록강을 건너자마자 체포됐다. 하루에 세 번의 곤장형과 두 번의 압슬형(허벅지 고문)을 받고도 심온은 꿋꿋했다. 사실 그 사건은 자신과 전혀 관련이 없기에 버텼던 것이다. 하지만 국문하던 영돈녕領敦寧 유정현의 한마디가 심온이 자백(?)하도록 만들었다고 한다. 이 고문의 의미를 모르느냐, 실토하지 않고 배기겠느냐. 산전수전 공중전까지 겪은 심온은 그 의미를 금방 알아차렸다. 그리고 태종이 '원하는' 대답을 내놓았다. 죄를 모두 인정한 것이다.

물론 심온이 왕의 장인답게 고고한 선비만은 아니었던 것 같다. 나름 행동파이자 야심가였다고 한다. 하륜과 얽힌 일화 한 토막을 보면, 그의 강직한 성품을 알 수 있다. 심온은 하륜이 많은 손님을 접대하고 뇌물을 받고 대낮에 첩과 놀아난다고 세종에게 알렸다. 그런데 하륜은 상왕 태종과 정치적 동지 관계 아니던가. 이에 세종이 상왕 태종에게 이를 알렸고, 태종은 신하가 몰래 고자질하는 것은 좋지 않다며 그를 만나지 않았다고 한다. 심온이 이런 관계를 모르고 세종에게 몰래 말했을 리는 없다.

또 심온은 자기 사위인 충녕이 보위에 오르도록 나름 역할을 한 것으로도 알려져 있다. 양녕의 비행과 관련이 깊은 구종수와 접촉하다 태종의 경고를 받을 만큼 충녕을 위한 일이라면 행동을 삼가지 않았다고 한다.

심온이 세자 충녕에게 했다는 말도 의미심장하다. 사대부들이 은근히 자신에게 선을 대려 해 두렵다며 조용히 여생을 보내겠다 했다. 하지만 이내 태종에게서 경고장이 날아들었다. 조용히 있겠다 해놓고 왜 활발하게 행동하고 있느냐는 것이었다.

그런데 이 심온을 제거한 것은 단순히 정치적 거물 한 명을 단죄한 게 아니었다. 심온이 누구인가. 새 왕 세종의 부인 소헌왕후의 아버지 아니던가. 아버지가 죄 없이 죽었다는 건 소헌왕후도 알고 있었을 터, 그렇다면 아버지를 죽인 자들은 '원수'가 될 터이고, 그 원수는 보복의 대상이 되지 않을까. 바로 여기에 문제의 심각성이 있었다. 그래서 이때 소헌왕후가 '역적'의 딸이라며 폐비시켜야 한다는 주장이 나오기 시작했다. 소헌왕후 폐비는 세자 자리에도 영향을 미칠 수 있는 큰일이었다.

심온 단죄에 앞장섰던 박은과 유정현이 역시 이 일을 주도했다. 역적의 딸. 물론 태종이 이 일을 조종하고 있다는 흔적이 《세종실록》 세종 즉위년(1418년) 11월 29일 자에 남아 있다. 명분은 아들이 셋뿐이라 더 많았으면 좋겠으니, 빈과 잉첩 두세 명을 더 두되, 당사자인 세종의 의사와는 무관하게 진행하라는 것이었다. 그러면서 박은이 중궁(소헌왕후)을 폐하라고 건의하자, 상왕은 그 뜻은 알겠으나 평민의 딸도 시집을 가면 연좌되지 않는데 하물며 심씨냐고 하며 무시했다.

소헌왕후 심씨는 친정이 풍비박산됐음에도 어렵게 어렵게 살아남았고, 세자를 비롯한 왕자들의 든든한 버팀목이 될 수 있었다.

1421년 일곱 살에 세자가 된 문종은 1450년 아버지 세종이 양위할 때까지 무려 29년간 세자로 지냈다.

그의 명민함은 이미 명나라에까지 널리 알려졌을 만큼 기대를 모았다. 잔치 자리에서 명 사신이 이랬다잖는가. "이 나라는 산수가 아주 뛰어나 이런 아름다운 인물이 난다." 그뿐이 아니다. 세자는 열 살 때 《논어》를 배우기 시작했고, 이듬해에 《맹자》까지 배웠을 정도로 학문에도 발군의 실력을 보여 주었다.

소헌왕후가 아버지를 죽인 원수들의 손에 의해 폐비가 되었다면 조선의 역사는 어떻게 되었을까. 역사의 가정법은 무의미하다지만 소헌왕후에게 이런 가정법을 굳이 던지고 싶은 것은 훗날 똑같은 질문과 마주해야 하기 때문이다. 중종반정 직후 치마바위 전설의 주인공 신씨가 7일 만에 폐위되지 않았던가. 이 얘기는 그때 자세하게 하기로 한다.

어쨌든 이런 상황 속에서 세자는 세종의 실질적 정무 파트너로 있으면서 많은 업적을 남긴다. 세종의 한글 창제나 해시계 발명에는 세자의 아이디어와 노력이 듬뿍 담겨 있음이 이미 알려진 바 아니던가.

이런 명민함을 가졌던 세자가 즉위하니, 문종이었다.

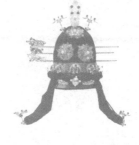

적장자로는 처음 왕이 되다

가장 완벽한
정통성을
갖추다

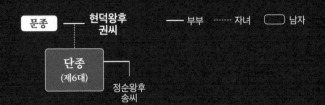

단종

1441~1457 | 재위 1452~1455

조선시대 가장 완벽한 정통성을 가진 왕을 꼽으라면 누구일까? 그리고 가장 비극적으로 생을 마감한 왕은 누구일까? 답하지 않고 두 질문을 연이어 한 것은 모두 한 임금을 가리키기 때문이다. '단종' 이다.

조선 왕실의 왕권 암투사는 창업자 태조 이성계의 아들 대(정종 과 태종)를 지나면서 안정기에 접어드는가 했다. 물론 세종의 즉위가 맏아들 양녕대군의 폐세자 결과물이었던 점에서 물 흐르는 듯한 것 은 아니었지만.

세종의 다음을 잇는 문종의 즉위는 '맏아들 계승 원칙'이라는 유교 질서를 따랐다는 점에서 흠잡을 데 없었다. 굳이 억지로 옥에 티 하나를 '찾는다'면, 아버지 세종이 세자가 아닐 때 태어났다는 것 이다. 이를테면 '원손'은 아니었다. 글쎄, 이걸 티라고 해야 할까 싶다.

하지만 문종의 단명이 몰고 온 후폭풍은 '안정'이란 글자 앞 괄호

속에 '불' 자를 넣어 잠재적 비극을 복선으로 숨겨야 한다. 이게 두 번째 질문에 대한 답이 될 것이다. 하지만 이 질문은 이 글의 맨 마지막에 다음 글을 예고하는 차원에서 해야 하는 게 맞다. 이번 글은 단종이 어떻게 즉위했는가가 초점이기 때문이다.

영월군이 제작한 단종 어진 (영월군 소장)

단종은 문종과 현덕왕후 권씨 사이의 맏아들로 1441년에 태어났다. 태어날 때 아버지는 세자였다. 그런데 어머니 현덕왕후는 아들을 낳은 지 하루 만에 세상을 떠났다. 어머니가 없는 맏아들 세자의 운명은 어떻게 될까?

우리가 여기서 우선 살펴봐야 할 게 있다. 단종의 아버지 문종의 왕비와 후궁들에 관한 이야기다. 문종은 특히 건강이 안 좋은 데다가 여자에게는 관심이 없었다는 식의 이미지가 덧씌워져 있다. 묘호 '문文' 자가 주는 의미와 재위 2년 만의 갑작스러운 죽음으로 건강 또한 나빴을 것이란 선입관이 작용한 탓이 크다. 문종은 현덕왕후는 물론이거니와, 여러 후궁을 두었고, 모두 3남 5녀의 자녀를 두었다.

다만 아내 복은 지지리도 없었던 것 같다. 일곱 살 때 세자가 된 문종은 열다섯 살에 휘빈 김씨와 첫 가례를 올렸다. 그런데 세자는 첫 아내에게 관심을 두지 않았다. B급 역사랄 수 있는 야사에서는 김씨의 외모 때문에 거리감이 있었다고 한다. 사실상 첫날밤 이후 세자가 세자빈의 처소에 발걸음조차 하지 않았으니, 세자빈의 마음은 타

들어 갔을 것이다. 해서 이상한 술법을 쓰다 발각됐다고 한다. 세자가 좋아하는 궁녀의 신발 앞코를 잘라 태워서 나온 재를 먹이면 사랑받을 수 있다는 말에 그렇게 했단다. 결국 휘빈 김씨는 폐출됐다.

이어서 두 번째 세자빈으로 순빈 봉씨가 간택되었다. 이번에는 얼굴을 보았다. 하지만 순빈의 투기심과 사나움을 걱정해 세자는 봉씨를 멀리했다. 봉씨 역시 남편에게서 버림받은 꼴이 되자 궁녀와 동침하는 등 문란한 행동을 하다 폐출됐다.

세 번째 세자빈을 정할 때는 앞선 두 번의 시행착오를 거울삼아 진행됐다. 새로 간택하기보다는 이왕 세자와 가까이 지내는 후궁 중 한 명을 고르기로 했다. 따로 가례도 치르지 않기로 했다. 이렇게 해서 선택한 세자빈이 현덕왕후 권씨이다. 권씨는 이미 세자와 사이에서 딸을 한 명 낳은 상황이었다.

사실 세자는 여러 후궁 중 승휘 홍씨를 세자빈으로 삼고 싶어 했다고 한다. 하지만 아버지 세종이 "이미 딸을 낳았고, 홍씨보다 나이도 많고, 품계도 높은 권씨가 합당하다"라고 하여 권씨가 낙점됐다.

그래도 세자는 이전의 폐출된 세자빈들과는 달리 권씨와는 그런대로 금실이 좋았던 것 같다. 딸을 낳고 나서 세자 나이 스물여덟에 아들 단종을 낳았던 것을 보면 말이다. 왕실에 경사가 났다. 그렇지 않아도 원손이 태어나지 않아 애면글면하던 차였으니 얼마나 기뻤겠는가. 세종은 대사면령을 내렸다. 하지만 호사다마라 했던가. 아님 복선이었던가. 《세종실록》에 따르면, 용상 근처의 큰 초가 떨어졌다. 세종이 이를 불길하게 여기고는 당장 치우라고 했다고 한다. 그런데 바로 이 현덕왕후 권씨가 죽었다.

왕실도 지쳤는지 이제는 더 이상 세자빈을 들이지 않았다. 그렇다면 세자의 외아들이자 원손을 누가 키울 것인가. 할아버지 세종은 세손의 처지를 가련히 여겨 부인인 소헌왕후와 의논했다. 그리고 자기 후궁인 혜빈 양씨에게 맡긴다.

혜빈 양씨는 궁인으로 들어와 건강이 안 좋던 세자(문종)를 보살 피다가 세종의 승은을 입었다고 한다. 세자를 보살폈던 인연이 있기에 혜빈 양씨는 엄마 잃은 세자의 아들(단종)을 보살펴 달라는 세종의 부탁에 기꺼이 자청했고, 지극정성으로 단종을 키웠다고 한다. 얼마 전에 태어난 자기 아들 대신 단종에게 젖을 물렸을 정도였다. 단종은 늘 혜빈 양씨의 품에서 잠들었을 정도로 포근함 속에서 자랐다.

단종은 여덟 살 때인 1448년 세손, 열 살 때인 1450년 세종이 죽으면서 세자로 책봉되었다가, 열두 살 때인 1452년 아버지 문종이 죽으면서 왕위에 오른다.

그런데 아버지 문종에게는 낯익은 이름을 가진 형제들이 있었다. 세종의 둘째 아들 수양대군을 비롯하여 안평대군, 금성대군 등이 그들이다. 이들은 우리의 기억에 익숙한 만큼 역사에 이름이 자주 등장하는 인물들이다. 그만큼 드셌다고 볼 수 있다.

특히 수양대군은 병약한 형 세자(문종)가 세자빈을 세 번이나 바꾸고도 14년 동안이나 아들이 없자 왕위 계승 서열 2위 입장에서 야심을 한번 품어 볼 만했다. 하지만 세손(단종)의 탄생으로 야심은 한여름 밤의 꿈이 될 상황이었다. 게다가 조선의 4대 명필로 꼽히는 수양대군의 동생 안평대군의 존재감 또한 돋보였다.

이런 가운데 수양대군은 언제나 워낙 똑똑한 형(문종)의 그늘에 가려 두 번째로 밀렸다. 둘째의 서러움을 톡톡히 당하면서 지냈다. 특히 문종은 세종이 몸이 아파 정사를 돌보기 어려울 때인 후반기 10년

동안 대리청정을 맡아 보여 준 국정 처리 능력은 탁월했다. 세종의 업적 중 상당 부분이 세자 문종의 작품이라는 평가가 결코 빈말이 아니었다.

그러다 보위에 오른 문종은 어머니 소헌왕후 심씨의 삼년상에 이어 아버지 세종의 삼년상까지 겹치면서 건강이 극도로 나빠졌고, 마침 종기까지 나면서 1452년 5월 14일 서른아홉의 나이로 2년의 짧은 재위 기간을 기록하고 삶에 마침표를 찍었다.

이때만 해도 어의들은 사나흘만 기다리면 문종의 병환이 나을 것으로 예상했었다. 하루하루 병세를 보고한 것을 보면, 오늘은 어제보다 낫다는 표현이 자주 등장했다.

문종이 임종하던 날 아침, 위독하다는 상황에 직면하여 세자더러 임금의 옥체를 보살피라고 하자, 세자는 "나이가 어려서 어찌할 줄 모르겠습니다"라고 했다고 한다.

상황은 더 긴박하게 돌아갔다. 모든 대신이 임금에게 안부를 물은 다음, 세자에게 '죄수를 석방하려 한다'는 걸 임금에게 아뢰게 했다. 문종은 "불가하다"고 한 후 얼마 안 가서 숨을 거뒀다고 한다.

세자는 아버지 문종이 타계한 지 나흘 후인 5월 18일에 근정문에서 즉위식을 열고 왕이 된다. 이날 《단종실록》이 기록한 즉위기를 보자.

"우리 앞선 아버지 왕께서 성한 덕과 지극한 효도로 큰 기업을 이어받아서 정신을 가다듬어 정치를 하여 원대한 것을 도모하였는데, 불행하게도 왕이 된 지 얼마 되지 않아서 갑자기 여러 신하를 버렸으니 땅을 치고 울부짖어도 미칠 수 없어 애통이 망극하다. 돌아보건대 큰 자리는 오래 비워 둘 수 없어 경태景泰 3년(1452년) 5월 18일에 즉위하노라."

　이렇게 조선의 가장 완벽한 정통성을 가진 단종이 즉위했다. 그의 나이 열두 살. 단종은 이때까지 조선에서 가장 어린 나이에 왕이 되었다. 나중에 헌종이 단종보다 더 어린 나이인 여덟 살에 즉위하여 최연소 즉위 기록은 깨진다.

　문종도 살아생전에 세자에게 미칠 동생들의 존재감이 부담스럽긴 했었다. 야심을 드러내는 발언을 하기도 하고, 도첩증 없는 승려를 맘대로 풀어 주기도 하는 등 문제를 일으킨 적이 있었던 터여서다. 더욱이 세자에게는 엄마는 물론이거니와, 대비나 대왕대비도 없었기에 더 그랬다. 하지만 우려할 만한 상황은 아니라고 판단했는지 특별한 대비는 하지 않았다. 다만 임종할 때 유언으로 영의정 황보인과 좌의정 남지, 우의정 김종서에게 '고명대신'(임금이 후사를 부탁한 대신)을 부탁했었다.

　그럼에도 결과론이긴 하지만 훗날 사람들은 문종이 수양대군을 비롯한 동생들을 더 견제했어야 한다고 비판하기도 한다. 문종 자신은 적장자의 정통성을 가진 왕인 데다 능력 또한 출중한 터여서 왕권이 막강했다. 게다가 오랜 기간 세자로서 아버지 세종을 도운 풍부한 국정 경험과 눈에 띄는 결과물들이 있어서 대신은 물론이거니와, 동생들에게도 절대적인 충성을 받았다.

　수양대군은 단종이 보위에 올랐을 초기에는 시쳇말로 납작 엎드려 지냈다. 하지만 절대권력이 사라진 상황에서 단종을 중심으로 한 고명대신과 수양대군, 안평대군이 각각의 세력을 만들어 각축을 벌이게 된다.

수양대군이 결국 쿠데타를 일으켜 성공하면서 정통성이 가장 완벽한 단종이 가장 불운한 왕이란 수식어까지 달게 된 사연은 다음 세조 편에서 다룰 이야기라 이만하겠다.

다만 단종의 유일한 후견인이랄 수 있는 혜빈 양씨의 이야기를 마저 하는 게 좋을 듯싶다. 혜빈 양씨는 수양대군에게 유감이 있었다. 단종이 왕이 되어 혜빈 양씨 집에서 자고 싶어 했으나 삼촌 수양대군이 막는 등 견제를 받았기 때문이다.

물론 혜빈 양씨는 수양대군의 적수는 되지 못했다. 특히 남편 세종이 죽자, 그녀는 비구니가 되었다. 후궁은 남편인 왕이 죽으면 궁에서 나가야 한다. 슬하에 자녀가 있으면 집으로 가지만 없으면 비구니가 되는 게 관례였다. 그러다 단종이 즉위하면서 다시 궁으로 돌아와 단종 곁에 있었다.

이때 수양대군은 혹시 혜빈 양씨가 실세가 되는 게 아닌가 하는 염려에서 문종의 후궁 홍 귀인을 숙빈으로 책봉하여 혜빈 양씨 대신 역할을 맡겼다. 당연히 혜빈 양씨는 수양대군에게 유감을 가질 수밖에. 이 비극은 나중에 수양대군이 세조가 된 이후, 금성대군과 결탁해 권력을 휘둘렀다는 죄명을 씌워 혜빈 양씨를 죽이는 것으로 마무리된다.

이렇듯 조선시대 가장 완벽한 정통성을 가진 단종의 즉위를 둘러싼 암투사는 다소 싱겁다. 하지만 실망하지 마시라. 이번 편의 밍밍함은 다음 편의 스펙터클을 알리는 예고편이니까.

무력으로
조카의 왕위를
빼앗다

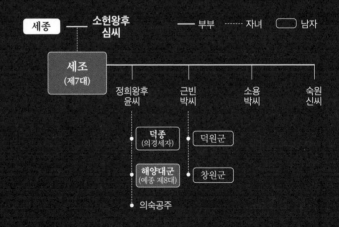

세조

1417~1468 | 재위 1455~1468

우리는 앞에서 조선시대 왕 중 가장 완벽한 정통성을 가진 단종을 만났었다. 그는 아버지 문종이 세자이던 시절에 태어나 '적손'과, 맏아들이라는 '장자'의 지위까지 모두 갖춘 적장자 왕 아니던가.

태어나자마자 엄마 현덕왕후 권씨의 사망으로 자칫 세자 자리가 위태로울 수 있었지만, 아버지 문종의 흔들림 없는 후원으로 '단종'이 될 수 있었다.

단종은 열두 살에 보위에 올랐다. 이럴 때 무슨 제도를 시행하는가. 그렇다. 수렴청정. 왕비나 왕대비가 발을 내리고 정치를 돌보던 제도이다. 그런데 단종에게는 이런 수렴청정할 왕실 어른이 없었다. 할머니와 어머니 모두 죽었다. 양모가 있었더라도 세종의 후궁인 데다가 시동생 수양대군에게서 견제받고 있었던 터여서 불가능했다. 어찌 보면 거친 들판에 홀로 서 있는 형국이었다.

더욱이 단종은 세자 시절 세자빈(부인)이 없었다. 만약 힘깨나 쓰

선원보감에 실린 세조의 어진 (한국학중앙연구원 소장)

는 처가가 있었다면 상황은 달라질 수도 있었을 것이다. 문종은 자신의 병세가 악화했을 때 세자의 세자빈을 들이려고 간택령까지 내렸다. 하지만 문종의 사망으로 간택령은 없었던 일이 되었고, 그렇게 세자빈 없이 세자는 왕이 되었다.

단종이 가례를 올린 건 즉위한 지 3년이 지난 1454년이었다. 쿠데타로 이미 권력을 잡은 삼촌 수양대군의 권유에 따른 것이었다. 부인은 정순왕후定順王后 송씨였다.

단종의 가례는 조선시대 역사를 통틀어 세자가 아닌 왕의 첫 가례로는 최초였다. 대부분이 세자 시절에 이미 가례를 올리기 때문에 왕이 되어서 가례를 올리는 건 왕비가 사망했거나 폐위됐을 경우이다. 아무튼 단종과 가례를 올린 정순왕후의 운명은 남편 단종과 함께 천당과 지옥을 오가는 삶이었다.

상황이 이러하니 아버지 문종은 마음이 놓이질 않았고, 그래서 고명대신들에게 특별히 보필하라고 부탁하면서 제도를 하나 만들었다. 이른바 '황표정사黃標政事'. 고명대신들이 올리는 인사안에서 적합한 인물의 이름에 누런 쪽지(황표) 붙이면 단종은 붓으로 그 이름 위에 낙점하는 방식이었다. 《단종실록》 단종 즉위년(1452년) 7월 2일 자 기록이다.

"반드시 3인의 성명을 썼으나, 그중에 쓸 만한 자 1인을 취하여 황표를 붙여서 아뢰면 노산군(단종)이 다만 붓으로 낙점할 뿐이었다. 당시 사람들은 이를 '황표정사'라고 일컬었다."

이러니 사실상 국정은 고명대신들의 손에 달려 있을 수밖에 없었다. 물론 고명대신들은 문종의 부탁을 잘 받들 뿐 권력에는 욕심이 없는 성품의 소유자였다. 황보인이 그랬고, 김종서가 그랬고, 남지도 그랬다. 이들을 설명하는 단어가 '청렴결백'이나 '강직'이란 것을 보면 알 수 있다.

하지만 종친들의 마음은 달랐다. 특히 단종의 삼촌 수양대군과 안평대군 등은 고명대신의 황표정사를 곱게 보지 않았다. 이들이 인사를 전횡한다며 색안경을 끼고 있었다.

사실 문종의 형제들, 즉 세종의 아들들은 똑똑한 아버지 DNA를 물려받아서인지 다들 잘났다. 우선 둘째 삼촌 수양대군. 그는 문무에 뛰어난 자질이 있었다고 한다. 나름 글씨에도 조예가 있었고. 그렇지만 수양대군은 형 문종이 워낙 걸출한 인물이라 감히 대적할 상대가 못 되어 자신을 낮추고 살았다고 한다. 형이 죽고 조카 단종이 보위에 올랐을 때에는 이 사실을 명나라에 알리기 위한 사은사를 자청하기도 했다. 이 점에 대해서는 야심을 숨기기 위한 술수라고 의심하는 해석도 있다.

그렇다고 수양대군이 마냥 얌전한 강아지처럼 굴지는 않았다. 도첩증이 없어서 체포된 승려를 맘대로 풀어 주어 상소가 올라올 정도였다. 물론 아우 사랑이 끔찍했던 형 문종은 문제 삼지 않았다.

셋째 삼촌 안평대군도 한 인물 했다. 그는 형 수양대군과는 결이 달랐다. 특히 예술에 남다른 재질을 보였다. 그 유명한 안견의 걸작 〈몽유도원도夢遊桃源圖〉의 제작 스토리에 안평대군이 있었잖은가. 꿈에 본 무릉도원을 안견에게 이야기하여 사흘 만에 그렸다나. "학문을 좋아하고, 시문은 더욱 뛰어났으며, 서법은 천하제일이고, 또 그림과 음악도 잘했다"라는 《용재총화》의 평가를 보면 시·서·화에 뛰어난 '삼절三絶'이 분명해 보였다.

이 밖에도 다른 삼촌이 즐비했지만 유독 이 두 삼촌이 역사의 무대에서 보이지 않게 경쟁하며 이름 석 자를 뚜렷하게 남긴다.

자, 수양대군이 대권을 잡는 '계유정난'을 이야기하려면 아주 걸출한 조연 한명회부터 만나는 게 순서다.

한명회는 힘깨나 쓰는 집안 출신이었지만 부모를 일찍 여의고 마흔 살이 다 되어도 과거에 급제하지 못했다. 벼슬은 음서(공훈 있는 자의 자손에게 과거를 보지 않아도 특별히 벼슬을 주는 제도)로 나갔는데, 받은 자리가 개성 경덕궁지기였다. 시쳇말로 별 볼 일 없는 그렇고 그런 위인이었다. 그러다 친구 권람의 소개로 수양대군을 만난다.

권람 역시 힘깨나 쓰는 집안 출신이지만 부모의 가정불화 때문에 가출했다가 한명회를 만났고, 둘은 함께 전국을 유람했다고 한다. 과거에 급제한 권람은 신숙주의 소개로 수양대군과 알고 지내게 됐고, 수양대군이 주도한 병서 《역대병요歷代兵要》 편찬에 참여하기도 했다. 책벌레 신숙주는 수양대군의 경쟁자이자 동생인 안평대군과도 친하게 지내는 인물로, 수양대군이 단종 즉위를 명나라에 알리는 사은사로 갈 때 함께 갔던 인연으로 매우 가까운 사이가 되었다고 한다.

거칠게 살펴본 수양대군과 관련 있는 주요한 인물들은 이랬다. 이들 중 특히 한명회를 주목해 볼 필요가 있다. 다른 인물들은 다 한가락 하던 인물들이지만 유독 한명회만은 그렇지 못했다. 개성의 서울 출신 사람들끼리 송도계松都係를 만들 때 한명회가 여기에 들어가려 하자 "경덕궁지기도 벼슬이냐"라며 힐난받으며 거절당할 만큼 미미한 존재였다.

그런데 역설적으로 '존재감 없는' 한명회였기에 '존재감 있는' 역할이 가능했다는 사실이 아이러니하다. 한명회가 수양대군에게서 임무를 받고 다양한 정보, 특히 김종서와 안평대군 관련 정보를 수집하러 다닐 때 아무도 그의 행동을 의심하지 않았다. 그의 뒷배에 수양대군이 있다는 걸 누가 눈치채겠는가.

더욱이 한명회는 과거 공부에는 무능력했지만 이런 일에는 상당한 수완이 있었던 모양이다. 한명회는 또 우군 확보에도 적극 나섰다. 주먹깨나 쓰는 건달은 물론이거니와, 홍달손을 비롯한 무장들을 끌어들였다. 거사를 앞두고 이들을 한자리에 모아 놓고 수양대군이 거사에 임하는 비장함을 담아 일장 훈시를 했다. 그런데 무사들의 의견이 제각각이고 시큰둥했던 모양이다. 이때 한명회가 뭉그적거리는 무사들의 태도에 당황한 수양대군을 설득하는 논리는 과연 압권이다.

"길옆에 집을 지으면 3년이 되어도 이루지 못합니다. 작은 일도 오히려 그러한데, 하물며 큰일이겠습니까?"

길가에 집을 지을 때 오고 가는 사람들이 모두 한마디씩 툭 던지며 하는 참견을 다 생각하다 보면 집 짓기는 산으로 간다는 것이다. 그러자 수양대군이 이런 말을 남기며 결단했다. 《단종실록》 단종 1년

(1453년) 10월 10일 자 기록이다.

"지금 내 한 몸에 종사의 이해가 매었으니, 운명을 하늘에 맡긴다. 사나이가 죽으면 사직에 죽을 뿐이다. 따를 자는 따르고, 갈 자는 가라. 나는 너희들에게 강요하지 않겠다. 만일 고집하여 일을 그르치는 자가 있으면 먼저 베고 나가겠다. 빠른 우레에는 미처 귀도 가리지 못한다. 군사는 신속함이 귀하다. 내가 곧 간흉을 베어 없앨 것이니, 누가 감히 어기겠는가?"

그리고 수양대군은 갑옷을 입고 심복 임어을운林於乙云만 데리고 김종서의 집으로 갔다. 쿠데타를 하려면 당연히 궁으로 가서 임금(단종)부터 수중에 넣어야 할 터인데, 수양대군은 김종서의 집으로 갔다. 왜?

'계유정난癸酉靖難'이란 용어 속에 그 의미가 함축돼 있다. 자칫 우리는 계유정난의 한자 표기에서 마지막 '난難' 자를 어지러울 '난亂' 자로 잘못 알고 있을 수 있다. 병자호란, 임진왜란에는 어지러울 '난亂' 자를 쓴다. 그런데 계유정난은 어려울 '난難' 자를 쓴다. 아마도 '亂' 자와 '難' 자의 의미 차이에 시사점이 있는 것 같다. '亂' 자는 난리라는 의미로 '전쟁'과 같은 큰 변란을, 어려움 또는 곤란함의 '難' 자는 전쟁보다는 작은 소란을 의미하는 것 같다.

물론 이런 차이도 중요하겠지만 이 용어에는 철저하게 승리자의 역사관이 반영됐다는 사실도 눈여겨봐야 한다. 지금까지 우리는 계유정난은 '수양대군이 일으킨 난'으로 알고 있었는데, 실질적인 의미는 '수양대군이 난을 진압'한 것이란다. 난을 일으킨 사람이 난을 진압한 사람이 되는 형용모순. 요즘 핫한 말로 '뜨아아', '뜨거운 아이스 아메리카노'처럼.

그럼 앞에서 던진 질문, 수양대군은 왜 김종서의 집으로 갔는가에 대한 이유를 알아보자.

수양대군은 형 문종의 유지로 이행되고 있는 '고명대신'의 '황표정사'에 큰 불만이 있었다. 모든 인사 전횡이 일어나는 원인이고, 이를 바탕으로 고명대신 중에서도 김종서가 모든 권력을 쥐락펴락하고 있다고 생각했다. 남지는 병약했고, 황보인은 유약했기에. 이런 상황이라면 그래도 자기가 왕실 어른이고 왕의 제일 큰삼촌인데 가만있을 수 있느냐는 문제의식이 있었다. 이날 《단종실록》 기록을 보자.

"간신 김종서 등이 권세를 희롱하고 정사를 오로지하여 군사와 백성을 돌보지 않아서 원망이 하늘에 닿았으며, 임금을 무시하고 간사함이 날로 자라서 비밀히 이용에게 붙어서 장차 반역을 도모하려 한다. (…) 내가 이것들을 베어 없애서 종사를 편안히 하고자 하는데, 어떠한가?"

여기서 우리는 여러 차례 입 밖에 냈던 '김종서' 말고 새로운 인물의 이름이 소환됐음에 주목해야 한다. '이용李瑢'. 이렇게 본명을 쓰면 낯설지만, '안평대군'이란 작호를 쓰면 누구인지 금방 알 수 있다. 예술에 조예가 깊고 재주가 많은 수양대군의 바로 아래 동생. 그 안평대군의 죄목은 이랬다. 종친을 비롯해 단종의 유모인 혜빈 양씨, 환관 등과 함께 붕당朋黨(사모임)을 결성했고, 뇌물을 받고 황표정사를 어지럽혔고, 결국 종실을 뒤엎고 왕에게 위해를 가하려고 음모를 꾸몄다. 한마디로 쿠데타를 꾸몄다는 거다.

이제 알게 됐다. 수양대군의 과녁이 '김종서'까지 아우르며 아우 '안평대군'을 겨냥하고 있음을. 김종서와 안평대군의 난을 평정하는 것은 겉보기의 명분이고, 속내는 왕권 욕심이었음도. 그래서 수양대군은 더 이상 뭉그적거릴 이유가 없었다. 당장이라도 이들을 무찌르고 권력을 틀어쥐어야 했다.

수양대군 일파가 거사를 모의한 날이 실록에 따르면 9월 29일이다. 그런데 황보인과 김종서가 10월 2일쯤에 이 사실을 알았다. 물론 수양대군도 이들이 안다는 사실을 알았다. 하지만 수양대군은 저들이 비록 알더라도 대비하기까지 여드레, 아흐레는 걸릴 것으로 보고 여유를 부리기도 했다.

김종서 집 앞에 당도한 수양대군은 이미 무사들이 경호하고 있는 모습을 보고도 당당하게 행동했다. 그리고 마주한 김종서와 수양대군. 고수들답게 선문답이 잠시 오가다가 수양대군이 김종서에게 건넬 편지가 있다며 주변을 물리친다. 김종서가 편지를 받아 달빛에 비춰 읽으려 하자 곁에 있던 심복 임어을운이 철퇴로 김종서를 가격했다.

많은 역사가가 이 대목, 소수의 수양대군 무리가 30여 명의 기병이 지키는 김종서를 테러했다는 게 현실성이 떨어진다고 지적하기도 한다. 그만큼 김종서가 이런 낌새를 전혀 눈치채지 못하고 방심했음을 나타내는 반증이기도 하고.

한편 한명회와 권람은 수양대군이 김종서를 처단하고 와서 궁으로 들어갈 수 있도록 채비를 마치고 기다리고 있었다. 수양대군이 일이 있어 바깥출입을 했으니 돈의문을 닫지 말라고 일러뒀다. 반면 숭례문과 서소문은 닫도록 했다. 단 하나의 문만 열어 놓고 모두 봉쇄했다. 왜? 바로 그 유명한 한명회의 '생살부生殺簿(요즘은 살생부로 부름)' 때문이었다. 임금이 불러서 들어오는 재상 중 '살殺' 쪽 이름이 있으면 가차 없이 처단하게 했던 것이다. 그리고 안평대군은 죄가 커서 죽여 마땅하나 세종과 문종이 사랑하던 마음으로 용서한다며 강화로 유배를 보냈다.

이렇게 정적들을 제거하며 쿠데타의 첫 단추를 낀 수양대군은 공신들에게 선물을 듬뿍 안겼다. 이름하여 '정난공신'. 공신 1등 자리에 당연히 수양대군 자신의 이름부터 올렸다. 정인지를 좌의정, 맏아들의 장인인 사돈 한확을 우의정에 앉혔는데, 자신은 영의정·이조판서·병조판서 등 핵심 요직을 차지했다.

이에 대해 단종의 유모인 혜빈 양씨와 동생 금성대군 등이 반발했다. 임금의 자리를 위태롭게 할 게 뻔하기 때문이었다. 하지만 이들도 제거해야 할 정적이었지 설득해야 할 대상은 아니었다.

수양대군의 압박이 오죽 심했으면 단종이 하루는 경복궁 자미당 난간을 부여잡고 "할바마마께서 살아 계셨다면 나에 대한 사랑이 어찌 적겠는가?"라고 탄식했을까.

수양대군의 최종 목표가 전횡을 휘두르는 자를 처단하여 정국을 안정시키는 게 아님은 이미 알려진바, 그렇다면 쿠데타에 성공했으니 당연히 단종을 폐위하고 자신이 그 자리에 앉아야 하는 것 아닌가. 하지만 다 순서가 있다. 유교 질서에는 겸양지덕謙讓之德이란 게 있다. 자리를 준다고 해서 덥석 받는 게 아니라 일단 양보하고, 그럼 또 제수하고 양보하고, 이런 걸 반복하다 마지못해 받는 것처럼 시늉한다.

보는 눈이 많으니 수양대군도 이런 유교 질서를 무시하진 못했지만, 속내는 하루빨리 단종이 알아서 왕위를 넘겨주기를 바랐다. 무엇

보다 단종의 나이가 한두 살 더 들면 상대하기가 더욱 버거워진다는
점이 걸렸다. 수양대군은 단종의 주변 인물들을 제거하면서 어서 빨
리 양위하라는 압박을 가했다. 이런 고통을 감내할 자가 있을까. 가
뜩이나 나이 어린 단종으로서는 여간 부담스러운 일이 아니었으리라.
해서 마침내 결단을 내린다. 1455년 윤6월 11일이다. 이날 《세조실
록》을 보자. 단종이 말했다.

"내가 나이가 어리고 안팎의 일을 알지 못해 간사한 무리가 은밀
히 발동하고 난을 도모하는 조짐이 끝나지 않으니, 이제 중대한 임무
를 영의정에게 전하여 주려고 한다."

그러자 수양대군은 이런 말로 변명하며 '마지못해' 왕위를 물려
받아 세조가 되고, 단종을 상왕으로 했다.

"덕 없는 내가 선왕(문종)과 한 어머니의 아우이고 또 자그마한 공
로가 있었기에 큰형인 내가 아니면 이 어렵고 위태로운 상황을 진정시
킬 길이 없다고 하여 드디어 왕위를 나에게 주시는 것을 굳게 사양하
였으나 허락받지 못하였고, 또 종친과 대신들도 모두 이르기를 종사의
대계로 보아 의리상 사양할 수 없다고 하여 즉위하였다."

한편 이렇게 상왕이 된 단종은 조선시대 가장 완벽한 정통성을
가진 왕에서 하루아침에 가장 불운한 왕으로 급전직하했다.
단종이 상왕으로 물러난 지 2년이 지나서 그를 복위시키려는 사
건이 일어난다. 이른바 '사육신' 사건. 이 일은 집현전 학사로 신임이 두

터웠던 성삼문이 단종을 찾아오면서 진행됐다. 단종은 그에게 칼을 내어 주며 지지했다. 거사는 1456년 6월 창덕궁에서 열릴 명 사신 연회장에서 하기로 했다. 하지만 김질과 정창손이 밀고하면서 들통이 났고, 그 결과 성삼문·박팽년·이개·하위지·유성원·유응부 여섯 명이 처형당했다. 단종 복위를 위해 몸을 바친 여섯 명의 신하란 의미에서 이들을 '사육신死六臣'이라 부른다. '생육신生六臣'도 있다. 단종 폐위에 불만을 품고 절개를 지키기 위해 벼슬을 버린 여섯 명의 신하 김시습·성담수·원호·이맹전·조려·남효온을 말한다.

아무튼 상황이 이렇게 되므로 상왕 단종의 입지는 더 궁지에 몰렸다. 단종을 그대로 두면 언제든 이런 일이 반복될 수밖에 없다는 데 생각이 미치자 세조는 일단 단종을 '노산군'으로 강등시키고 영월로 유배를 보낸다.

부인도 없이 홀로 배 타고 가야만 하는 영월 청룡포에 내팽개쳐진 단종은 결국 사약을 받고 죽음에 이른다. 삼촌 금성대군의 죽음을 듣고 자살했다는 주장도 있다. 그런데 이 주검을 거둬 장사 지낼 수 없었음에도 영월 아전 엄흥도가 자신의 어머니를 위해 미리 마련해 두었던 수의와 관으로 몰래 장사 지냈다고 한다.

한편 단종의 부인 정순왕후는 관례에 따라 하는 출가는 하지 않고 동대문 밖에 초가집을 짓고 살았다고 한다. 힘들게 살면서도 여든둘까지 장수했다. 남편은 두 번째로 짧게 살다 간 왕이지만 정순왕후는 두 번째로 오래 산 왕비가 되었다.

적장자 아닌
세자 동생이
왕 되다

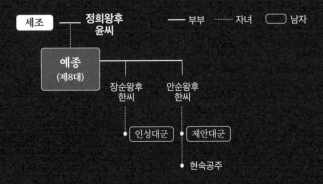

예종

1450~1469 | 재위 1468~1469

조선시대에는 유교 예법까지 어겨 가며 '비정상'의 방법으로 왕위에 오른 왕이 여럿 있는데, 이 왕들은 과연 자신의 왕위를 어떤 방식으로 물려주었을까.

일단 지금까지의 경우에서 이 범주에 드는 왕은 '왕자의 난'으로 왕권을 찬탈한 태종이다. 하지만 태종은 정비 소생의 맏아들인 '적장자' 원칙을 지켰다. 왕자 시절에 낳았지만, 왕이 된 이후 맏아들을 세자로 책봉하지 않았던가. 물론 세자 양녕대군은 비뚤어진 행동거지로 세자 자리를 지키지 못하고 쫓겨났고, 그 자리는 결국 충녕대군이 차지했다. 태종은 누구보다 적장자 원칙주의자였다. 결과는 달랐지만, 그 원칙만은 진정이었다.

그래서인지 세종의 뒤를 이은 문종은 정통성 면에서는 그 어떤 시빗거리도 만들지 않았다. 그렇다면 이 범주에 드는 또 한 명의 왕 세조는 어땠을까.

수양대군이 세조가 되었던 '계유정난'은 유교를 국교로 삼은 조선시대에 정말 '뜨거운 감자'였다. 이런 식의 '정난'이 과연 유교 질서에 맞는 것인가. 특히 벼슬을 버리고 은둔한 사람은 도무지 이런 정변을 이해할 수 없었다. 해서 숱하게 계유정난을 비판했다가 귀양 가는 일이 자주 일어났다. 그 유명한 사화史禍의 원인이 되기도 했고.

이런 사정이 있었기에 세조가 누구에게 왕위를 물려주었을까 하는 점은 남다른 관심을 끌었을 것 같다.

조선시대에는 왕위 계승과 관련해 왕 못지않게 왕의 부인도 어느 정도 지분을 갖고 있다고 할 수 있다. 적자든 서자든 아들을 낳은 왕의 정비나 후궁의 입김이 막강했다. 특히 적장자의 어머니라면 그 권력은 하늘을 찌르고도 남을 정도였으리라. 세자로 책봉되고, 그리고 왕위에 오를 미래 권력 아닌가.

그런 점에서 세조 대의 왕실 분위기부터 살펴보는 것이 순서이다. 세조는 비교적 여자 문제에서는 크게 흠잡을 데 없는 것 같다. 후궁을 많이 두지도 않았거니와, 대신들이 권하면 여자를 좋아하지 않는다며 마다했다고 한다.

세조에게는 정비인 정희왕후 말고 세 명의 후궁이 있었다. 근빈 박씨謹嬪 朴氏와 숙원 신씨, 그리고 소용 박씨. 근빈 박씨는 후궁 중 유일하게 슬하에 두 아들을 두었다. 아마도 수양대군 시절에 첩으로 인연을 맺은 것 같다. 부모가 누구인지 알려지지 않았다. 항간에 박팽년의 누이라는 이야기가 돌았으나, 두 사람의 본이 서로 다르다고 한다. 근빈 박씨의 본관은 선산이고 박팽년은 순천이다. 근빈 박씨는 연산군 대에 이르는 여든 살까지 장수했고, 두 아들은 이렇다 할 역할을 보이지 않는다.

숙원 신씨는 신숙주의 딸(서녀)이다. 신숙주는 절친 성삼문과 함께 세종의 한글 창제에 참여할 만큼 총애받던 인재였는데, 권람·한명회 등과 친분을 나누면서 수양대군과도 알고 지내게 되었다. 그런 그가 수양대군과 매우 가깝게 된 것은 수양대군이 단종 즉위 사실을 알리는 사은사로 명나라에 갈 때 서장관으로 수행하면서다.

자, 여기서 소환된 이름들을 보면 무엇이 떠오르는가. 그렇다. 계유정난 때 속된 말로 한가락 하던 사람들 아닌가. 신숙주는 직접 총칼을 들고 앞장서 싸우지는 않았더라도 간접적으로 매우 중요한 역할을 했다. 문종이 죽으면서 마음을 놓지 못해 단종 보필을 부탁했던 고명대신 김종서와 황보인을 비롯하여 수양대군의 거사를 못마땅해하는 성삼문과 박팽년, 성승 같은 집현전 학사들을 설득하는 일을 맡았다. 거기다가 단종 복위 운동이 일어났을 때 동참을 요청받고도 함께하지 않았는데, 이 사실을 밀고했다는 소문까지 나돌면서 변절자 낙인이 찍혔다. 사실 고변자는 정창손의 사위 김질이었다고 한다.

아무튼 신숙주는 세조에게서 "다만 서생書生일 뿐만 아니라 지장智將이므로, 신숙주는 곧 나의 위징魏徵입니다"라는 평가를 들었던 인물이다. '위징'은 당 태종 이세민이 두 형제를 죽이고 황제가 된 '현무문의 난' 때 황태자 이건성더러 동생 이세민을 죽이라고 했던 인물이다. 이세민의 입장에서는 죽여 마땅한 위징이었지만, 워낙 명성이 자자했던 인재라 등용할 수밖에 없었다.

그런데 위징은 직언을 서슴지 않은 것으로 유명했다. 황태자더러 동생을 죽이라고까지 말할 정도였으니까. 그런 그였기에 당 태종에게도 곧이곧대로 말했다. 당 태종이 화가 났음은 인지상정. 오죽하면 당 태종이 죽여 버리겠다고까지 했을까. 하지만 그가 정말 죽자 당 태종은 닷새나 조회를 열지 않고 세 개의 '거울鑑' 중 하나를 잃었다며 애통해했다고 한다. 참고로 당 태종이 말한 세 개의 거울은 용모를 비춰주는 '동감銅鑑', 정치를 돌아보게 만드는 '사감史鑑(역사의 거울)', 언행을 바로 잡아주는 '인감人鑑(사람의 거울)'이다.

아무튼 세조와 신숙주의 관계가 그런 정도였으니 신숙주 딸의 후궁 입궐은 눈에 띌 수밖에 없었으리라. 신숙주는 첩 배씨 사이에 1남 1녀를 두었는데, 그 딸이 후궁으로 들어갔던 것이다. 하지만 신숙주의 서녀가 후궁이었다는 얘기만 보일 뿐 자세한 내용은 전하는 게 없다. 아버지의 특출함에 가려 보이지 않았던 것인지는 모르나 특별한 역할을 한 것 같지는 않다.

또 한 사람의 후궁, 소용 박씨. 소용 박씨 역시 출신 가문에 대한 정보는 전해지는 게 없다. 세조와 사이에 아들 하나를 두었는데, 그 아들이 네 살 때 요절한다. 이후 박씨에 관한 이야기는 급반전을 이룬다. 아들을 잃고 외롭게 지내다 환관을 좋아하게 됐는데, 그 환관이 세조에게 이 사실을 알리는 바람에 정3품 소용에서 잔심부름하는 내인으로 강등됐다가 결국 사사됐다나.

이런 사정으로 볼 때 왕권을 둘러싼 세조의 후궁들 활약상은 거의 없다고 봐야 할 것 같다. 그렇다면 정비인 정희왕후가 세조의 거사 때는 물론이거니와, 왕위 계승 문제에 나름 역할을 했음은 합리적 추론이다.

세조와 정희왕후 간의 금실은 매우 좋았던 것으로 알려져 있다. 후궁에 대한 세조의 반응이 시큰둥했다는 점에서 일단 그런 추론이 가능하리라. 물론 이게 금실을 논하는 절대적 근거가 아님은 잘 안다. 세조의 말처럼 여자를 좋아하지 않을 수도 있기 때문이다. 하지만 여느 왕들과 달리 서너 명에 불과했더라도 후궁이 있었던 건 사실이고, 이들과 사이에 아이까지 있었던 점으로 미루어 이 말은 반은 맞고 반은 틀린 게 아닌가 싶다.

아무튼 정희왕후는 파평 윤씨로 판중추부사 윤번의 딸이었다. 1428년 열한 살에 한 살 위인 진양대군(수양대군)과 혼인했다. 왕실에서 상궁이 세종의 둘째 아들 진양대군의 배필을 구하기 위해 나와서 보다가 그 옆에 있던 막냇동생이 더 마음에 들어 혼인하게 됐다는 야사도 전해진다.

윤번은 세조가 왕위에 오르기 전까지는 이렇다 할 주목을 받지 못했다. 벼슬도 음서로 시작했는데, 딸이 세조의 정비가 되자 눈에 띄게 높이 올라갔다.

아무튼 윤씨는 여장부의 기질을 갖고 있었다고 한다. 계유정난 때 남편 수양대군이 결정적일 때 뭉그적거리자 손수 갑옷을 입혀 주며 등 떠밀 만큼 결단력이 있었다. 애초에는 거사를 반대했지만, 물러설 수 없는 상황이 되자 적극성을 띤 것이다.

윤씨는 세조가 왕위에 있을 때 여러 가지 일로 마음이 상하기도 했다. 특히 단종의 어머니 현덕왕후 권씨의 원혼이 궁궐을 떠돈다는 소문이 신경 쓰였다. 이 다리 없는 소문은 삽시간에 궁궐 밖으로 퍼져나가면서 민심이 흉흉해졌다. 야사인《연려실기술》에 의하면, 오죽하면 세조의 꿈에도 현덕왕후가 나타나 "네가 죄 없는 내 자식을 죽였으니, 나도 네 자식을 죽이겠다. 너는 알아두어라"고 했을까. 그런데 더 기이한 건 세조가 이 꿈에서 깨어나자, 동궁에서 세자가 죽었다는 기별이 왔다는 점이다. 세조는 꼭 이 꿈 때문인지는 모르지만, 현덕왕후의 묘를 파헤치라고 했단다.

《음애일기》에 그다음 이야기도 전하는데, 석실을 부수고 관을 꺼내려 했으나 옴짝달싹하지 않아 글을 지어 제를 지내자 나왔다고 한다. 현덕왕후의 관은 사나흘 길거리에 방치했다가 평민의 예로 물가에 장사 지냈다.

어쨌건 세조의 후사를 이을 다음 왕은 의경세자(도원군)라는 데는 의심의 여지가 없었다. 정희왕후도 맏아들의 왕위 계승에 딴생각을 품을 리 없었다. 의경세자가 어떤 자식이었는가를 생각하면 더 그랬다.

의경세자는 왕실에서 특별한 존재였다. 큰며느리 복이 없던 세종은 수양대군의 부인인 둘째 며느리를 특별히 아꼈다고 한다. 그런 터여서 정희왕후는 시아버지 세종의 특별 허락 아래 대궐에서 아이를 출산할 수 있었다. 세자가 아닌 일반 왕자의 경우에는 대궐에서 아이를 출산할 수 없다. 궁궐 밖으로 나가서 아이를 낳아야 한다.

이런 법도까지 어기며 특별히 대궐에서 태어난 수양대군의 첫아들 도원군桃源君은 소중할 수밖에. 특히 할아버지 세종에게 첫 손자였던 터라 그 기쁨은 두 배였을 것이다. 거기다가 이쁜 며느리가 낳은 손자가 아니던가. 세종이 친히 '현동賢同'이라는 아명을 지어 줘도 사랑이 부족할 판이었다.

도원군은 어려서부터 공부도 열심이었고, 성품도 발랐다고 한다. 근면, 성실, 검소 같은 낱말들이 도원군을 설명하는 열쇳말이 되었을 만큼 바른 사람으로 성장했다. 도원군은 아버지가 왕위에 오르자 곧바로 세자에 책봉될 수밖에 없었다. 왕위 계승 영순위의 세자 책봉. 누구도 이의를 달 수 없는 순리였다. 정희왕후가 당연히 왕비가 되듯 그만큼의 정통성이었다. 이렇듯 의경세자의 왕위 계승은 따 놓은 당상이었다.

　그런데 한 가지 걱정이 있었으니, 바로 건강 문제였다. 의경세자
는 잔병치레가 잦아 병약했었다. 병이 깊어지자, 세조가 승려들에게
부탁하여 세자의 치유를 비는 불교 의식인 '공작재孔雀齋'를 베풀었다
고 한다. 하지만 의경세자는 1457년에 열아홉 살의 나이로 이승에서
삶을 마감했다. 예서에 능했던 의경세자는 죽기 전에 이런 시를 남겼
다고 한다.

> "비바람 무정하여 모란꽃이 떨어지고, 섬돌에 펄럭이는 붉
> 은 작약이 붉은 난간에 가득 찼네. 명 황제가 촉 땅에 가서
> 양귀비를 잃고 나니, 빈장嬪裝이야 있었건만 반겨 보지 않
> 았네."
>
> * 빈장: 임금의 수청을 들던 궁녀

　정통성 면에서 허물이 많은 세조에게는 정통성 시빗거리가 전혀
없는 세자의 죽음이 엄청난 상실감으로 다가왔다. 아주 하찮은 흠결
이라도 자칫 나비효과를 만들어 낼 수 있으니까. 정희왕후 역시 마찬
가지였다. 더욱이 정희왕후는 남편 세조까지 피부병으로 고생하고 있
어 세자 문제가 이중고로 다가왔다.

　세조와 정희왕후에게 세자를 잃은 비통함은 형용할 수 없을 정
도였다고 한다. 세조가 직접 못자리를 찾아다녔고, 정희왕후는 급하
게 의뢰했지만 뒤늦게 도착한 세자의 초상화를 부여잡고 통곡했다고
한다.

　하지만 왕실이 어디 한가하게 슬픔에만 잠겨 있을 수 있는가. 하

적장자 아닌 세자 동생이 왕이 되다

루라도 빨리 빈자리를 채워야 하는 것이 숙명이거늘. 당연히 의경세자 자리를 이을 세자 책봉에 들어갔다. 이 또한 유교 예법에 따른다면 고민할 게 없었다. 의경세자는 세자빈 소혜왕후 한씨와 사이에 두 아들을 두고 있었기 때문이다. 월산대군과 잘산대군. 하지만 왕의 자리를 꿰찬 사람은 의경세자의 아들이 아니라 세조의 둘째 아들이자 의경세자의 동생인 '해양대군'이었다.

종법에 따르면 왕위는 적장자(의경세자)의 적장자(월산대군)에게 가야 마땅하다. 그런데도 세조는 그렇게 하지 않았다. 왜일까?

일단 세조는 월산대군에게 '세손'의 지위는 부여했다. 차차기 대권 계승자라 할 수 있으리라.

얼핏 보기에 나이가 어려서 그렇다고 생각해 볼 수 있으나, 해양대군과 월산대군의 나이 차는 고작 네 살이다. 더욱이 해양대군이 세자에 책봉된 것은 여덟 살 때였다. 그 말인즉슨 세조가 이런저런 문제로 크게 고민하지 않았다고 보인다.

아무튼 해양대군은 열아홉 살에 왕위에 오른다. 일부에서는 나이가 어려 어머니 정희왕후가 수렴청정 했다고 하는데, 이는 신빙성이 적어 보인다. 열아홉이면 성인이나 다름없는 나이 아닌가.

세조가 적장손이 아닌 둘째 아들에게 왕위를 물려준 이유가 명확하게 밝혀지진 않았다. 다만 그럴 것이라는 뇌피셜이 있을 뿐이다. 아마도 세조는 아들 대에서 자기와 같이 씻을 수 없는 역사는 되풀이하지 말라는 의미에서 이런 선택을 하지 않았을까.

더욱이 자신의 운명을 정확하게 예측한 결과라기보다 우연이었겠지만 세조는 해양대군에게 왕위를 물려주고 그다음 날 죽었다. 살아 있을 적에 왕위를 물려준 것은 혹시 있을지도 모를 왕위 계승권을 둘러싼 잡음을 없애려는 의도가 강하게 반영되었던 건 아닐까.

그런데 한 가지 기이한 것은 누구도 이 일을 문제 삼지 않았다는 사실이다. 계유정난만 하더라도 이후 사림파 선비들에 의해 끊임없이 그 정당성에 대한 비판이 이어졌던 것을 생각하면 그렇다. 일부에서는 세조의 국정 장악력으로 설명하곤 하는데, 세조가 죽은 다음에도 별말이 없었다는 것이 풀리지 않는 의혹이기는 하다.

이렇게 해양대군이 '예종'이 되었다.

자식을
가장 많이 둔
성군이 되다

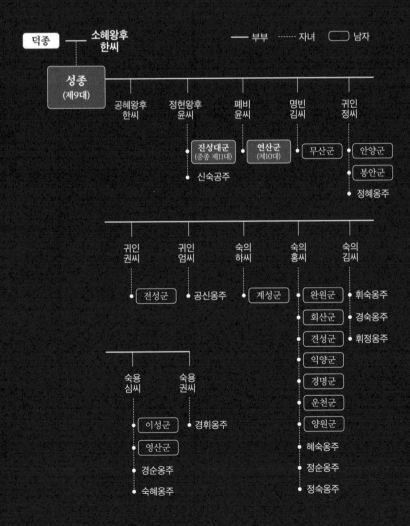

덕종 ─── 소혜왕후
            한씨

─── 부부 ┈┈ 자녀 ⬭ 남자

성종
(제9대)

공혜왕후   정현왕후   폐비   명빈   귀인
한씨   윤씨   윤씨   김씨   정씨

진성대군   연산군   무산군   안양군
(중종 제11대)   (제10대)
신숙공주   봉안군
                                          정혜옹주

귀인   귀인   숙의   숙의   숙의
권씨   엄씨   하씨   홍씨   김씨

전성군   공신옹주   계성군   완원군   휘숙옹주

                                        회산군   경숙옹주

                                        견성군   휘정옹주

                                        익양군

                                        경명군

                                        운천군

                                        양원군

                                        혜숙옹주

                                        정순옹주

숙용   숙용   정숙옹주
심씨   권씨

이성군   경휘옹주

영산군

경순옹주

숙혜옹주

성종

1457~1494 | 재위 1469~1494

예종이 죽었다. 사람들은 어려서부터 병약했다는 이유를 들어 예종의 죽음을 충분히 있을 법한 일로 생각할지도 모르겠다. 물론 예종은 족질足疾을 오래 앓아 왔다.

하지만 아무도 예상하지 못한 '뜻밖'의 상황이었다고 하는 게 맞을 것 같다. 예종은 죽는 전날까지 몸에 아무런 이상 증세를 보이지 않았다고 한다.

예종 1년(1469년) 11월 28일 자 《예종실록》을 보면, 예종의 죽음을 맞이하는 상황이 나와 있다. 대비 정희왕후가 임금이 앓을 때도 매일 아침 문안 인사를 했다며 병이 중하면 이렇게 할 수 있겠느냐고 했고, 신숙주도 임금이 병으로 인해 편하지 않다고 들었을 뿐 이에 이를 줄은 생각지도 못했다고 했다.

이런 말들로 보아 예종의 죽음은 아무도 예상하지 못한 상황이었음은 틀림없어 보인다. 다만 예종이 평소와 달리 여러 사람에게서 급작스럽게 문안을 받았던 것으로 보아 스스로는 몸의 이상을 느꼈을 가능성이 있어 보인다.

예종의 사망원인은 족질이다. 족질이 어떤 병이기에 사망에까지 이를까 싶기도 하거니와, 요즘 의술로는 치료할 수 있는 병이 아닐까 싶긴 한데, 그땐 중병이었던 모양이다.

좌우간 예종의 유고 상황이 벌어졌다. 보위에 오른 지 1년 하고 3개월, 고작 15개월 만이다. 하지만 역사는 예종에게 거는 기대감이 컸다. 어려서부터 건강 문제 빼고는 모든 면에서 모범을 보였고, 성군의 자질을 보였기 때문이다. 세종과 더불어 치세를 잘한 왕으로, 조카 성종에게 절대적인 영향을 끼쳤던 왕으로 꼽히지 않던가.

예종이 짧은 재위 동안 얼마나 많은 업적을 남겼을까마는, 꼬장꼬장한 원칙주의자 다운 면모를 보인 흔적이 있다. 그 대표적인 사건 하나만 꼽아 보자.

남이 장군 역모 사건. 남이 장군이 누구던가. 아버지 수양대군이 왕이 되는 데 결정적인 역할을 한 절친 권람의 사위 아니던가. 할머니도 태종의 딸인 정선공주이고. 물론 남이 자신이 똑똑하고 무예에 뛰어나 20대에 병조판서를 맡은 인물이다.

남이의 능력이 빛난 것은 '이시애의 난'(1467년) 때이다. 함경도 길주 호족인 이시애가 세조 집권에 불만을 품고 난을 일으키자, 스물일곱의 나이로 토벌대장인 된 왕족 구성군(세종의 넷째 아들 임영대군의 둘째 아들)을 도와 난을 평정하는 데 결정적인 역할을 한다. 이쯤 되면 남이의 출셋길이 훤히 열렸음은 물어보나 마나다.

하지만 세상일이 어디 생각대로 되던가. 절대적인 후원자인 세조가 죽고 나자 상황이 바뀌기 시작했다. 그의 야망을 의심한 한명회와 신숙주의 견제를 받았고, 결국 유자광의 역모 밀고로 저잣거리에서 효수당한다.

유자광은 간신의 대명사로 꼽히는 인물이다. 서얼(양인 첩 사이에서 태어나면 서자, 천민 사이에서 태어나면 얼자, 합쳐서 서얼이라 함)이었던 터여서 방탕한 생활을 하다 무예로 경복궁 갑사가 된다. 비록 하위직이지만 권력에 대한 동물적 감각을 가졌던 그는 뜻밖의 기회를 포착한다. 이시애의 난이 일어나자 세조에게 직접 상소를 올려 남이의 휘하에 들어갔던 것. 그렇게 벼락출세의 길을 걸으면서 그는 서얼이라는 한계를 극복하기 위해 신분을 세탁한다. 과거시험을 본 것이다. 그는 신숙주가 답안이 함량 미달이라며 탈락시켰으나 세조의 강권으로 '장원'으로 급제한다. 이제 그의 출셋길은 서얼이란 주홍 글씨 대신 '문과 장원 급제'라는 날개를 달았다.

유자광은 예종이 즉위하자 다시 살아남을 방법을 고민하기 시작한다. 세조 시절 한명회와 신숙주를 중심으로 한 공신과 남이를 중심으로 한 신진 무신 세력 간에 알게 모르게 알력이 있었다. 이 알력 속에서 누구 편에 설까 고민하던 유자광은 공신들 편에 선다. 그 방법은 무신 세력의 대표인 남이를 제거하기 위해 역모 사건을 꾸미는 것. 유자광은 남이가 자기를 찾아와 정변을 일으켜 한명회와 신숙주를 제거하자고 했다고 고변한다. 그 결과? 남이의 효수형.

사실 많은 사람이 남이의 권력에 대해 의심의 눈길을 보내기는 했었다. 그의 뒤에는 이시애의 난 평정에 혁혁한 공을 세우고 승승장구하는 구성군이 있었기 때문이다. 예종도 남이의 권력이 커지는 것을 우려했었던 것 같다. 유자광의 고변이 있자 강단 있게 처리한 것을 보면 알 수 있다. 물론 예종은 구공신들도 견제했었다. 이들이 아버지의 묘호를 '신종'으로 하자고 하자 결국 자기 뜻대로 '세조'로 고집했었던 데서 알 수 있다.

그동안 우리가 성종의 업적으로만 알고 있던 《경국대전》(조선의 최고 법전)도 사실 예종 대에 실질적으로 완성되었다. 역사에서는 이를 기축년에 완성됐다 해서 '기축대전'으로 부른다. 다만 반포만 남겨 두었는데, 한 달 전에 예종이 죽음으로써 최종본은 성종 대에서 완성하여 반포했다.

바른 사람의 본보기였던 예종은 나름대로 왕권을 높이면서 백성을 위한 치세에 나섰지만, 늘 부닥쳐야 하는 한계 또한 있었다. 바로 장인 한명회의 존재였다.

예종은 세자 시절인 1460년 열 살 때 열여섯 살인 한명회의 딸과 가례를 올렸다. 이미 장인이 권력의 정점에 있었던 터라 두 사람의 가례는 있을 만한 일로 받아들여졌다. 하지만 가례 이듬해 세자빈 한씨가 원손 인성대군을 낳은 후 닷새 만에 산후병으로 죽는다. 그러자 세자는 한씨의 삼년상을 마치고 간택 후궁인 한백륜의 딸 소훈 한씨를 세자빈으로 삼는다. 인성대군도 세 살 때 죽는다.

이쯤 되면 한명회의 기세도 꺾일 만한데, 전혀 그렇지 않았다. 세조가 아끼고 아끼던 측근 아니던가. 또 다른 측근 신숙주와 사돈지간이고. 이런 상황에서 세조는 남이를 중심으로 한 신공신의 부상이 부담됐다. 그래서 짜낸 아이디어가 바로 '원상제院相制'였다.

원상은 왕이 어리거나 병이 났을 때 왕을 보좌하여 국정을 처리하는 일종의 관직이다. 앞서 문종이 아들 단종이 염려돼 도입했던 '고명대신'과 비슷한 성격이다. 세조는 세자에게 대리청정을 시키면서 원상을 활용했었다. 그러던 것이 예종 때 정희왕후의 입김으로 신숙주와 한명회를 중심으로 한 아홉 명의 원상제가 도입된다.

이 원상들이 결국 모든 국정을 쥐락펴락하게 되는데, 특히 예종의 죽음으로 인한 새 왕 즉위 때에 결정적인 역할을 한다.

내가 앞에서 한 정희왕후가 원상제를 확대했다는 말에 주목해 보자. 형식적으로 후사 결정권을 가진 대비 정희왕후와 원상의 관계는 어땠을까. 정희왕후가 원상을 결정하는 데 주도적인 역할을 했다고 한 점도 주목하자. 이들의 사이는 원만했을 것이다. 이 점을 염두에 두고 예종이 죽던 날의 성종 즉위 과정을 보자.

《예종실록》예종 1년 11월 28일 자에 실린 교서다.

"세조의 적손으로 다만 두 사람이 있을 뿐인데, 의경세자의 아들 월산군月山君 이정李婷은 어려서부터 병이 많았고, 그의 친동생 자을산군者乙山君은 어릴 때부터 재능과 지혜가 뛰어나고 나이에 비해 지각이나 발육이 빨라 세조께서 늘 그 자질과 도량이 보통과 특별히 다른 것을 칭찬하여 우리 태조에 비하는 데에 이르렀다. 이제 나이가 점점 들어 가고, 학문이 날로 나아 가므로 가히 큰일을 맡길 만하다. 이에 대신과 더불어 의논하니, 대신들이 의견을 모아 바라는 바에 합당하다 하므로, 자을산군을 명하여 왕위를 잇게 하였다."

* 자을산군(者乙山君)을 '잘산군(乽山君)'이라고도 하는데, 이는 월산군과 음을 맞추기 위함으로 보인다. '잘(乽)'은 없는 글자여서 만든 것으로 특별한 의미는 없다.

그럼 이와 같은 교서가 내려지기까지 어떤 과정을 거쳤을까. 그리고 어떻게 이 교서는 예종이 사망(아침 9시쯤)한 지 불과 예닐곱 시간 만에 이루어질 수 있었을까. 왕의 사망에 경황이 없을 법도 한데 일사천리로 다음 왕을 정하고 즉위식까지 치르는 이 기민함은 어디에서 비롯된 것일까.

예종의 죽음을 접한 세조의 정비 정희왕후는 왕실의 최고 어른이자 대왕대비답게 행동한다. 급한 대로 '원상'인 신숙주와 한명회부터 부른다. 이미 여러 차례 왕명을 출납하는 승지를 직접 보내 의견을 나누었던 터인지 큰 이견 없이 다음 왕을 결정한 것 같다.

정인지의 아들로 세조의 사위인 원상 정현조가 정희왕후에게 갔더니 정희왕후는 원상들에게 모두 들라고 했고, 아홉 명의 원상(신숙주, 한명회, 최항, 홍윤성, 조석문, 윤자운, 김국광, 정현조, 권감)이 있는 자리에서 정희왕후는 새 왕으로 누가 좋을 것 같으냐고 묻는다. 그러자 원상들은 되레 정희왕후에게 말하라고 한다. 맘속으로 이미 후계를 결정한 정희왕후는 앞에서 인용한 교지를 내려 잘산군을 지목한다.

여기서 우리가 주목해야 할 인물은 한명회이다. 계유정난 때 혁혁한 공을 세워 권력의 정점에 섰음은 이미 알고 있거니와, 두 딸을 왕족에게 시집보내며 외척으로서의 권력도 함께 거머쥔다.

한명회의 딸 한 명은 예종이 세자 시절 가례를 올렸다가 어린 나이에 요절한 인성대군을 낳고 곧바로 죽은 장순왕후 한씨이고, 또 한 명은 이제 예종의 후사로 결정된 잘산군의 정비 공혜왕후 한씨이다.

신숙주와 더불어 원상에서도 절대적 영향력을 가진 한명회가 왕의 후보로 월산군과 잘산군 중 누구를 밀었을까는 물어보나 마나 한 궁금증이다. 당연히 잘산군일 테다. 아마도 왕위 계승 영순위였던 예종의 둘째 아들 제안대군은 일찍이 후보 명단에서 제외된 것으로 보인다. 나이가 불과 네 살로 너무 어렸기 때문이다. 맏아들 인성대군은 요절했다는 이야기는 앞에서 이미 했다. 그럼 정희왕후는 왜 의경세자의 맏아들 월산군이 아닌 둘째 아들 잘산군으로 결정했을까. 아마도 원상들의 눈치를 보는 상황이라 이들과의 타협 속에서 부득불 이런 결정을 내린 건 아닐까 싶다. 월산군은 병약하다는 핑곗거리(병약하지 않았다는 이야기도 있음)도 있고, 또 착하디착해서 권력에 대한 욕심이 없었다는 이유도 대긴 한다. 특히 한명회의 존재감이 너무 커서 어쩔 수 없는 상황이었을 것이다. 일사천리로 진행되는 배경에는 아마도 이런 곡절이 숨어 있을 것으로 보인다.

　어쨌든 잘산군으로 결정되자 잘산군은 일단 예종의 양자로 입적된다. 형식상 조카가 아닌 아들이 대통을 잇는 방식이 정통성을 확보하는 방법이기 때문이다. 입승대통入承大統. 입승대통은 왕에게 아들이 없을 때 왕족 중의 한 사람이 왕의 대를 잇는다는 의미다. 물론 예종에게 아들이 있었지만 조카에게 왕위를 물려줘야 하므로 이 같은 방법을 취한 것이다. 사실 이것 역시 '적장자' 계승 원칙이라는 유교 예법에 어긋난다. 아들에서 삼촌으로, 다시 조카로 이리저리 왕위가 옮겨 다니는 복잡한 여정을 그리는데도 이때는 신기하게도 정통성 시비가 일지 않았다. 세조나 한명회가 권력을 카리스마 넘치게 틀어쥐어서 그런 건가 싶지만 충분한 설명은 되지 못한다. 다만 계유정난이라는 엄청난 위법을 논하기에도 벅차서 이 정도의 어지러움은 애교로 넘긴 건 아닐까 추측해 본다.

　그렇게 잘산군은 열세 살의 어린 나이에 왕위에 오른다. 성종이다. 그럼 이제 우리가 주목해야 할 것은 바로 이 어린 왕 뒤에서 누가 정치를 할까 하는 점이다. 이미 새 왕을 결정하는 데 큰 역할을 한 대왕대비 정희왕후가 있었기에 누가 보더라도 수렴청정은 정희왕후의 차지였다. 수렴청정垂簾聽政은 '수렴동청정垂簾同聽政'이라는 말에서 '동同' 자가 빠졌는데, 왕을 직접 보지 않기 위해 발을 치고 그 뒤에서 함께 정치를 듣는다는 의미이다.

신하들은 당연히 정희왕후에게 수렴청정을 부탁했고, 정희왕후는 글자를 아는 수빈(인수대비로 불리는 예종의 계비 소혜왕후 한씨)이 낫지 않겠느냐며 슬쩍 겸손을 떨었지만 결국 받아들인다. 이렇게 하여 정희왕후는 조선 최초의 수렴청정을 한 대비로 기록됐다.

특히 정희왕후는 손자 성종의 양자 입적에 따른 왕위 계승이 맘에 걸렸던지 이 문제에 남다른 신경을 쓴다. 우선 아들 의경세자를 '덕종'으로 추존하도록 하고, 그 부인인 소혜왕후 한씨에게 대비의 예우를 하도록 했다. 얼핏 보아 왕위가 '적장자'로 이어지도록 완벽한 왕실 계보를 만든 것이다.

역사의 기록을 보면 정희왕후가 치맛바람 드날리며 수렴청정을 한 것 같지는 않다. 성종의 나이 스무 살까지 이어지기는 했지만 형식적이었고, 열다섯 살 무렵부터는 성종 혼자서 정무를 잘 처리한 것으로 보인다.

물론 수렴청정을 오래 할 수밖에 없었던 변수도 있었다. 한명회의 막내딸인 중전 공혜왕후 한씨가 죽은 것이다. 궁궐의 안정이 무엇보다 중요했기에 내린 선택이었을 것이다. 한씨는 성정이 좋았던 것으로 보인다. 슬하에 자식이 없자 성종은 후궁을 들였는데, 특별히 싫어하는 내색 없이 잘 대해 주었다고 한다.

성종은 오랫동안 정치를 잘한 성군으로 평가받지만 후궁을 많이 둔 것으로도 유명하다. 열두 명으로 그 숫자가 태종과 어깨를 나란히 한다. 이 후궁들 사이에서 자식을 많이 본 것으로도 첫손가락에 꼽히고. 하지만 이런 상황이 몰고 올 후폭풍을 우리가 쉽게 예상할 수 있었을까.

폐비 윤씨의
아들이
왕 되다

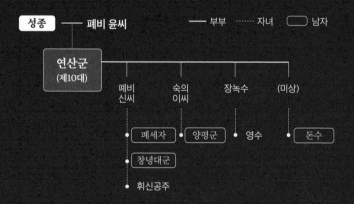

성종 ———— 폐비 윤씨   ——— 부부   ······ 자녀   ⬭ 남자

연산군
(제10대)

폐비   숙의   장녹수   (미상)
신씨   이씨

폐세자   양평군   영수   돈수

창녕대군

휘신공주

연산군

1476~1506 | 재위 1494~1506

성종은 오래 왕위에 있었다. 무려 25년. 치적도 많이 남겼다. 이런 것들은 성종을 말할 때면 으레 나오는 이야기라 귀에 딱지가 앉을 정도로 낯익은 역사이다. 해서 여기서 이 얘기를 또 반복한다면 독자들이 나를 외면할 것이기에 생략하고, 성종의 여성 편력 속에서 다음 왕은 어떻게 결정되었는지를 알아보자.

앞에서도 잠깐 언급했지만 성종의 여성 편력은 태종을 제외한 조선의 어느 왕과 비교해도 추종을 불허할 정도다. 정비 세 명과 후궁 아홉 명. 이들과 사이에 둔 자식이 16남 12녀. 벌어진 입이 다물어지지 않을 정도로 엄청나다. 물론 여기서 후궁과 자녀 수의 많고 적음을 논하려는 게 아니니 그냥 참고로 하고.

자, 그럼 중요한 경우만 잘 추려서 살펴보자. 앞에서도 비중 있게 다루었지만, 성종은 잘산군 시절인 1467년 한 살 연상의 한씨와 가례를 올렸다. 훗날 공혜왕후라 불리는 한씨의 아버지가 바로 당시 영의정이자 상당부원군인 한명회다. 한명회가 이미 그때 상당부원군이었던 건 공혜왕후 한씨의 언니가 예종의 첫 번째 왕비 장순왕후 한씨였기 때문이다. 한명회는 세조의 계유정난에서 공을 세워 권력의 정점에 도달한 데다가 두 딸을 왕족에게 시집 보내면서 외척 권력까지 더 얹어 명실상부한 권력자로 등극했다.

그런데 한명회에게 있어 뜻대로 안 되는 일도 있었다. 장순왕후는 인성대군을 낳고 산후병으로 죽었는데, 외손자인 인성대군마저 요절함으로써 왕의 '외할아버지'는 되지 못했다. 더욱이 막내 사위인 잘산군이 사실상 형 월산군보다 왕위 서열에서 밀렸기 때문에 왕족과의 사돈 관계에 만족해야 할 상황이었다.

하지만 역사는 반전하라고 있다는 듯 한명회에게도 기회가 왔다. 예종이 죽자 월산군이 아닌 사위 잘산군이 왕이 되지 않았던가. 물론 한명회의 엄청난 역할 때문이라는 것은 어린아이도 아는 사실. 한명회 입장에서야 무슨 상관인가. 다시 왕의 장인이 되면 그만 아닌가.

그런데 또 한 번의 역접 관계사인 '하지만'을 써야 한다. 이번에는 막내딸이 왕손을 생산하지 못했다. 한씨가 성종의 정비로 6년이나 지냈건만 아이를 낳지 못하자 가만있을 왕실이 아니었다. 대통을 이를 왕자가 절실히 필요하면 어떻게 하는가. 그렇다. 후궁을 들여서라도 왕자를 낳아야 한다. 해서 윤씨가 후궁으로 간택되었다. 앞으로 이 윤씨를 주목하기 바란다.

윤씨는 판봉상시사 윤기견의 딸로 신숙주가 친정어머니와 사촌이다. 그런데 정비인 공혜왕후 한씨가 시름시름 앓다 1474년 열일곱의 나이로 세상을 떠난다. 공혜왕후의 삼년상이 끝나면서 더 이상 중전의 자리를 비워 둘 수 없자 왕실은 중전 간택을 위한 논의에 들어간다. 성종은 따로 중전을 간택하지 않고 네 명의 후궁 중에서 가장 총애하는 후궁을 골랐는데, 바로 윤씨였다. 윤씨는 숙의 신분이었는데, 마침 임금의 아이를 임신 중이었다.

1476년 중전 윤씨가 마침내 아들을 낳았는데, 그가 바로 '적장자'인 융懷이다. 기다리고 기다린 끝에 탄생한 적장자. 왕실에 경사가 났다. 사실 예종과 성종을 거치며 '적장자' 정통성이 무너진 터여서 차기 왕위를 생각하면 안도도 되고 기대감도 컸다.

윤씨는 아주 조신한 여인이었다고 한다. 늘 검소하고, 겸손을 잃지 않았고, 예의 발랐다고 한다. 성종이 윤씨에 대해 어떤 마음이었는지 《성종실록》 성종 7년(1476년) 7월 11일 기사를 보면 알 수 있다.

"그대 윤씨는 일찍이 덕행으로 간택되어 오랫동안 궁궐에 거처하면서, 정숙하고 신실하며 근면하고 검소한 데다 몸가짐은 겸손하고 공경하였으므로, 삼궁三宮에게 총애받았다. 이에 예법을 거행하여 왕비로 책봉한다."

* 삼궁: 세조 비 정희왕후와 덕종 비 소혜왕후, 예종 비 안순왕후를 일컬음.

더욱이 윤씨는 성종에게 이런 말로 중전 간택을 사양하지 않았던가. 겸양지덕까지 갖추었다. 《성종실록》 성종 7년 7월 7일 자다.

"저는 본디 덕이 없고 과부의 집에서 자라 보고 들은 것이 없으므로 사전四殿에서 선택하신 뜻을 저버리고 주상의 거룩하고 영명한 덕에 누를 입힐까 몹시 두렵습니다."

* 사전: 대전, 대왕대비전, 중궁전, 세자궁을 일컬음.

부창부수라고 할 만하지 않은가. 남편은 입이 마르도록 칭찬하고, 아내는 한껏 겸손하고. 이 말에 성종은 윤씨를 더 어질고 정숙하게 여겼다고 고백한다. 이랬던 숙의 윤씨가 중전이 되고 적장자를 낳고 나서 다른 사람이 되었다. 검소하고 예의 바르고 매사 신중하던 숙의 윤씨가 남편 성종과 점차 불화를 일으키기 시작한 것이다.

불화의 주된 이유는 남편 성종의 여자 문제였다고 한다. 성종이 후궁을 많이 두면서 마음이 자연스럽게 중전에게서 멀어졌을 터이고, 오로지 남편만 바라보는 부인으로서는 미운 게 남편만은 아니었을 것이다. 당연히 남편의 마음을 빼앗는 후궁들도 미웠다. 더욱이 남편은 왕이라 아무리 중전이라도 함부로 가타부타할 수 없는 상황이라면 중전의 후궁을 향한 미움은 더 커지기 마련이다.

성종은 이 무렵 아이를 낳은 중전 윤씨보다는 후궁들 처소를 주로 찾았다고 한다. 특히 소용 정씨와 엄씨. 소용 정씨의 가문은 특별히 알려진 건 없지만 《성종실록》에 "숙용 정씨(귀인 정씨)의 동생을 영구히 양인良人이 되도록 허가하라"고 명했다는 구절이 있는 것으로 보아 천민이었을 것으로 추정된다. 성종과의 관계는 아주 좋았던 것으로 보인다. 슬하에 2남 1녀를 두었다.

소용 엄씨는 남양 홍씨의 딸로, 언니가 세종의 넷째 아들 임영대군의 일곱째 아들 이인의 부인이다. 언제 성종의 후궁이 되었는지는 모르나 간택되어 후궁의 품계인 '소용' 신분으로 입궁한 것으로 보인다. 슬하에 딸(공신옹주) 하나를 두었다. 이 딸은 한명회의 손자 한경침과 혼인했다. 성종이 이 옹주를 특별히 사랑했던 것으로 보인다. 집을 고치면서 백성들에게 사역을 시켰던 모양인데 그것은 잘못된 일이므로 그만두어야 한다는 상소에 그건 사치가 아니라며 일축하는 내용이 《성종실록》 성종 25년(1494년) 4월 4일 자에 나온다.

이러한 상황이니 중전 윤씨로서는 마음이 불편할 수밖에 없었다. 하지만 왕가의 며느리는 왕이 후궁을 들이는 것에 대해 시기 질투심을 발휘해서는 안 되는 게 법도였다. 오죽하면 칠거지악에 시기 질투심이 들어가 있을까. 그러함에도 중전도 사람인지라 때로는 시기 질투심이 표출되기 마련이다.

중전 윤씨의 행동거지에 문제가 있었을 테고, 그런 행동거지는 밖으로 드러나기 마련이다. 《성종실록》 성종 8년(1477년) 3월 29일 자를 보면 그중 한 부분을 알 수 있다.

3월 20일, 문제의 언문 투서 사건이 일어난다. 덕종의 후궁인 권 숙의 집에 언문으로 쓰인 투서가 날아들었다. 내용은 "엄 숙의가 정 숙용과 더불어 중궁과 원자를 모해한다"는 것이었다. 권 숙의는 깜짝 놀라 이 투서를 궁에 전달했다.

내용으로 보아 이 투서를 쓴 자는 밀고 형식을 띠고 있으므로 일단 이름이 언급된 엄 숙의나 정 숙용, 중전이 한 짓이라고 의심할 수는 없었다. 하지만 무슨 연유인지 모르지만 정 숙용이 의심받았다. 아마도 그 자신이 임신 중이었으므로 만약 아들이라도 낳는다면 중전과 세자 책봉을 두고 다툼을 벌이지 않을까 하는 의구심에서 미리 싹을 자르려 했던 것일까? 글쎄. 추론에 확신이 서지는 않는다. 결국 임신 중이란 이유로 정 숙용은 국문을 받지 않았다.

아무튼 정 숙용에 대한 의심은 곧바로 거두어진다. 언문 투서뿐만 아니라 성종이 중궁에 갔다가 서책을 발견한다. 쥐구멍을 막아 놓은 종이와 침소에 있던 작은 상자 속에 비상砒霜 주머니와 함께 들어 있던 굿하는 방법의 서책이었다. 서로 맞춰 보니 부절符節(돌이나 대나무에 글자를 새겨 쪼갠 다음 다른 사람과 나눠 가졌다가 나중에 다시 맞추어 증거로 삼는 물건)과 같이 맞았다고 한다. 책이 잘린 나머지 부분이었던 것이다. 어찌 된 일이냐는 물음에 중전은 종 삼월이가 바친 것이라고 했다. 삼월이 역시 자신이 한 일이라고 실토했단다.

사실 이 일은 뭔가 석연치 않은 냄새가 나지만 중전이 친정어머니 부부인 신씨와 나인, 여종을 시켜 꾸며 낸 일로 하여 이쯤에서 일단락되는 듯했다. 이때 후궁을 독살하려 했다면 당연히 왕도 해칠 수 있다는 우려에서 폐비해야 한다는 이야기가 돌긴 했지만, 적장자를 낳은 생모라는 위상은 비록 신뢰를 잃었음에도 불구하고 여전히 건재할 수 있었다. 성종도 이때까지만 해도 폐비까지 생각하지는 않고 있었다. 그래서 나온 고육지책이 윤씨를 중전에서 후궁으로 강등시키는 것이었다. 하지만 그것도 결국 흐지부지됐다.

이때 윤씨가 낳은 적장자 융은 궐 밖으로 피접을 나가 3년이나 지낸다. 아마도 윤씨가 아들을 본 게 이때가 마지막이었을 것이다. 이런 태풍이 지나고 나서는 성종과 중전 윤씨의 관계가 다소 회복되는 듯했다. 1479년 둘째 아들을 낳았던 것이다.

야사에 전하는 사건의 발단은 윤씨의 생일날에 일어났다. 이날도 성종은 후궁의 처소로 발길을 옮겼던 모양이다. 아무리 그래도 생일이니 남편의 축하를 기대했을 중전 윤씨의 심리상태가 예측불허가 된 듯하다. 이미 여러 가지 일로 신뢰가 깨진 마당에 이판사판이라는 생각이 들었을 수도 있다. 중전 윤씨가 그길로 성종이 든 후궁의 처소로 달려갔고, 그곳에서 옥신각신 끝에 남편 성종의 얼굴을 할퀴게 된다.

상황이 여기에 이르자 성종 자신은 물론 인수대비를 비롯한 왕실에 비상이 걸렸다. 그냥 둘 수 없는 엄청난 상황이 벌어진 것이다. 용안에 손톱자국을 냈다? 상상이 가는가. 이 이야기는 완전한 허구는 아닌 듯싶다. 1638년에 나온 《기묘록》(기묘사화와 관련한 인물들의 전기물)에 나온다.

"연산을 낳아 은총이 융숭하니, 교만하고 방자하여 여러 숙원淑媛(정씨와 엄씨)을 투기하였고, 임금에게도 불손하였다. 하루는 임금의 얼굴에 손톱자국이 있으므로 인수대비가 크게 노하여, 천위天威(제왕)를 격동시켰다."

당연히 곪았던 갈등이 폭발하면서 폐비라는 극약처방이 일사천리로 진행됐다. 지난번 폐비 얘기가 나왔을 때 주저주저하던 성종이 아니었다. 이번에는 앞장서서 추진했고, 그 어떤 반대도 물리치며 단호했다.

1479년 6월 2일, 성종은 정승과 승지들을 불러 놓고 중궁 얘기를 하는 게 부끄럽지만 워낙 중한 일이므로 할 수밖에 없다고 입을 뗀다. 잘못을 저지른 중궁이 뉘우치기를 바랐지만 되레 임금까지 능멸하는 상황에 이르렀다며 칠거지악을 거론했다. 자식이 없으면 버리겠지만 그런 건 아니고, 대신 말이 많고, 순종하지 않고, 질투하면 버린다는 조항을 읊조렸다. 그러고는 정승들에게 이렇게 물었다. "이제 마땅히 폐하여 서인을 만들겠는데, 경들은 어떻게 여기는가?" 입직해 있던 정창손은 임금의 이야기를 듣고 보니 어쩔 수 없다고 동조하는 한편 한명회는 칠거지악이 이유라 하니 할 말은 없지만 사직의 근본인 원자를 이유로 반대를 표한다.

그러자 심회가 태종이 부인 원경왕후와의 불화로 원경왕후를 별채에 기거토록 하고 담을 높이 쌓아 소통을 막았던 것이 선처였음을 상기시키고는 중궁을 별궁에 폐처廢處하자고 건의한다.

하지만 성종은 중국 한나라 성제成帝가 누구의 소행으로 갑자기 죽었는지를 생각해 보라고 했다. 성제의 계비 조비연이 자신의 영화를 위해 동생 합덕까지 후궁으로 만들었는데, 성제가 되레 합덕을 더 총애하게 되었다. 그런데 평소 건강하기만 하던 성제가 합덕의 침실에서 갑자기 죽었는데, 합덕이 준 미약媚藥(최음제) 때문이라는 소문이 있었다. 이처럼 중궁이 자신에게 무슨 짓을 저지를지 모르는데, 미리 조처하지 않았다가 일이 벌어지면 어쩌겠냐고 했다.

하지만 홍귀달도 "원자는 장차 세자에 봉해질 터인데 어머니가 서인이면 이는 어머니가 없는 것이 되므로 천하에 어찌 어머니가 없는 사람이 있겠느냐"며 위호를 깎아 별궁에 안치하자고 한다. 다른 참석자들도 앞다투어 폐비만은 안 된다는 의견을 냈지만 성종은 출궁을 준비하라고 명령한다. 그러함에도 정승들은 다시 반대의견을 개진한다. 하지만 성종은 출궁 일만 하면 될 터인데, 왜 이리 말이 많으냐고 역정을 낸다. 그러고는 이미 자기 뜻이 정해졌으니 결단코 고칠 수 없다며 정승과 승지들을 나가라고 했다. 정승과 승지들이 나가지 않고 계속 머무르자 그럼 자신이 안으로 들어가겠다고 한다. 그러고는 폐거를 주장하면 죄를 묻겠다고까지 한다.

이렇게 중궁 윤씨는 폐비가 되었다. 훗날인 1482년 8월 16일 성종이 폐비 윤씨에게 사약을 내리면서 한 말에서 폐비 윤씨에 대한 성종의 바뀐 평가를 보자.

"폐비 윤씨는 성품이 본래 흉악하고 위험하여서 행실에 패역함이 많았다. 지난날 궁중에 있을 적에 포악함이 날로 심해져서 이미 삼전三殿에 공순하지 못하였고, 또한 과인에게 흉악한 짓을 함부로 하였다. 그래서 과인을 경멸하여 노예와 같이 대우하여, 심지어는 발자취까지도 없애 버리겠다고 말하였으나, 이러한 것은 다만 자질구레한 일들이므로 더 말할 것도 없다."

《성종실록》에 보면, 중궁 윤씨의 폐비 이유를 장황하게 기록하고 있다. 한 가지 눈길을 끄는 것은 성종뿐만 아니라 인수대비의 의견도 자세하게 개진하고 있다는 점이다. 아마도 대신들의 반대가 극심했으므로 이를 정당화하기 위한 것이 아니었나 싶다. 앞에서도 잠깐 인용했지만, 성종과 정승들 간의 갑론을박을 보면 알 수 있다. 가장 큰 이유는 장차 세자가 되고 임금이 될 원자 때문이었다. 이 원자 융의 앞날에 대해 관심을 가져 보자.

아무튼 폐비가 된 윤씨는 친정으로 쫓겨났다. 물론 바깥사람들과의 접촉도 금지됐다. 처음엔 모든 사람과의 접촉을 금지했지만, 대신들의 청원으로 형제들은 예외로 했다. 아버지 없는 가계가 그렇듯 윤씨의 친정은 이때도 어머니 신씨가 베를 짜야 할 정도로 가난했다. 모녀가 궁핍한 생활을 할 수밖에 없었다. 그런데도 성종은 일절 지원하지 않았다. 게다가 윤씨는 강제로 떼어 놓고 나온 둘째 아들이 나온 지 열흘 만에 죽었다는 소식까지 듣게 된다.

그러다가 1479년 10월에 폐비의 집에 도둑이 들었다. 없던 살림이 더 궁핍해졌음은 두말할 필요가 없으리라. 그러자 대신들이 담을 높여 방비를 더하고 도둑을 색출하자고 했지만, 성종의 반응은 싸늘했다.

"자신이 도적을 방비하지 않고서 도둑을 맞았는데, 또 어찌 이웃 사람을 추문하겠는가?"

그러면서 성종은 도둑맞았다고 담을 쌓아야 한다면 서울 안의 도둑맞은 집들도 담을 쌓도록 해야 하느냐고 반문했다. 추호도 동정의 마음이 없었다. 아무튼 사가로 쫓겨난 폐비 윤씨는 여전히 반성하지 않았던 모양이다. 《연려실기술》에 이런 기록이 나온다.

"윤씨는 폐위되자 밤낮으로 울어 끝내는 피눈물을 흘렸는데, 궁중에서는 훼방하고 중상함이 날로 더했다. 임금이 내시를 보내 염탐하게 했더니 인수대비가 그 내시를 시켜, '윤씨가 예쁘게 단장하고 자기의 잘못을 뉘우치는 뜻이 없다'고 대답하게 했다. 왕은 드디어 그 참소를 믿고 죄를 더 줬던 것이다."

이 기록으로 보아 윤씨는 무척 억울해한 것으로 보인다. 실제 뉘우쳤는지는 모르겠다. 다만 왕실에서 사사賜死의 정당성을 확보하기 위해 모함했을 가능성도 있다. 아무튼 1482년 8월 16일, 성종은 마침내 사사를 결정하고 일단은 정승들에게 의견을 묻는다.

"윤씨가 흉험하고 악역惡逆한 것을 이루 다 말할 수 없다. 당초에 마땅히 죄를 주어야 하겠지만, 우선 참으면서 개과천선하기를 기다렸다. 기해년에 이르러 그의 죄악이 매우 커진 뒤에야 폐비하여 서인으로 삼았지마는, 그래도 차마 법대로 처리하지는 아니하였다. 이제 원자가 점차 장성하는데 사람들의 마음이 이처럼 안정되지 아니하니,

오늘날에 있어서는 비록 염려할 것이 없다고 하지만, 후일의 근심을 이루 다 말할 수 있겠는가? 경들이 각기 사직을 위하는 계책을 진술하라."

정승들은 역시 원자의 안위를 들어 사사만은 안 된다고 했지만, 성종은 후일 원자를 등에 업고 다시 권력을 얻게 된다면 어떻게 하겠냐며 좌승지 이세좌에게 명한다.

"윤씨를 그 집에서 사사하게 하고, 우승지 성준成俊에게 명하여 이 뜻을 삼대비전三大妃殿에 아뢰게 하라."

윤씨 사사 후 이세좌의 부인이 한 말이 유독 눈길을 끈다.《송와잡설松窩雜說》에 나오는 이야기다. 이세좌가 사약을 올린 다음 집에 돌아와 아내에게 "약을 내려 죽였다"라고 하자, 그의 아내가 깜짝 놀라 일어나 앉으면서, "슬프다. 우리 자손이 종자가 남지 않겠구나. 어머니가 죄 없이 죽었으니 아들이 훗날 보복하지 않겠는가"라고 하며 울었다고 한다.

이때 원자 융은 일곱 살이었다. 아직 세자로 책봉되지도 않았다. 그런데 윤씨가 사약을 마시고 토한 피가 묻은 적삼을 어머니 신씨에게 주며 아들에게 전해 달라고 했다는 이야기가 야사에 전해지기도 한다. 이걸 소재로 작가 박종화가 소설《금삼의 피》(새움)를 써서 사람들의 뇌리에는 이게 정사처럼 기억되기도 한다.

한편 폐비 윤씨가 사사되자 시어머니 인수대비는 서둘러 중전 간택에 들어간다. 1473년(성종 4년)에 이미 숙의로 입궁하여 슬하에 신숙공주를 낳았던 윤씨가 성종의 세 번째 왕비가 된 것이다. 정현왕후다. 윤씨는 영원부원군 윤호의 딸로 왕족과 인척관계였다(윤씨의 할아버지와 성종의 할머니 정희왕후와 육촌 간). 여기서 폐비와 함께 새로 중전이 된 정현왕후도 '윤씨'라는 것을 기억하자.

중전이 된 정현왕후는 사사된 폐비 윤씨의 아들이자 원자 융을 돌보면서 1488년 진성대군을 낳았다. 이 진성대군의 이름도 기억하고 있기를 바란다. 사실 융은 정현왕후를 친어머니로 여기며 자랐다고 한다. 1483년 2월 6일 성종은 맏아들 융을 세자로 책봉한다.

"나면서부터 영리하여 일찍부터 어질고 효성의 성품이 현저하고, 총명이 날로 더해 가 장차 학문의 공이 융성할 것이니, 마땅히 동궁에서 덕을 기르고 대업을 계승할 몸임을 보여야 할 것이다. 그래서 너를 세워 왕세자로 삼는다."

이후 세자 융은 열심히 세자 수업을 받았다. 특히 당대 석학인 허침과 서거정, 조지서, 정여창 등이 세자 교육을 맡았다. 이런 일화도 전한다. 세자는 유학에 관해 관심을 보이지 않는지라 배우라는 권유를 들으면 그런 건 잡기라며 일축했다고 한다. 그런데 허침은 엇나가려는 세자에게 부드럽게 대했고, 조지서는 말을 안 들으면 상감에게 고하겠다고 해서 말다툼을 벌였다고 한다. 그러자 세자는 벽에 "허침은 성인이고, 조지서는 소인배"라는 낙서를 했다고 한다. 훗날 왕이 되어 갑자사화 때 이 때문인지는 모르지만 조지서는 처형됐다.

이후 궁은 그런대로 별 탈 없이 지내는 듯했고, 1494년 12월 24일 성종도 이승에서의 삶에 마침표를 찍는다. 향년 38세. 하지만 재위 기간은 25년으로 꽤 길었다.

성종은 세자의 생모 문제에 대한 잠재적 폭발력을 알았던 터라 '100년 동안 폐비의 일을 거론하지 말라'는 유언을 남겼다. 성종은 동대문 밖에 묻은 폐비의 묘에 처음에는 묘비조차 허용하지 않았다고 한다. 세자를 생각해서 7년 만에 묘비명을 내렸다고 한다.

이런 상황 속에서 세자 융은 왕이 되었다. 그의 나이 열아홉 살이었다. 이복동생인 현 계비에게서 태어난 적장자 진성대군이 있었지만, 일곱 살이어서 대세를 바꿀 수 있는 상황은 아니었다. 이렇게 연산군의 시대가 열렸다.

반정군이
강제로 왕을
시키다

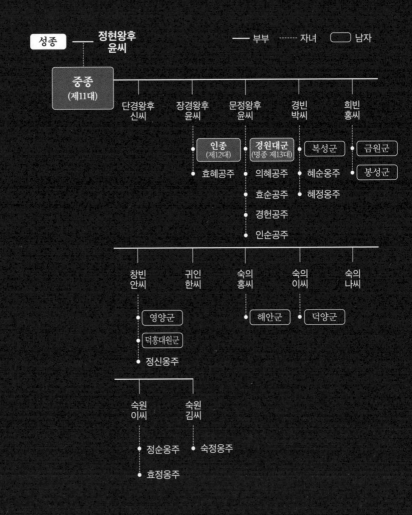

성종 —— 정현왕후
윤씨

—— 부부　┈┈ 자녀　▭ 남자

중종
(제11대)

단경왕후　　장경왕후　　문정왕후　　경빈　　희빈
신씨　　　　윤씨　　　　윤씨　　　　박씨　　홍씨

인종　　　경원대군　　　복성군　　　금원군
(제12대)　　(명종 제13대)

효혜공주　　의혜공주　　혜순옹주　　봉성군

효순공주　　혜정옹주

경헌공주

인순공주

창빈　　　　귀인　　　　숙의　　　　숙의　　　　숙의
안씨　　　　한씨　　　　홍씨　　　　이씨　　　　나씨

영양군　　　　　　　　　해안군　　　덕양군

덕흥대원군

정신옹주

숙원　　　　숙원
이씨　　　　김씨

정순옹주　　숙정옹주

효정옹주

중종

1488~1544 | 재위 1506~1544

어머니가 없지만 무난하게(?) 왕이 된 세자 융. 지금부터 성종의 뒤를 이은 왕의 호칭을 편의상 '임금'이라고 하겠다. 앞에서만 잠깐이다. 우리가 익히 알고 있는 그 존호는 선입관이 깊게 밴 터라 왕위 계승 초창기를 들여다보는 데 한계가 있을 것 같아서다. 내가 이런다고 해서 이미 여러분의 뇌리에 각인된 부분이 달라질 건 없겠지만, 이렇게 해서라도 최대한 객관적으로 그 시대를 들여다보자는 취지다.

임금은 즉위하면서 나름대로 제 역할을 할 수 있었다. 나이도 열아홉 살이니까 그렇게 불안스럽지도 않았다. 나름 정통성도 앞선 왕들에 비해 탄탄했다. 할아버지와 아버지 대에서 적장자 계승이 무너졌지만, 그는 왕과 정비 사이의 맏아들로 태어난 '원자'였고, 이견 없이 '세자'가 되었고, 그리고 왕이 되지 않았는가. 물론 왕실의 어른들인 할머니 소혜왕후(인수대비), 작은할머니 인혜왕대비, 그리고 실제 어머니로 알고 있던 정현왕후 등에게 이쁨도 받는 손자이자 아들이었다.

물론 지금까지 정치를 쥐락펴락하는 세력이 아버지 성종 말고도 노련한 대신들이었음을 생각하면 이곳저곳 눈치를 봐야 했을 것이다. 그렇지만 임금의 초기 통치에 대해서는 긍정적인 평가가 많다.

특히 이 임금의 업적 중에 세종 때 시작된 사가독서賜暇讀書를 부활시킨 게 있다. 사가독서란 장래가 촉망되는 젊은 관리에게 학문 연마를 위한 독서 휴가를 주는 제도를 말한다.

그러면서 민생에도 신경을 써서 사창(곡물 대여 기관)이나 상평창(물가 조절 기관), 진제창(굶는 백성을 돕는 기관) 같은 것을 설치하여 빈민 구제에 나섰다. 또한 세금과 노역을 피하려고 '승려'가 되는 것을 금지하는 교지를 내렸다. 백성이 산간의 거친 밥과 나물국을 즐겨서 승려가 되는 것이 아니었다. 나라에서 한 명도 빠짐없이 노역을 시켜 농사지을 사람이 없는 데다 생계의 이익이 없어 출가하는 것이었다. 그러므로 생계를 넉넉하게 할 방도를 찾으라는 거였다.[《연산군일기》 연산군 2년(1496년) 2월 1일]

임금은 나름 국방에도 힘을 썼다. 갑옷이나 투구 같은 군사 장비를 만드는 관아인 비융사備戎司(훗날 비변사가 됨)를 설치했다. 또 왜구를 격퇴했고, 중국 만주 지린吉林에 있는 건주 지방의 여진족인 건주 야인建州野人을 회유하여 토벌하기도 했다. 그러자 신하들이 임금에게 '헌천홍도경문위무대왕憲天弘道經文緯武大王'이라는 존호까지 올린다. 하지만 임금은 과분하다며 물리칠 만큼 겸손함도 갖고 있었다.

일본에서 원숭이를 선물로 보낸 적이 있었다. 이때 임금은 구리나 철과 같은 필수품도 비용 때문에 무역을 금지했다며 하물며 비용만 많이 들고 아무짝에도 쓸모없는 동물이 무슨 소용이냐고 했단다.

이런 일화는 특히 훗날 임금이 보여 주는 기행을 생각해 볼 때 지극히 정상적인 사고를 하고 있다는 점에서 주목된다.

초계군수 유인홍의 첩이 남자 종과 간통하다 전처 소생 딸에게 발각되자 그 딸을 죽이는 사건이 일어난다. 임금은 자살이라는 유인홍의 주장에서 허점을 발견했고, 이 점을 추궁하여 그 전모를 밝혀냈다고 한다. 유인홍이 이때 첩과 서로 언문 편지를 주고받으며 입을 맞춘 사실이 밝혀졌고, 임금은 이게 왕을 능멸하는 행위라 하여 언문 사용 금지령을 내렸다고도 한다.

임금은 이렇게 정치를 했다. 물론 경연을 싫어했다고 한다. 그렇다고 맹탕으로 놀고먹은 것은 아니었다. 횟수로는 여느 왕들과 크게 다르지 않을 정도로 경연을 열었는데, 좀 꾀를 부린 모양이다. 한번은 '눈병'을 핑계로 경연을 빼먹고는 연회에 나갔다. 사간원이 이 사실을 알고 지적했다. 그러자 임금은 "모름지기 임금이 진연進宴(궁중 잔치)에 나아가지만, 음식을 눈으로 먹는가?"[《연산군일기》 연산 3년(1497년) 3월 9일]라고 했다던가. 농이 섞인 응대였을 것이어서 귀엽기까지 하다. 훗날 임금에게 덧씌워진 평가로 보면 받아치는 기술이 여간 아니라는 생각이 들긴 하지만.

특히 임금은 당시 훈구 세력들의 기득권 정치에 대한 문제의식이 컸다. 대신들의 입김이 세면 셀수록 왕권은 약화하기 마련이다. 이에 임금은 나름 왕권을 세우려고 노력했다. 즉위 직후인 1495년 1월 30일 《연산군일기》에 보면, 임금이 아버지의 명복을 빌기 위해 수륙재水陸齋를 지내려 하자, 불교식 제례는 안 된다며 유생들이 비판했는데, 이 비판을 듣고 임금이 비판자들을 벌주려 했다. 대간과 홍문관에서 반대했다. 임금은 "위를 능멸하는 풍습을 고치지 않을 수 없다"는 말로 단호함을 내보였다.

성종의 묘호를 정할 때도 임금의 카리스마가 작렬했다. 성종의 묘호를 두고 '인종'이냐 '성종'이냐 설왕설래가 있었다. 그러자 임금은 제도를 정비하고 기틀을 다진 왕이란 의미에서 '성종'으로 결정한다. 그런데 얼마 뒤 '인종'이 옳다며 '성종'을 지지한 사람을 처벌하라는 상소가 올라왔다. 이에 임금은 상소를 올린 자를 처형했다. 대간들이 강하게 반대했지만, 임금은 꿈쩍도 하지 않았다.

이런 임금에게 가장 큰 콤플렉스가 있었으니, 그건 바로 생모에 관한 것이었다. 정현왕후 윤씨를 친어머니로 알고 있던 임금은 아버지 성종의 묘비문을 보고 큰 의구심이 들었다. 앞에서 '윤씨'를 기억하라고 강조했던 말을 소환하며 이 이야기를 이어가 보자.

임금의 의구심은 왜 아버지의 부인 윤씨가 '윤기견'의 딸로 적혀 있을까 하는 거였다. 이건 잘못 적은 게 아닐까. 이런 오해가 가능했던 건 생모나 계모나 모두 윤씨였기 때문이다. 그래서 임금은 '윤호'(정현왕후 아버지)를 '윤기견'(생모 윤씨 아버지)으로 잘못 쓴 게 아니냐고 물었다. 하지만 돌아온 답변은 제대로 정확하게 기록했다는 것이었다.

임금은 충격을 받았다. 그것도 엄청나게 세게 받았다. 왜 외할아버지 이름이 윤호가 아니라 윤기견이란 말인가. 그리고 그 이유를 캤을 터이고, 어렴풋하게나마 그 실마리를 찾았을 것이다. 지금까지 어머니로 알고 있던 정현왕후는 아버지의 세 번째 부인이고, 두 번째 부인인 생모는 폐비되었다가 사사됐다는 사실 앞에서 임금은 이성을 잃었을 것이다.

임금은 이 같은 일은 왕실과 훈구대신들의 협조 없이는 불가능하다고 생각했을 것이다. 임금이 삼사를 비롯한 대신들의 지나친 간섭에도 굴하지 않고 꿋꿋하게 왕권 강화에 신경 쓴 것을 보면 한편으로 이 배경이 이해된다.

그러다 임금은 1498년 무오년에 《성종실록》 편찬 과정에서 발견된 사초 하나를 문제 삼는다. 실록청 당상관 이극돈이 사초를 열람하다 자신의 비리에 관한 기록을 보게 된다. 김일손이 쓴 사초로, 세조의 왕비인 정희왕후 장례 때 광흥의 관기와 놀았던 일과 뇌물 수수에 관한 내용이 적혀 있었다. 이극돈은 얼굴이 화끈거렸다. 이걸 그냥 둘 수는 없는 일, 김일손을 찾아가 삭제를 부탁한다. 하지만 김일손은 사관이 사초를 함부로 삭제하거나 폐기할 수 없다는 원칙론을 들어 거절한다. 그러자 이극돈은 이 문제를 유자광과 의논했다. 이것도 금지 사항이다. 사초의 내용을 누출한 것이기 때문이다. 그럼에도 이극돈은 유자광에게 자문을 구한 것이다.

유자광은 앞에서 한번 설명한 간신의 대명사인데, 특히 김일손의 스승인 김종직과 악연이 있었다. 김종직이 함안군수가 되어 그곳에 있는 학사루에 갔다가 유자광이 지은 시가 현판으로 걸려 있는 것을 본다. 김종직은 남이를 모함하여 죽이는 데 앞장서 출세 가도를 달리던 유자광을 몹시 혐오하고 있던 차, 이 시 현판을 본 것이다. 김종직은 "유자광 따위가 감히 학사루에 현판을 걸 자격이 있느냐? 고매하신 선비들의 현판 가운데 어찌 쌍놈의 작품이 걸릴 수 있느냐?"며 곧바로 떼냈다고 한다.

이런 수모를 당한 유자광은 김일손의 스승 김종직에게 주목하게 되었고, 급기야 이극돈의 이야기를 듣게 되면서 당연히 이들의 트집을 찾기 시작했다. 그리고 마침내 김종직의 〈조의제문弔義帝文〉을 발견한다. 〈조의제문〉은 '의제를 조문하는 글'인데, 의제는 항우에게 왕위를 찬탈당하고 억울하게 죽임을 당한 초나라 군주다.

"정축 10월 어느 날

나는 밀성密城(밀양)에서 경산京山(성주)으로 가다

답계역踏溪驛에서 묵는데

꿈에 칠장복七章服(대례복)을 입은 헌칠한 신이 와서

스스로 말하기를

나는 초나라 회왕 손자 심心인데

서초패왕(항우)에게 살해되어 침강郴江에 잠겼다

하고는 홀연히 사라졌다

나는 꿈에서 깨어 놀라 생각하길

회왕은 남초 사람이요, 나는 동이 사람인지라

땅의 거리가 서로 만여 리를 넘을 뿐만 아니라

세대의 선후도 천 년을 훌쩍 넘는데

이제 꿈속에 와서 감응하니

이 무슨 상서로움이랴

또 역사를 살펴보아도

강에 잠겼다는 말은 없으니

어찌 항우가 사람을 시켜 비밀리에 쳐 죽이고

그 시체를 물에 던진 것일까

이것을 알 수 없으니

마침내 글을 지어 조문한다"

〈조의제문〉을 길게 인용했지만, 이 뒤로도 많이 이어진다. 아무
튼 이 시가 문제가 있어 보이는가. 얼핏 보기엔 중국 초나라 회왕에 대
한 조문을 담고 있어서 지식인이 역사를 소재로 쓴 시 정도로 읽을

수 있다. 하지만 역사는 이렇게 액면 그대로 읽다간 낭패 보기 십상이다. 행간에 엄청난 의미를 숨겨 놓을 수 있기 때문이다.

자, 이 〈조의제문〉의 맥락을 이해하기 위해선 시대적 배경부터 살펴봐야 한다. 이 글이 《성종실록》에 실을 사초라는 점에서 성종 시절에 지었다는 것은 누구나 알 수 있을 터, 이때 지식인 사회에서 금기시하던 것이 있었으니, 바로 계유정난이다. 알다시피, 계유정난은 멀쩡한 왕(단종)을 삼촌(수양대군)이 완력으로 끌어내린 사건으로 유교 질서로는 용납할 수 없는 일이다. 맹자의 '역성혁명론'에 기대더라도 왕이 하나라의 걸왕이나 은나라의 주왕처럼 민심을 배반한 폭군이어야 가능한 이야기다. 그런데 단종은 정말로 가장 완벽한 정통성을 가진 정상적인 군주 아니었던가. 그런 왕을 내쫓았으니 수양대군의 계유정난은 그 어떤 정당성도 없었다. 하지만 역사는 승자의 역사라 하지 않았던가. 승자인 수양대군(세조)은 강력한 억압으로 사람들의 입을 강제로 틀어막았다. 비록 세조가 죽은 후라도 당분간은 그 자손들이 왕위를 이어가는 한 세조의 유지는 이어질 수밖에 없었다.

이런 배경을 이해하고 다시 〈조의제문〉을 읽어 보라. '회왕 손자 심' 대신 '단종'으로, '서초패왕' 대신 '수양대군'으로 살짝 치환해 보자. 계유정난의 부당함을 비판하는 글이 되지 않는가. 이 은유를 모를 리 없는 유자광은 쪼르륵 달려가 임금에게 알렸다. 당연히 배경과 해설도 곁들여서. 임금이 화났음은 불문가지. 여기까지는 이해할 수 있다. 그런데 임금도 지켜야 할 선을 넘는다. 문제의 사초를 가져오라고 했던 것이다. 이극돈이 반대했지만 이미 분노의 임계점이 무너진 임금은 결국 그 사초를 보게 된다.

그다음의 수순은 여러분이 짐작하는 대로다. 김일손을 비롯한 관련자들을 잡아들여 문초하고 죽이고를 반복하게 된다. 이 광기는 죽은 자들에게도 예외가 아니었다. 특히 〈조의제문〉을 쓴 김종직을 부관참시한다. 부관참시는 무덤에서 관을 꺼내 그 관을 부수고 시신을 참수하는 것을 말한다. 이 일을 역사는 '무오사화戊午史禍'라고 부른다.

자, 무오사화를 계기로 앞에서 객관화를 위해 '임금'으로 표기했던 왕의 명칭을 커밍아웃한다. 연산군. 볼 수 없는 사초를 보고, 그 사초를 빌미로 많은 사람의 목숨을 앗아 간 광기가 본격적으로 드러나기 시작했다는 생각에서다.

하지만 이때까지만 해도 연산군의 정치는 폭정이라고 할 정도는 아니었다. 다만 그 징조가 하나둘씩 보이기 시작했다. 하지만 연산군의 기행과 악행에 관해서는 책이든, 영화든, 드라마든 많은 매체에서 다루었던 터라 여기에서는 생략하겠다. 그리고 곧바로 연산군 대의 두 번째 사화인 '갑자사화甲子士禍'로 넘어가겠다. 두 사화의 사이 6년은 아무래도 연산군의 진면목(?)을 드러내는 원초적인 인간의 모습들로 채워진다.

연산군에게 있어 가장 민감한 문제는 바로 어머니 폐비 윤씨라는 점은 앞에서도 말한 바 있다. 나이가 들면서 점차 정치를 알게 된 연산군은 어머니의 억울함에 대한 복수를 생각했고, 어머니의 죽음에 직간접적으로 연루된 사람들이 여전히 떵떵거리고 사는 모습에 분노가 치밀었을 것이다.

1503년 9월 창덕궁에서 양로연이 열렸다. 이 자리에서 연산군은 신하들과 술잔을 주고받았다. 예조판서 이세좌 차례가 되었다. 이세좌가 실수하여 술잔을 흘려 연산군의 옷을 적셨다. 술자리에서 으레 일어날 수 있는 사소한 실수였다. 하지만 연산군은 이 일을 핑계로 이세좌를 파직시키고 유배까지 보낸다. 지극히 비정상적인 조처다.

하지만 이세좌가 누구인가를 알면 비정상적인 조처 속에 숨은 함의를 볼 수 있다. 이세좌는 바로 연산군의 어머니 윤씨에게 사약을 들고 갔던 그 사람 아닌가. 이 해프닝은 사건으로 비화되다 일단락됐는데, 결과론으로 접근하면 피비린내 나는 대형 사건의 예고편이었다.

1504년 연산군은 매부인 임승재 집에 놀러 간다. 임승재는 임사홍의 아들로 성종의 서녀 휘숙옹주와 결혼하여 연산군과 처남 매부 사이다. 연산군은 임승재와 친해 가끔 놀러 가 질펀하게 술을 마시곤 했다. 그날도 여느 날처럼 그런 술자리였는데, 임사홍이 동석하게 되면서 일이 꼬였다. 술이 거나해지자 임사홍이 연산군에게 어머니 윤씨의 폐위와 사사 과정을 자세하게 얘기해 줬던 거다.

이 말을 들은 연산군은 시쳇말로 꼭지가 돌았고, 그길로 궁으로 돌아가 광기를 유감없이 드러낸다. 어머니 모함에 앞장선 성종의 후궁 엄씨와 정씨를 끌어내 직접 때렸다. 그래도 분이 풀리지 않자 연산군은 그 후궁들의 자식이자 이복동생에게 직접 자기 어머니를 때리게 했다. 결국 두 후궁은 거기에 있던 사람들에게 맞아 죽는다. 연산군은 어머니로 여겼던 정현대비에게도 치도곤을 하려고 했다. 하지만 중전 신씨의 극구 만류로 정현대비는 목숨을 잃지 않았고, 할머니 인수대비에게도 대들며 따졌다. "할머니는 어찌하여 제 어미를 죽였습니까?"[《연산군일기》 연산 10년(1504년) 3월 20일] 당시 병중이기도 했지만 인수대비는 이 일로 충격을 받아 한 달 후에 세상을 뜬다.

아무튼 이런 광기를 부린 연산군은 이틀 후인 3월 25일 어머니 폐비가 아버지 의지라기보다 옆에서 이간질해서 그렇게 됐다며 참소한 자들을 색출하는 한편 어머니를 제헌왕후로 추숭한다. 사약을 전달한 이세좌더러 자살하라고 명을 내리면서 시작된 무자비한 숙청극은 산 자든 죽은 자든 가리지 않고 자행됐다. 그런데도 유자광과 임사홍은 살아남았다. 이들의 이름도 기억하길 바란다.

아무튼 역사가 '갑자사화'로 기록한 이 사건은 훈구파든 사림파든 가리지 않고 어머니 일에 연루된 자들에게 가해진 폭력이었다. 이런 광기 앞에 직언할 자가 있겠는가. 이제 연산군 독주 독재 시대가 시작됐다. 독재는 스스로를 파멸시키는 촉매제나 다름없다. 연산군은 폭군이라는 대명사로 치장하고 난잡한 정치를 해대기 시작했다.

이쯤에서 연산군의 가계도를 들여다보자. 일곱 살 때 세자가 된 연산군은 열두 살 때 신씨와 가례를 올린다. 세자비 신씨는 본관이 거창인 신승선의 딸로, 다음 왕 중종과 가례를 올렸다가 폐비되어 치마바위 전설을 남긴 신씨의 아버지인 신수근이 큰오빠이다. 온화한 성품의 현모양처였다. 역사의 평가도 긍정적이다. 연산군이 폐위되고 중종이 즉위한 날인 연산군 12년(1506년) 9월 2일 자 기사를 보면 이렇게 평가했다.

"신씨는 어진 덕이 있어 화평하고 후중하고 온순하고 근신하여, 아랫사람들을 은혜로써 어루만졌으며, 왕이 총애하는 사람이 있으면 비妃가 또한 더 후하게 대하므로, 왕은 비록 미치고 포학하였지만, 매우 소중히 여김을 받았다."

신씨는 연산군과의 슬하에 5남 3녀를 둔다. 원손 맏아들은 태어난 지 한 달 만에 죽었다. 훗날 중전 신씨는 연산군이 폐위되면서 신씨의 본관을 따 '거창군부인'이라는 별칭으로 불리기도 했다.

연산군은 후궁을 많이 두었다. 그 숫자가 몇 명인지는 정확하게 모른다. 어떤 기록은 스무 명이라 하고, 또 어떤 기록은 열아홉 명이라 하기도 한다. 여기서 우리는 낯익은 이름 하나를 소환해 보자. 장녹수.

장녹수에 대한 허구적 이미지가 덧씌워져 있음을 고려하여 《연산군일기》 기록부터 보자. 장녹수가 《연산군일기》에 처음 등장하는 것은 연산 8년(1502년) 8월 30일 자다. 송사에서 이기지 못할 것 같은 이쟁李崢이란 자가 왕이 총애하는 궁녀 '녹수'에게 뇌물을 주었다고 나온다. 아마도 장녹수는 이 전에 궁에 들어간 것으로 보인다.

장녹수는 문의 현령을 지낸 장한필의 딸로 태어났는데, 어머니가 그 집의 종이어서 천민 신분이었다. 집이 가난해 몸 팔아 생계를 이어 가던 장녹수의 팔자가 펴기 시작한 것은 예종의 둘째 아들 제안대군 가노에게 시집가면서다. 아들을 낳고 노래와 춤을 배워 기생이 되었다. 가무에 소질을 보인 그녀에 관한 소문이 돌기 시작했고, 결국 연산군의 귀에까지 들어갔다. 연산군이 그녀를 불렀다. 인물은 출중하지 않았지만 장녹수만이 가진 가무 솜씨와 교태는 연산군을 한눈에 사로잡기에 충분했다. 《연산군일기》에 기록된 장녹수의 외모를 보자. 1502년 11월 25일 자다.

"노래와 춤을 배워서 기생이 되었는데, 노래를 잘해서 입술을 움직이지 않고도 소리가 맑아 들을 만하였다. 나이는 30여 세였는데도 얼굴은 16세의 아이와 같았다. 왕이 듣고 기뻐하여 드디어 궁중으로 맞아들였고, 총애가 날로 많아지면서 말하는 것은 모두 들어주었고, 숙원淑媛(종4품의 후궁)으로 봉했다."

승은을 입은 장녹수는 후궁이 되었다. "얼굴은 중간 정도였으나, 남모르는 교사와 요사스러운 아양은 견줄 사람이 없었다"는 장녹수는 무조건 굽신거리는 타입이 아니었나 보다. 연산군을 때로는 반말로 조롱하기도 하고 때로는 욕하기도 했다. 당시의 궁중 법도에 따르면 감히 상상할 수도 없는 일이지만 어찌 된 일인지 연산군은 화가 나도 장녹수만 보면 화가 스르르 풀렸고, 상 주고 벌주는 일도 장녹수 입에 달려 있었을 정도였다.

그러니 장녹수의 호가호위도 하늘을 찌를 정도가 되었다. 기생 옥지화 사건이 그 대표적인 사례이다. 기생 옥지화가 실수로 장녹수의 치마를 밟았는데, 연산군이 벌주라고 명령한다. 멀쩡한 신하라면 안 된다고 해야 하지만 대신들이 한발 더 나아가 옥지화의 죄가 지극히 '만홀漫忽(함부로 하는 버릇없는 행실)'하다며 왕의 분부가 지당하다고 거든다. 결국 옥지화는 죽임을 당한다.

아무튼 이렇게 치마폭에 휩싸여 지내던 연산군은 장녹수를 비롯한 많은 후궁으로도 만족하지 못했던 모양이다. 연산군은 이 공허한 마음을 달래기 위해 전국의 크고 작은 고을에 기생을 둔다. 이른바 운평運平. 운평은 노래와 춤, 시, 글씨, 그림에 능한 기생을 일컫는 말이다. 이들 운평이 나중에 1천 명 또는 1만 명에 달했다고 하니 현실감을 느낄 수 없다.

이들 중 얼굴이 예쁘고 재주가 좋은 운평은 채홍사 임사홍의 손에 뽑혀 서울로 데려왔다고 한다. 운평이 서울로 뽑혀 오면 '흥청興淸'이 된다. 연산군은 이들 흥청과 더불어 매일 음탕한 놀이를 벌이며 세월을 보냈다. 그래서 흥청으로 인해 나라가 망한다는 의미의 '흥청망청'이란 말이 생겼다.

상황이 이러하니, 아무리 딸랑이 신하들이라 해도 이건 아니다 싶었다. 무오사화와 갑자사화를 겪으면서 바른말을 잘못하면 멸문지화를 당하는 것을 보았던 터이지만, 누군가가 광기 어린 연산군을 제지하지 않으면 안 된다는 공감대가 서서히 형성되기 시작했다. 특히 신수근과 임사홍 같은 왕실과 관련 있는 궁중파宮中派와 달리 유순정, 박원종, 성희안 같은 관료 중심의 부중파府中派가 먼저 연산군과 거리를 두기 시작했다. 그러면서 이들은 사치와 폭정을 중지시키지 않으면 특단의 조치가 필요하다는 데 인식을 함께했다.

이들 세 사람과 장정, 박영문, 홍경주 등이 뜻을 모아 '반정反正'을 일으키기로 모의한다. '반정'은 '돌이켜 바르게 한다'는 의미다. 연산군의 폭정을 잘못된 것으로 규정하고 이를 바로 잡겠다는 것이다. 바로잡는다는 건 왕의 자리에서 끌어내리겠다는 의미다.

사실 이 모의는 성희안이 주도했다. 이조참판이었던 성희안은 1504년 연산군이 양화도楊花渡의 망원정望遠亭에서 놀 때 시를 지어 올리라고 하자 연산군의 폭정을 풍자한 훈계적인 시를 지어 올렸다고 한다. 이에 분노한 연산군이 그에게 보복을 가해 품계를 강등시켜 종9품 부사용으로 삼았다. 이에 성희안은 박원종과 함께 명망가이던 유순정과 논의하여 의기투합했다.

박원종이 거사에 참여한 것을 두고 야사에서는 누이 승평부대부인(세조의 장손 월산대군 부인)이 연산군한테 겁탈당했기 때문이라고 하는데, 연산군이 큰어머니인 박씨가 아프다는 소식을 듣고 동생인 박원종더러 병간호하라고 보냈다는 이야기가 있는 것으로 미루어 볼 때 가능한 얘기는 아닌 것 같다. 여기에 더해 박씨가 임신해서 자살했다는 설도 있는데, 《연산군일기》에는 이런 '소문'이 있었다고 기록돼 있다. 연산군이 박씨를 잘 대해 주었던 건 순전히 큰어머니에 대한 예우와 세자를 길러준 보은 차원이 더 큰 것으로 보인다.

박원종이 사실 거사에 참여한 이유를 두고 연산군에게 바른말을 하다 미운털이 박혔기 때문이라는 설이 설득력 있다. 그는 명문가인 자기 집안의 뒷배를 믿고 연산군에게 바른말을 서슴지 않았다고 한다. 태종부터 연산군 대까지 요직을 두루 거친 외척 가문이었던 것이다. 또 승평부대부인에 대한 호의가 박원종의 기를 살렸다는 이야기도 있다. 연산군은 박원종의 직언에 대해 불편해도 벌하지 않았고 오히려 벼슬을 올려 주었다.

1506년 9월 1일, 이들은 성희안의 집에 모여 모의한 후에 훈련원으로 갔다. 무사와 건장한 장수들이 호응했다. 밤 삼경三更(밤 11시~새벽 1시)에 군사가 창덕궁으로 향했다.

사실 이날의 '반정'은 싱겁게 끝났다. 아마도 며칠 전 연산군이 후궁들과 놀다가 장녹수에게 "지금 태평한 지 오래이니 어찌 불의에 변이 있겠느냐마는, 만약 변고가 있게 되면 너희들은 반드시 면하지 못하리라"라는 말을 했다고 한다. 아마도 뭔가가 일어나리라는 것을 예감한 듯싶다.

반정의 기획자인 성희안은 거사 하루 전날 지중추부사 박원종과 이조판서 유순정을 비롯한 참가자들을 훈련원으로 불러 모았다. 그리고 군대를 나눠 곳곳에 배치했다. 이미 소문이 자자했던 터라 문무백관은 물론이거니와, 군인과 백성들이 거리로 나와 길을 메웠을 정도였다고 한다.

반정군은 우선 윤형로를 경복궁에 보내 대비에게 아뢰도록 했다. 그러고는 연산군의 총애를 받는 신수근·신수영 형제와 임사홍·

희재의 집에 사람을 보내 임금이 부른다고 하여 불러내 쳐 죽인다.

임사홍의 아들 희재가 피살되던 날에도 연산군은 그의 집에서 술타령을 했다고 할 만큼 연산군과 임사홍 부자와의 관계가 어떠했는지 알 수 있다. 오죽하면 그들이 죽었다는 소식이 알려지자 어떤 사람이 이런 시를 다 지었을까.

"작은 소인 임숭재, 큰 소인 임사홍이여!
천고에 으뜸가는 간흉이로구나!
천도는 돌고 돌아 보복이 있으리니,
알리라, 네 뼈 또한 바람에 날려질 것을."

군대가 궁을 에워싸고 포진하자 궁궐 입직 장수와 군사들이 모두 도망쳐서 텅 비었다. 이에 날이 밝자 반정군 박원종 등이 백관百官과 군교軍校를 거느리고 경복궁으로 가서 대비인 정현왕후에게 연산군의 이복동생인 진성대군 역懌을 왕으로 추대하게 해달라고 요구한다.

그러자 대비는 "변변치 못한 어린 자식이 어찌 능히 중책을 감당하겠느냐"며 연산군의 아들인 세자로 하자는 의견을 냈지만 반정군은 이미 정한 것이니 바꿀 수 없다고 했다. 그러고는 군사를 보내 대비 정현왕후의 아들 진성대군을 사저에서 모셔와 사정전에 들게 하고는 다시 압박했다.

"'인심이 모두 진성에게 돌아갔다. 사세가 이와 같으니, 정전正殿을 피하여 주고 옥새를 내놓으라' 하면, 반드시 이를 좇을 것이다."

그러자 대비는 "내 죄가 중대하여 이렇게 될 줄 알았다. 좋을 대로 하라"며 시녀를 시켜 옥새를 내어다 상서원 관원에게 주게 하였다. 그러고는 이런 교지를 내렸다.

"대소 신료가 모두 종사를 중히 여겨 폐립廢立의 일로 와서 아뢰기를, 진성대군 이역은 일찍부터 인덕이 있어 민심이 쏠리고 있으니, 모두 추대하기를 청합니다. (…) 종사가 위태로울 뻔하다가 다시 평안하여지니, 국가의 경사스러움이 무엇이 이보다 더 크랴? 그러므로 이에 교시를 내리노니, 마땅히 잘 알지어다."

모두 만세를 부르며 우레 같은 환성을 지르며 거사가 성공했음을 알렸다. 이복동생은 왕(중종)이 되고, 연산군은 강화도 교동에 폐위됐다.

반정군이 강제로 왕을 시키다

생명의 위협을
물리치고
왕 되다

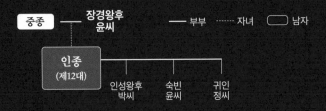

인종

1515~1545 | 재위 1544~1545

인종의 즉위는 유교 질서에 충실한 정상적인 절차에 따라 이루어졌다. 1544년(중종 39년) 11월 15일 중종이 승하하자 닷새 후인 11월 20일 세자 '호岵'가 창경궁 명정전에서 즉위식을 열고 왕이 되었다. 인종이다.

하지만 "세자가 왕이 되었다"는 이 단순 명쾌한 사실이 우리의 역사적 상상력을 한껏 고조시키는 배경지식을 품고 있음을 아는 독자는 많지 않을 듯싶다. 그럴까? 다시 한번 '하지만'이란 역접 관계사를 동원해 보자.

배우 도지원의 "뭬야?"라는 유행어로 상징되는 SBS 드라마 〈여인천하〉(2001년 방영)의 소재가 바로 이 배경지식을 기둥 줄거리로 한다면?

알다시피 인종의 아버지 중종은 정상적인 절차에 따라 왕이 된 경우는 아니다. 프란츠 카프카의 소설 《변신》의 주인공 그레고르가

"어느 날 갑자기 눈을 뜨니" 벌레로 변한 것처럼 왕위와는 거리가 먼 '진성대군'은 어느 날 눈 뜨니 갑자기 왕이 되었다. 세자도 아닌 그가 권력을 탐하는 자들의 필요에 따라 '강제'로 왕의 자리에 앉혀졌다. 그래서 중종은 정치는 물론이거니와 가정사도 평탄하지 않았다.

어쩌다 왕이 되다 보니 중종은 처음에 쥐꼬리만 한 실권조차 없었다. 중종은 늘 반정 삼대장(박원종, 유순정, 성희안)을 중심으로 한 훈구파의 눈치를 봤다. 오죽하면 경연 자리가 끝나 퇴정하는 훈구 대신들에게서 인사를 받아야 할 중종이 자리에서 일어나 배웅 인사를 했을까.

그러다 반정 삼대장이 모두 죽으면서 중종의 상황에도 조금씩 변화가 찾아왔다. 역사의 무대에서 이들의 퇴장은 훈구파의 세력이 줄어듦을 의미했고, 세력 약화로 철옹성 같은 훈구파 세력에 빈틈이 보이기 시작했다. 그러자 중종은 자기 정치를 해볼 수 있겠다고 생각하게 된다.

그래서 중용된 세력이 바로 조광조를 비롯한 사림파였다. 성종 대부터 중용되기 시작한 사림파는 벼슬 대신 초야에 은거하며 학문에 정진하던 세력으로 훈구파와 대척점에 있는 선비들이었다. 당연히 이들은 훈구파의 권력 농단 비판에 앞장섰다. 중종으로서는 훈구파를 견제하는 데는 사림파만 한 세력이 없다고 봤다.

이렇게 중용된 조광조는 현량과賢良科를 실시해 신진 세력을 등용하는 한편 중종반정 후 공신 자리를 공을 따지기보단 주동자들끼리 나눠 먹었던 터라 섞여 있는 '가짜' 공신을 걸러 내는 '위훈삭제偽勳削除' 등 '개혁'의 물꼬를 텄다. 조광조가 개혁에 적극적으로 나설 수 있었던 건 그 자신이 매사에 떳떳했기 때문이다. 가령, 성균관에서 학문을 수련할 때 군계일학처럼 돋보이자 추천으로 벼슬이 주어졌다. 성균관의 인재 추천은 불법도, 탈법도, 편법도 아닌 정당한 절차였다. 그런데도 조광조는 과거시험을 치르지 않고 벼슬길에 나서는 것은 정당하지 않다며 벼슬을 마다하고 알성시謁聖試 급제를 통해 당당하게 벼슬길에 나선다.

하지만 조광조의 이런 개혁 시도도 결국 섣부른 일이었다. 여기에는 중종의 정치적 성향도 일을 그르치는 데 한몫했다. 중종은 애초 '개혁'을 원하지 않았다. 오로지 자기의 왕권을 강화하는 데만 관심이 있었다. 그렇기에 노회한 훈구파를 구슬려 자기편으로 만들까도 생각했을 것이다. 하지만 훈구파는 왕과 권력을 나눌 사람들이 아니었다. 상황이 이러자 중종은 이들을 견제할 세력을 찾았고, 그 적절한 대상이 훈구파에 비판적 입장을 가진 사림파였던 것뿐이었다.

훈구파는 급작스럽게 형성된 세력이 아니었다. 적어도 세조 때부터 한명회를 중심으로 서서히 만들어지면서 세력을 확장했기 때문에 그 뿌리가 깊고 넓다. 부자는 망해도 3년은 간다는 말처럼 훈구파의 세력이 쪼그라들었다 해도 정치권에 끼치는 영향력은 여전히 무시할 수 없었다.

어찌 보면 중종도 조광조와 사림파가 끊임없이 밀어붙이는 '개혁' 드라이브에 지치기 시작했다. 사람들은 조광조의 개혁을 비판할 때 으레 '급진성'을 내세우곤 한다. 하지만 개혁은 급진적으로 하지 않으면 성공하기 어렵다. 김영삼 대통령이 하나회를 해체하고 금융실명제를 실시하던 상황을 떠올려 보라. 그 누구도 모르게 급박하게 했기 때문에 성공했다. 만약 뜸을 들였다면 그 틈을 비집고 방해 공작이 일어났고, 변죽만 울렸을지도 모른다. 조광조의 개혁 드라이브는 물 들어왔을 때 노 저어야 하는 지극히 상식적인 추진이었다.

그런데 그 누구보다 위기의식을 느낀 훈구파는 이를 뒤집을 묘수 찾기에 혈안이 되었고, 중종 역시 심한 개혁 피로감을 덜 방안을 궁리하게 되었다. 이런 이해관계를 간파한 훈구파는 '기묘사화'를 기획했고, 중종은 못 이기는 척 여기에 끌려가면서 조광조 등 사림파를 제거했고, 그 결과 그동안의 개혁 조치들을 없던 일로 하는 도돌이표 정치를 한다.

중종의 가정사 역시 이런 배경과 무관하지 않다. 왕비마저 자기 의사와는 상관없이 폐위시키고, 새 왕비를 맞아야만 했었기 때문이다. 왜?

2017년 KBS 2TV에서 방영된 〈7일의 왕비〉라는 드라마를 떠올려 보자. 알다시피 이 드라마는 중종과 그의 첫 부인이자 첫 중전인 단경왕후 사이의 로맨스를 다룬다. 두 사람은 그저 왕자 신분일 때 결혼했다. 금실도 좋았다. 그런데 드라마 제목의 '7'이라는 숫자에 여러 가지 함축적인 의미가 담겨 있다.

중종이 얼떨결에 왕이 되면서 부인인 신씨가 중전이 되는 것은 당연했다. 남편이 왕이면 부인은 중전이다. 이런저런 생각할 겨를도 없이 신씨도 얼떨결에 내명부의 맨 윗자리에 앉았다. 그런데 반정을 성공적으로 끝내고 막 한숨을 돌리려는 순간 미처 챙기지 못한 동티가 하나 부상했다. 반정 세력들은 이걸 그냥 뒀다가 자신들에게 어떤 화가 미칠지 모른다는 데에 생각이 닿자 머리가 쭈뼛거리고 등골이 오싹했다. 그건 바로 중전 신씨 문제였다.

반정 세력이 거사를 도모할 때 어떤 일을 저질렀는가. 연산군 부인 거창군 신씨의 오빠인 신수근과 신수영 형제를 살해했다. 그 신수근이 바로 중종의 중전 신씨의 아버지였던 것이다.

그런데 정적이라고 제거한 신수근의 딸이 중전이라면 이제 권력의 최정점에 있는데, 아버지를 죽인 원수들에게 복수하지 않을까. 생각이 여기에 미치자 반정 세력은 한시도 가만히 앉아 있을 수 없었다. 싹이 트기 전에 잘라야 한다. 특히 왕이 뭐가 뭔지를 모를 때 전광석화처럼 일을 도모해야 한다.

이렇게 하여 중전 신씨는 중전이 된 지 7일 만인 9월 9일 궐 밖으로 내쳐진다. 이날 신씨 폐서인 과정을 《중종실록》은 어떻게 기록하고 있는지 보자.

유순·김수동·유자광·박원종·유순정·성희안·김감·이손·권균·한사문·송일·박건·신준·정미수 및 육조 참판 등이 같은 말로 아뢰기를,

"거사할 때 먼저 신수근을 제거한 것은 큰일을 성취하고자 해서였습니다. 지금 수근의 친딸이 대내에 있습니다. 만약 궁곤宮壼(중전)으로 삼는다면 인심이 불안해지고 인심이 불안해지면 종사에 관계됨이 있으니, 은정을 끊어 밖으로 내치소서."

하니, 전교하기를,

"아뢰는 바가 심히 마땅하지만, 그러나 조강지처인데 어찌하랴?"

하였다. 모두 아뢰기를,

"신 등도 이미 잘 헤아려 생각하였지만, 종사의 대계로 볼 때 어쩌겠습니까? 머뭇거리지 마시고 쾌히 결단하소서."

하니, 전교하기를,

"종사가 지극히 중하니 어찌 사사로운 정을 생각하겠는가. 마땅히 여러 사람 의논을 좇아 밖으로 내치겠다."

하였다. 얼마 뒤에 전교하기를,

"속히 하성위河城尉(세조의 부마) 정현조의 집을 수리하고 소제하라. 오늘 저녁에 옮겨 나가게 하리라."

하였다.

다른 이유가 없다. 오로지 신수근의 딸이기에 강제로 폐위되었다. 무기력한 남편이자 왕인 중종은 그런데도 신씨를 잊지 못해 경회루에서 신씨가 있는 인왕산을 바라보았고, 그걸 안 신씨가 인왕산 병풍바위 앞에 우뚝 솟은 바위에 붉은 치마를 널어 화답했다는 전설을 만들었다. 이른바 '치마바위 전설'로 상징되는 중종과 신씨 사이의 금슬이 드라마 소재까지 된 것이다.

중종은 신씨와의 사이에 자식을 두지 못했다. 만약 그 슬하에 아들이라도 있었다면 역사는 또 어떻게 요동쳤을지 모른다. 하지만 중종의 가정사는 그 못지않은 풍파를 겪었다.

한편 중종은 39년이란 긴 기간 동안 왕위에 있었다. 그러다 보니 이미 세자가 정해졌지만, 끊임없이 암투가 벌어졌다.

여기서 잠시 중종의 가계도를 보자. 폐위된 신씨에 이어 두 번째 부인은 윤여필(훗날 대윤 윤임의 동생)의 딸 장경왕후였다. 후궁에서 중전으로 간택됐다. 이 과정에서 외삼촌 박원종의 입김이 크게 작용했음은 충분히 짐작할 수 있다. 박원종은 이 시절 다른 말이 필요 없는 권력의 핵심 중 핵심 자리에 있던 인사였다. 이때 윤씨 말고도 후궁에는 경빈 박씨, 희빈 홍씨, 숙의 나씨가 있었다.

장경황후 윤씨는 평판이 나쁘지 않은 지고지순한 전형적인 조선의 왕비였다. 하지만 좀처럼 임신이 되지 않았다. 첫 왕비 신씨도 중종과의 슬하에 자녀가 없었다. 왕실에서 자녀를 낳지 못하면 갖은 구실이 된다. 그러다 4년 만인 1511년 효혜공주를 낳아 잠시 기쁨을 주는 듯했으나 여전히 아들은커녕 임신조차 되지 않아 노심초사했다.

이러는 가운데 1509년 경빈 박씨가 아들을 낳는다. 복성군이다. 후궁에서 태어났지만 중종의 맏아들이다. 그리고 1511년 숙의 홍씨가 해안군을 낳았고, 1513년 희빈 홍씨가 금원군을 낳았다.

장경왕후는 중종과 혼인한 지 9년 만에 왕자를 낳는다. 중종의 아들로는 네 번째이지만 적자로는 맏이다. 하지만 장경왕후는 산후병으로 일주일 만에 사망한다.

장경왕후의 사망은 단순한 왕비의 사망이 아니었다. 세자 자리를 둘러싼 피비린내 나는 암투의 서막이었다.

아무튼 왕비의 자리가 비었으므로 대궐은 즉시 후임 계비 간택에 들어갔다. 그래서 들어온 두 번째 계비는 문정왕후였다. 1517년 문정왕후가 왕비가 되었을 때 그녀의 나이 겨우 열일곱 살이었다. 서장자 복성군과 나이 차가 여덟 살밖에 나지 않았다.

문정왕후는 윤지임의 딸이다. 나중에 이름이 화려하게 등장하는 윤원형이 동생이다. 사실 전임 장경왕후와 문정왕후는 구촌 간으로 알려져 있다. 그때까지만 해도 파평 윤씨 집안은 정승판서를 지내던 선대와 달리 벼슬길이 끊겨 몰락한 양반가에 불과했다.

어쨌든 새 중전이 된 문정왕후는 경빈 박씨나 희빈 홍씨 같은 미모가 쟁쟁한 후궁들이 즐비한 터라 남편 중종의 총애를 받지는 못했다고 알려져 있다. 대신 문정왕후는 당시 세 살이던 원자를 지극정성을 다해 키웠다. 이 원자 보호자 역할은 세자의 생모 장경왕후와 친척이라는 혈연관계까지 겹치면서 그 힘이 점점 커지기 시작했다.

그리고 원자는 1520년 여섯 살의 나이로 세자에 책봉된다. 세자의 아명이 '억명億命'인데, 장경왕후가 임신했을 때 어떤 사람이 꿈에 나타나 이렇게 지으라고 했단다. 세자가 되면서 이름을 '호岵'로 바꾸었다.

그런데 문제는 맏아들 복성군을 낳은 경빈 박씨와 관계였다. 문정왕후가 빨리 왕자를 생산하지 못한 틈을 타서 경빈 박씨는 자기 아들을 세자로 만들 계획을 꾸민다.

그런데 경빈 박씨가 이런 일을 벌이는 데는 뒷배가 있었다. 장경왕후의 외삼촌인 박원종이 박씨의 양아버지였다. 사실 장경왕후를 통해 권력을 굳히려던 박원종으로서는 장경왕후가 죽음으로써 쓰린 가슴을 쓸어내려야 했다. 이때 가난한 선비의 딸로, 연산군 시절 채홍사의 흥청으로 뽑혀 입궁한 박씨가 박원종의 눈에 띈다. 빼어난 미모가 무기가 되리라 생각한 박원종은 박씨를 양딸로 삼았고, 중종에게 후궁으로 바친다.

이때 주목되는 또 한 명의 후궁이 있었다. 홍경주의 딸인 희빈 홍씨다. 사실과 다르지만 야사에 조광조의 '주초위왕走肖爲王' 사건에서 그 문제의 나뭇잎을 발견한 인물로 알려져 있다. 홍경주는 당시 반정에 참가한 정국공신으로 권력의 최정점에 있던 인물이다.

이런 상황에서 문정왕후는 이들 아들을 낳은 드센 후궁들과 보이지 않는 암투를 벌여야만 했다. 자기가 낳은 아들이 아니라도 보호해야 하는 세자가 엄연히 존재했지만 이 후궁들은 무슨 수를 써서라도 자기 아들을 왕위에 오르게 하고 싶었다.

세자의 생일날인 1527년 2월 25일, 동궁전 후원에 사지를 찢어 불에 태운 쥐를 매달아 놓는 사건이 일어난다. 3월 1일에도 또 일어났다. 역사에서는 '불에 탄 쥐'라는 뜻의 '작서灼鼠의 변'으로 부른다.

사실 이 일은 곧바로 알려지지 않았다가 한 달 후에 수면 위로 올라왔다. 조정이 발칵 뒤집혔음은 불문가지. 조사가 시작됐다. 왕실을 저주하는 주술 행위는 역모와 다를 바 없는 무거운 죄였다.

그런데 조사 중 경빈 박씨의 시녀 범덕凡德의 발언이 문제가 됐다. 범덕은 박씨를 보호하려는 의도에서 경빈이 3월 1일 대비전에 가지 않았는데도, 쥐를 태운 자가 경빈이라고 주장하는 자가 있다고 한 것이다. 이 발언은 범인의 커밍아웃이라고 생각됐고, 그렇게 경빈 측이 의심받는 결정적인 상황이 되었다.

여기에다 자순대비의 한글 교지가 기름을 붓는 꼴이 되었다. 3월 28일 경빈의 맏딸 혜순옹주惠順翁主의 계집종들이 인형을 만들어 목을 베는 시늉을 하면서 "쥐 지진 일을 발설한 사람은 이렇게 죽이겠다"고 하며 저주했다고 한 것이다.

하지만 경빈 쪽 사람 그 누구도 모진 고문에도 불구하고 입을 열지 않았다. 결국 중종이 결단을 내렸다. 경빈 박씨를 폐서인하기로. 자백이 없음에도 폐서인이라는 극약처방을 내렸지만, 논리가 얼마나 빈약했는지 중종은 자순대비가 의심하는 글을 내렸기 때문이라고 했단다. 자순대비 또한 책임에서 벗어나려고 다시 중종에게 글을 보내어 경빈을 의심하긴 했어도 범인이라고 하지 않았다고 했단다. 이 사건으로 인해 복성군도 폐서인이 되었다.

이렇게 사건이 일단락된 후 1532년 유생 이종익李宗翼이 옥중에서 상소를 올리는데, 작서의 변은 연성위延城尉 김희金禧가 아버지 김안로의 사주를 받아 벌인 짓으로 경빈과 복성군과는 무관한 일이라고 주장했다. 김희는 중종의 맏딸 효혜공주와 결혼한 연성위이고, 그 아버지가 김안로다.

김안로는 기묘사화 때 유배됐다가 복직한 인물로 아들 덕택에 다시 권력의 핵심으로 들어갔다. 중종의 효혜공주 총애는 엄청났다고 한다. 그래서인지 시아버지인 김안로를 불러 중종이 특별히 부탁했다는 기록도 있다.

"공주(효혜공주)가 떠받드는 속에서만 자라서 분명 시부모를 존대하여 받드는 도리를 모를 것이다. 엄격하고 사납게 대하지 말고 순순하게 가르쳐 순조롭게 되도록 하라." [《중종실록》 중종 16년(1521년) 11월 11일]

중종은 자신이 살던 잠저潛邸마저 효혜공주에 내렸을 정도니, 공주의 시아버지인 좌의정 김안로의 기세등등함은 하늘 높은 줄 모를 지경이었다. 당시 효혜공주나 김희가 이미 사망한 뒤였지만 김안로의 위세는 꺾이지 않았다. 결국 이 상소는 흐지부지되었다.

이때 세자를 위협하는 세력으로 경빈 박씨나 희빈 홍씨 측이 의심받고 있던 상황에서 세자를 보호해야 하는 입장인 문정왕후와 김안로가 서로 짰다는 주장이 있기는 하지만 입증하기 어려운 야사일 뿐이다.

1533년(중종 28년)에 또 하나의 의문스러운 사건이 발생한다. 세자가 사는 동궁東宮의 빈청 남쪽 바자把子(발) 위에 사람 머리 모양을 한 물건이 걸려 있었다. 머리 형상은 머리카락이 붙여져 있었고 이목

구비가 새겨져 있었다. 그리고 "세자의 몸을 능지할 것", "세자 부주父主의 몸을 교살할 것", "중궁을 참斬할 것"과 같은 내용을 적은 목패가 걸려 있었다. 이 저주 사건을 역사에서는 사람 머리를 인형으로 만들었다는 의미의 '가작인두假作人頭의 변'이라고 한다.

이 사건은 6년 전에 이미 폐출된 경빈 박씨와 복성군을 다시 소환했고, 여기에 박씨의 딸인 혜정옹주의 남편인 당성위唐城尉 홍여洪礪까지 문제가 되었다. 결국 경빈과 복성군은 사약을 받아 죽었고, 경빈의 딸이자 세자의 이복누이인 혜정옹주와 혜순옹주는 폐서인이 되었다. 상황이 이렇게 전개되자 세자를 등에 업은 김안로의 위세가 더 세졌다.

그런데 문정왕후가 1534년 왕자를 생산한다. 문정왕후의 나이 서른넷에 얻은 경원대군慶原大君이다. 상황이 이렇게 되자 궁중의 권력투쟁은 새로운 국면을 맞았다. 경원대군의 외삼촌인 윤원로와 윤원형이 나서서 경원대군을 세자로 만들려고 계략을 꾸몄다. 하지만 세자의 외삼촌인 윤임이 막아 뜻을 이루지 못했다고 한다.

더욱이 세자의 나이가 이때 이미 스무 살이란 점도 있었고, 또 세손이 될 아들을 볼 수 있는 터여서 경원대군은 왕위와는 사실상 멀어진다.

하지만 모든 것을 다 포기한 상태가 아니어서 문정왕후는 맘속에 늘 아들 경원대군의 앞날 걱정이 컸다. 그러면서도 세자 보호를 이유로 윤임과 김안로와 갈등을 빚기도 했다. 그러다 1537년 김안로가 문정왕후 폐출을 기도한다. 문정왕후가 경원대군을 왕으로 앉히려 한다며 폐출을 도모했던 것이다. 하지만 문정왕후의 당숙 윤임에게 발각되어 김안로는 유배 후 사사된다.

이러는 가운데 세자의 생명을 노리는 위협은 여기서 그치지 않고 계속된다. 10년 후인 1543년에 또 사건이 일어난다. 이해 1월 7일 동궁에 불이 났다. 그런데 어찌 보면 단순한 화재라 해도 틀리지 않을 상황이었다.

《중종실록》에는 불이 나자 세자빈이 세자를 깨워 밖으로 나온 것으로 적혀 있다. 또《연려실기술》에는 모두가 허둥댈 때 정철의 누이인 귀인 정씨가 급히 세자의 방으로 가서 서책과 옷을 밖으로 내어놓고 모시고 나왔다고 기술하고 있기도 하다.

그런데 당시의 궁중 권력관계에서 보면 누군가가 세자의 생명을 노린 방화로 볼 수도 있는 상황이었다. 야사를 보면 그런 추측이 가능하다. 불이 나자 세자가 "어머니(문정왕후)가 나의 죽음을 원하시니 그에 따르는 것이 효가 아니겠는가"며 자리에 앉아 불에 타 죽기를 기다렸다. 그러자 아버지 중종이 나타나 세자를 애타게 불렀다. 이에 세자는 "이대로 죽으면 어머니에게는 효가 되지만 아버지에게는 불효(나아가 '불충')가 된다"는 사실을 깨닫고 밖으로 나왔다 한다. 믿거나 말거나 같은 얘기다. 하지만 그 행간에는 세자와 문정왕후 간의 알력이 심하게 있었음을 알게 해준다.

중종은 1538년(중종 33년) 10월 세자에게 양위할 뜻을 비쳤다. 본인의 재위 연수와 나이가 세종의 재위 연수 32년과 세종의 승하 나이 52세와 비슷해지자 선위하려 한 것이다. 태종과 세종의 고사故事를 따르려 했다. 세자가 음식을 입에 대지 않고 극구 반대하여 뜻을 이루지 못했지만, 중종의 세자에 대한 신임은 두터웠다.

그런데도 세자 자리는 연속적인 위협으로 흔들렸고, 길러 준 어머니 문정왕후의 견제도 만만치 않았다. 하지만 세자는 1544년 11월

15일 아버지 중종이 승하하자, 관례대로 닷새 후인 11월 20일 창경궁 명정전에서 왕위에 올랐다. 인종이다.

준비 안 된
동생 갑자기
왕 되다

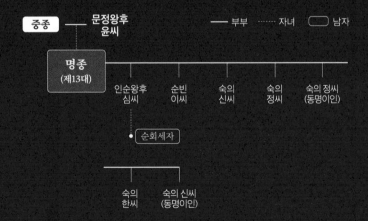

| 중종 | 문정왕후
윤씨 | ── 부부 ┄┄┄ 자녀 ⬭ 남자 |

명종
(제13대)

인순왕후   순빈   숙의   숙의   숙의 정씨
심씨   이씨   신씨   정씨   (동명이인)

순회세자

숙의   숙의 신씨
한씨   (동명이인)

명종

1534~1567 | 재위 1545~1567

문정왕후가 서른넷에 얻은 늦둥이 경원대군이 왕(명종)이 될 줄 누가 알았을까. 중종의 적장자인 세자가 어머니 장경왕후의 부재로 여러 번 죽을 고비를 넘기면서도 끝까지 잘 버텨 아버지 중종의 뒤를 이어 인종이 되었다.

여기까지는 우여곡절이 많았지만, 전형적인 궁중 암투사의 모습을 보인다. 전투가 끝나면 승자는 왕이 되고 패자는 역사 속으로 사라진다. 하지만 중종 아들 간의 권력투쟁은 끝이 없었다. 여전히 현재 진행형이었다.

그 이유는 아무래도 권력을 틀어쥔 대비 문정왕후에게 아들(경원 대군)이 있었기 때문으로 보인다. 문정왕후나 친정에서 보면 왕위가 손에 잡힐 듯 보였다. 이런 상황에서 가만있을 사람이 과연 있겠는가.

중종의 병사 직후 세자가 재빨리 왕권을 접수하면서 그동안의 암투는 일단락되는 듯싶었다. 그런데 문제는 인종의 허약함이었다.

건강이 좋지 않았던 것이다. 더욱이 세자의 보호자였던 계모 문정왕후의 압박도 도를 지나쳐 심한 스트레스에 시달려야 했다.

왕이 된 후에도 인종은 세자 시절에 겪어야 했던 갖은 스트레스에 시달렸다. 그의 병약함에 대해서는 이미 세자 시절에도 있었던 일인데, 문제는 아버지 중종이 병석에 눕자, 세자가 침식을 거르며 지극 정성을 다해 간호했던 것이다. 그 후유증이 즉위 후에도 이어져 인종은 음식을 제대로 먹지 못했다고 한다. 수시로 육선(고기)를 올렸지만 그대로 나왔다는 기록이 실록 곳곳에 나온다. 일설에는 거식증이 있었다고도 한다. 오죽하면 조선시대 왕 중 유일하게 굶어 죽은 왕이라는 믿을 수 없는 말이 나돌았을까.

또 업무는 어땠을까. 이제 새로 막 즉위한 왕이니 처리해야 할 일이 장난 아니게 많았다. 여기에다 제례와 사신 접대 같은 일도 앞다투며 기다리고 있었다. 물론 만기친람萬機親覽(임금이 모든 정사를 친히 보살핌)이 아닌 정승들에게 일임해도 될 법한 일도 많았지만, 인종은 굳이 직접 챙겼다고 한다. 이러고도 건강이 버텨 낼 수 있겠는가. 멀쩡한 사람도 견디기 힘들 과부하였다.

여기에다 문정왕후의 압박도 여전했다. 《조선의 인물 뒤집어 읽기》(김재영, 삼인)에 실린 야사이긴 하지만 문정왕후의 압박 강도를 알게 해주는 일화가 있다.

대비(문정왕후)가 고기를 먹지 않는데 자신이 어떻게 먹느냐고 할 정도로 효심이 깊은 인종이 대비전에 문안 인사를 하러 왔다. 이때 문정왕후는 열두 살 어린 아들 경원대군을 옆에 앉혀 두고는 이렇게 말했다고 한다.

"우리 모자가 전하의 손에 죽는 날이 멀지 않았소. 그려, 언제쯤 죽이려 하오?"

인종은 죽기 한 달 전부터 건강이 심하게 나빠졌다. 《인종실록》에 기록될 정도였으니 그 상태는 짐작 그 이상이었던 모양이다. 《인종실록》의 기록을 토대로 인종의 마지막 한 달을 개략적으로 더듬어보자.

인종의 건강이 눈에 띄게 나빠진 것은 1545년 6월 들어서다. 내의와 의정부 대신들이 문안 인사를 했지만 인종은 더위 먹은 것이니 염려 말라고 한다. 8일과 9일 충청도에 벼락이 쳐서 사람과 말이 죽는 일이 일어난다. 그리고 25일 "임금이 불예不豫하다"고 했다. '불예'란 왕이나 왕비가 편치 않거나 죽음을 의미하는 말이다. 혼절한 상황이다. 27일에는 벼락이 쳐서 경회루 기둥 여덟 개가 모두 부서지는 일이 일어난다. 이 무슨 불길한 징조인가. 대비 문정왕후가 산천에 기도하라고 전교를 내린다. 하지만 인종은 자리를 털고 일어나지 못하고 7월 1일 승하한다.

임금이 승하하면 재빨리 세자가 왕위를 이어야 함이 법도이다. 그런데 문제는 인종이 이제 막 임금이 되기도 하였거니와, 슬하에 자녀가 없었다. 세자를 세우니 마니 할 상황이 못 되었다. 아무런 준비가 안 된 상황에서 선택할 카드는 많지 않았다. 여기에서 나는 문정왕후의 역할이 절대적이었다고 생각한다. 이런 표현이 적당할지 모르겠는데, 믿고 기다리면 기회는 온다고.

문정왕후와 인종 사이의 관계는 우리가 상상하는 것 이상의 긴장 관계가 행간에 숨어 있었다고 볼 수 있다. 사실 문정왕후가 세자를 특별히 보호한 건 맞는 것 같다. 오랫동안 아들을 낳지 못했고, 나이도 삼십 대 중반에 이르렀던 점을 생각하면 훗날을 위한 보험으로 세자에게 잘했을 수도 있다. 물론 사람이기 때문에 마음 한쪽에선 그럴 수 있겠지만, 처음의 진심은 의심하고 싶지 않다.

다만 아들 경원대군을 낳으면서 진심이 흔들리기 시작했을 터다. 또 친정을 비롯한 주변에서 가만두지 않았을 거고. 세자를 끼고도는 권력자 김안로와 문정왕후 친정 인사인 윤원형과 윤원로 사이의 갈등 관계는 인종 편에서 살펴본 바 있다.

다만 대세가 기운 후 중종의 뒤를 세자가 잇는 게 당연하게 된 상황에서 문정왕후가 경원대군을 왕으로 만들기 위한 실록이나 야사의 기록이 거의 없다. 따라서 문정왕후가 경원대군을 즉위시키는 과정에서 맡은 자세한 역할에 대해서는 알 수 없다.

일단 인종이 즉위했으니 문정왕후도 어쩔 수 없이 인종의 선정善政을 기대했을 걸로 본다. 인종이 적당한 기간 정치를 하다 보면 중전이든 후궁이든 사이에서 아들을 낳을 가능성이 컸고, 그렇다면 경원대군의 대통 잇기는 사실상 물 건너간 거나 다를 바 없었기 때문이다.

아무튼 인종은 1545년 7월 1일 이승에서의 삶을 마감했다. 인종은 조선의 왕 중 재위 기간이 가장 짧았다. 상황이 이러하니 후사에 대한 준비가 되어 있을 리 없었다. 물론 앞에서 살펴보았듯 문정왕후의 아들 경원대군이 있었지만 이렇게 빨리 기회가 올 줄 누가 알았겠는가.

사실 경원대군에 대한 비토veto 세력이 없었던 건 아니다. 특히 윤임이 그랬다. 윤임은 경원대군이 눈이 안 좋음을 핑계 삼기도 했다. 안질 때문에 눈이 안 보이니 왕이 될 수 없다고 한 거다.

하지만 이언적 등이 경원대군의 승계를 지지하고, 문정왕후가 강력히 자신의 존재감을 드러내면서 포기하게 됐다.

이쯤에서 인종의 인물 됨됨이에 대해서 살피고 가는 것이 순서일 것 같다. 인종이 어떤 임금이었는지 《인종실록》 인종 원년(1545년) 7월 1일 자에 실린 '사관'의 논평을 보자.

"임금은 자질이 티 없이 깨끗하여 침착하고 부드럽고 후덕하며 학문은 이론이나 형식을 중히 여기고 효도와 우애는 타고났다. 동궁에 있을 때부터 늘 종일 바로 앉아 말과 행동은 때에 맞게 하였으니 사람들이 그 한계를 헤아릴 수 없었다. 즉위한 뒤로는 정치적인 일을 할 즈음에 처결하고 보답하는 데에 이치에 맞지 않은 것이 없었고, 때때로 어필御筆로 소차疏箚(상소문)에 비답批答(임금이 상소 말미에 가부를 적는 것)하되 말과 뜻이 다 극진하므로 보는 사람이 누구나 탄복하였다."

야사이긴 하지만 명나라 사신이 "조선의 왕은 공자 버금가는 성인"이라고 한 말은 즉위한 지 8개월 만에 세상을 뜬 인종에 관한 안타까움이 그대로 묻어 있는 평가로 보인다. 그 안타까움이 오죽 컸으면 민간에서 독살설이 떠돌았을까. 어느 날 문정왕후가 인자한 웃음을 띠며 인종에게 독이 든 떡을 가지고 와 권했다. 효심이 깊은 인종은 그 떡을 먹었고, 그리고 급사했다. 이런 내용이다. 인종의 거식증과 문정왕후의 권력욕이 상승작용을 하며 지어낸 그럴듯한 스토리다.

인종은 뜻을 제대로 펴보지도 못할 만큼 짧은 기간을 왕으로 지낸 터여서 후사에 대한 준비가 전혀 되어 있지 않았다. 세자 시절 혼례를 올린 인성왕후 박씨와 사이에 자식이 없었던 거다.

여기서 우리가 주목해야 할 부분은 후사의 결정권이 누구에게 있는가이다. 대비 아닌가. 그 대비가 누구인가. 문정왕후다.

일단 어떻게 후사가 결정됐는지 《인종실록》을 살펴보자. 승하 이틀 전인 6월 29일 자 기록이다. 이날 밤 인종은 영상·좌상과 여러 재상이 빈청에 모이고 승지·사관도 따라 참여한 가운데 전교를 내렸다.

"내 병세가 더하기만 하고 줄지는 않으니 마침내 일어나지 못할 것이다. 그러므로 이제 경원대군에게 전위傳位하니 정부와 정원政院은 알라."

야사에 이런 이야기도 전해진다. 인종이 자식이 없는 이유는 경원대군에게 왕위를 물려주려고 일부러 자식을 낳지 않아서라고 한다. 이 말을 믿을 사람 있는가. 유교에서는 자식을 못 낳는 것도 불효이므로 효자로 소문난 인종이 일부러 자식을 낳지 않을 리 만무하다. 정말로 일부러 자식을 낳지 않았다고 해도 그러한 의사를 대놓고 드러내지는 못했을 것이다.

어쨌거나 경원대군이 '어부지리'로 왕이 될 수밖에 없었다. 정통성 면에서 죽은 왕의 자식이 없으면 형제에게서 찾을 수밖에 없을 터, 적자로는 경원대군밖에 없었다. 후사에 대한 결정권이 문정왕후에 있다는 점을 생각하면 경원대군의 왕위 계승은 논쟁거리도 안 될 만큼 누구나 인정하는 절차이다.

자, 이렇게 문정왕후의 시대가 열렸다. 굳이 '문정왕후의 시대'라고 한 건 보위에 오른 경원대군이 불과 열두 살이기 때문이다. 왕이 어리면 어떻게 하는가. 그렇다. 수렴청정이다. 누가? 왕의 생모인 문정왕후이다.

여기서 우리는 궁중 암투사의 진면목을 보여 주는, 역사에 '을사
사화乙巳士禍'로 기록된 사건에 주목해야 한다.

당시 정계를 쥐락펴락하던 세력은 파평 윤씨였다. 중종의 첫째
계비인 장경왕후와 둘째 계비인 문정왕후 집안이 대윤과 소윤으로
나뉘어 치열한 권력투쟁을 일삼았음은 이미 알고 있는 바다. 모두 파
평 윤씨 집안으로 윤임과 윤원형·문정왕후는 구촌 간이다. 윤원형의
아버지 윤지임이 윤임의 팔촌 종형이다. 그렇지만 여러 가지 명분에서
장경왕후의 외삼촌 윤임의 대윤이 이길 수밖에 없었다.

윤원로·윤원형으로 대표되는 문정왕후의 소윤은 대윤으로부
터 탄압을 받았지만, 그 꿈을 완전히 포기한 것은 아니었다. 더욱이
인종의 건강이 좋지 않았기에 이들에게 기회가 찾아 올지도 모른다
는 실낱같은 희망이 있었다.

그러다 경원대군이 명종이 되면서 전세가 역전된다. 소윤이 정권
을 잡았다. 물론 이때까지만해도 대윤과 소윤의 힘의 균형은 팽팽했
다. 이런 상황에서 위기의식을 느낀 대윤은 소윤의 세력화를 막기 위
해 부단한 노력을 했다.

1545년 7월 7일 명종이 즉위하던 날 영의정 윤인경尹仁鏡이 상소
를 올린다. 윤인경은 애초 윤임과 가까웠던 인물이었다. 윤원로가 대
윤이 명종을 해하려 한다고 고발하자 윤인경이 윤원로의 탄핵 상소
를 올린 것이다. 어찌 보면 윤인경의 상소는 대윤과 소윤의 갈등을 해
소하려는 차원에서 소윤 윤원로를 귀양 보내라는 내용이었다.

대윤과 소윤의 대립은 어제오늘의 일이 아니었다. 중종이 붕어하
기 1년 전인 1543년 대사간 구수담具壽聃이 "윤임과 윤형원이 각각 대

윤과 소윤이라는 당파를 세웠다는 풍문이 있다"고 지적했었다.

대윤 윤임은 인종의 후견인이었고, 소윤 윤형원은 문정왕후 외척으로 명종의 후견인인 셈이다.

그런데 명종 즉위 과정에서 대윤과 소윤이 서로 다른 마음을 품고 있었다. 대윤은 경원대군의 안질을 핑계로 성종의 서자 후손 중에서 왕을 찾았다고 한다. 하지만 결과는 소윤의 승리였다.

그런데 명종의 나이가 어려 문정왕후가 수렴청정을 하면서 권력이 날로 커지자 이에 위기감을 느낀 대윤이 일종의 음모를 꾸미기 시작했다. 소윤의 우두머리랄 수 있는 윤원로를 제거하면 소윤의 세력은 무너지리라고 본 것이다.

이들은 특히 문정왕후에게 윤원로를 그냥 놔뒀다간 무슨 짓을 할지 모른다고 하면서 조치를 취하라고 강력하게 요구했다. 윤원로는 권력욕에 눈이 멀어 거친 행동도 서슴없이 하는 사람이었다. 이를테면 골목대장 같은 리더십을 갖고 있었던 터라 소윤의 우두머리로 군림했었다. 이런 상황이 되니 문정왕후는 곤란했다. 죄짓지 않은 동생을 어떻게 귀양 보내냐며 버틴다. 하지만 온 조정이 짠 듯한 목소리로 탄핵했다. 문정왕후도 물러설 수밖에 없었다. 다만 스스로 귀양지를 고르는 이른바 '자원부처自願付處' 조치로 윤원로를 전라도 해남으로 귀양보내며 일단락되는 듯했다.

하지만 이 사건은 더 큰 회오리바람을 일으키는 불씨였다. 사실상의 모든 권력을 틀어쥔 문정왕후가 동생을 귀양살이까지 보내야 하는 아픔을 겪으며 순순히 가만있을 리 있겠는가. 문정왕후는 윤원로의 동생 윤형원을 은밀히 불러서 지시한다. 지원 세력을 규합하라고 한 것이다. 그리하여 윤원형은 지중추부사 정순붕鄭順朋, 호조판서 임백령林百齡, 병조판서 이기李芑, 공조판서 허자許磁 등을 규합했다. 역사는 이들은 '을사4흉'이라고 부른다. 아무튼 이들은 대윤 탄핵에 적극적으로 나선다.

이들은 일단 사헌부와 사간원에 밀지를 보여 주며 대간들을 설득하는 한편 윤임 측을 탄핵하는 데 동조해 줄 것을 압박했다. 그리고 이들은 명종에게 인종이 위중할 때 명종 대신 다른 인물을 옹립하려 했던 윤임과 이를 도운 좌의정 유관柳灌과 이조판서 유인숙柳仁淑의 탄핵 카드를 꺼내 들었다.

그러자 이언적, 권벌, 정순봉 등이 밀지로 탄핵할 수 없다며 강하게 항의했지만 이미 대세는 건너올 다리를 부순 상태였다. 이들은 결국 이해 8월 22일 파직되었다가 나흘 뒤 사사되었다. 하지만 문제는 여기서 끝나지 않았다. 경기도 관찰사였던 김명윤金明胤이 고변하면서 꺼진 줄 알았던 불씨가 되살아났다. 김명윤은 대윤의 이 일에 계림군桂林君 이유李瑠와 봉성군鳳城君 이완李岏도 이미 알고 있었다고 한 것이다. 계림군은 성종의 셋째 아들인 계성군의 양자로 대윤 우두머리 윤임의 조카였고, 봉성군은 중종의 후궁 희빈 홍씨 아들이었다.

계림군은 윤임이 잡혀간 것을 보고 도망쳤고, 봉성군은 나이가 어리다는 이유로 체포하지 않았다. 상황이 이러하니 이들과 관련된 모든 사람이 붙잡혀 와 탈탈 털렸다. 이들을 취조하며 사건은 실체를 지니면서 점점 구체성을 띠기 시작했다.

이리하여 다시 피비린내 나는 상황이 일어났다. 이미 죽은 윤임과 유인숙, 유관의 시체는 다시 관에서 꺼내 사흘 동안 효수되었고, 자식들을 비롯한 친인척들은 처형되거나 노비가 되었다.

도망쳤던 계림군은 금강산 바위에 숨어 있다가 발각되어 윤임이 자신더러 인종의 뒤를 이으라고 했다고 진술한 뒤 능지처참되었다. 봉성군도 결국 유배를 간다.

사건은 여기서 끝이 아니었다. 명종 2년(1547년)에 '양재역벽서사건良才驛壁書事件'이 터진다. 전라도로 시집간 딸을 전송하러 양재역에 갔던 부제학 정언각鄭彦慤이 선전관 이로李櫓와 함께 붉은 글씨로 쓴 익명의 벽서를 발견했다고 명종에게 아뢰었다. 내용은 이랬다.

"여주女主가 위에서 정권을 잡고 간신 이기 등이 아래에서 권세를 농간하고 있으니, 나라가 장차 망할 것을 서서 기다릴 수 있게 되었다. 어찌 한심하지 않은가. 중추월仲秋月 그믐날."

'여주'라는 말이 수렴청정하는 문정왕후를 지칭하고 있음은 누구나 알 수 있는 일. 그런데 문제는 문정왕후가 권세를 농간하니 나라가 망할 것이라는 망언을 한 것이다.

이 사건은 그러잖아도 여전히 남아 있는 대윤의 끄나풀들을 모두 제거할 절호의 기회가 되었다. 윤형원은 즉각 "을사년 당시에 재앙의 근원들을 다 뿌리 뽑지 못한 데서 이런 일이 일어났으니, 지금이라도 발본색원해야 합니다"며 피바람이 불 것을 예고했다.

따라서 이 벽서의 관련자들을 당장 잡아들여 조사하기보다는, 이를 이용하여 여전히 남아 있는 대윤의 잔당들을 잡아들이려는 분위기였다.

《명종실록》 명종 2년 윤9월 18일 자를 보면 사관은 "익명서는 비록 부자간이라도 서로 전해 주지 못하게 한 것"이라고 전제하며, 그런데 왜 전달했냐고 반문한다. 이어서 "삼공의 계사啓辭를 보면 어찌 부끄럽지 않겠는가. 이미 취실取實(사실로 받아들임)할 수 없다고 하였으면서 어찌하여 또 그냥 버려두기는 미안하다고 했는가? 참으로 비루하고 무식하다"고 했다.

이걸 보면 뭔가 미심쩍은 것이 있다고 본 것이다.

어쨌거나 이 소윤(윤형원)은 유배 보냈던 봉성군을 비롯하여 이언적, 노수신, 권벌, 백인걸 등을 제거하며 대윤 제거 끝판왕을 기록한다.

방계승통
역사 만든
서자가 왕 되다

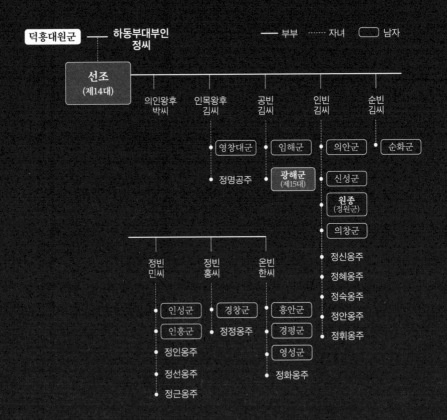

| 덕흥대원군 | ─ | 하동부대부인 정씨 | | ── 부부 ‥‥‥ 자녀 ⬭ 남자 |

선조
(제14대)

의인왕후 박씨 · 인목왕후 김씨 · 공빈 김씨 · 인빈 김씨 · 순빈 김씨

영창대군 · 임해군 · 의안군 · 순화군
정명공주 · **광해군** (제15대) · 신성군
원종 (정원군)
의창군
정신옹주
정혜옹주
정숙옹주
정안옹주
정휘옹주

정빈 민씨 · 정빈 홍씨 · 온빈 한씨

인성군 · 경창군 · 흥안군
인흥군 · 정정옹주 · 경평군
정인옹주 · 영성군
정선옹주 · 정화옹주
정근옹주

선조

1552~1608 | 재위 1567~1608

어린 나이에 즉위한 터라 22년이나 재위했어도 서른넷의 젊은 나이에 승하한 명종을 이은 왕은 '선조'이다. 선조는 우리에게 임진왜란과 연관 검색어 1순위라 해도 틀리지 않을 왕이어서 혹시 이 글이 그 이야기를 하려는 거 아닌가 할지 모르겠다. 하지만 이 책의 제목이 상징하듯 이 글은 임진왜란과는 거리가 있음을 먼저 밝힌다. 물론 이 책이 아니더라도 선조와 임진왜란에 관한 이야기는 차고 넘친다는 점도 고려했다.

선조는 명종의 적자가 아니다. 명종은 경원대군이던 시절인 1544년 인순왕후 심씨와 가례를 올렸고, 1551년에 아들을 낳았다. 그 아들은 1557년에 세자로 책봉된 순회세자順懷世子였다. 하지만 순회세자는 1563년 열세 살의 나이에 요절한다.

순회세자는 1561년 윤원형의 인척인 황대임의 딸을 세자빈으로 간택하여 책빈례冊嬪禮(조선시대 내명부 정1품 품계의 빈을 책봉하는 의식)까지 마쳤는데, 황씨가 갑자기 복통을 호소하여 가례를 1년이나 미뤘다. 그러다 황씨를 양제良娣(세자궁의 내명부 종2품 궁녀직)로 강등시키고 대신 윤옥의 딸 공회빈 윤씨恭懷嬪 尹氏와 가례를 올린다. 이러는 상황에서 순회세자는 자식을 두지 못한 채 이승에서의 삶을 끝냈다.

그런데 문제가 여기서 끝난 것이 아니었다. 명종에게 적통의 후사가 없다는 점이 여전히 남아 있었다. 명종은 서른이 넘도록 아들을 두지 못했었다. 정비인 인순왕후가 왕자를 생산하지 못하면 후궁을 두어서라도 아들을 보아야 하는데, 명종은 후궁을 여섯 명이나 두고도 아이를 낳지 못했다. 명종이 생식기능을 상실했기 때문으로 보인다.

그런 와중에 명종이 갑자기 승하했다. 물론 평소 심약하고 차가운 음식을 즐겼다는 점에서 건강이 그다지 좋지 않았음을 알 수 있다. 야사에는 어머니 문정왕후로부터 시달림을 많이 받아 스트레스가 심했고, 그 스트레스를 풀기 위해 무수리(궁녀의 하인)와 지나친 방사를 하다 건강을 해쳐서 세상을 떠났다고도 한다.

명종의 총애를 받은 무수리가 있었다. 정씨 성을 가진 이로 명종의 승은을 입고 하루아침에 후궁이 됐다. 그런데 그녀는 어떻게든 왕자를 낳아 왕의 생모가 되고 싶은 생각이 컸다. 그 후궁은 어느 날 태몽을 꾸었다고 거짓말하여 명종을 끌어들여 방중술을 과시했다고 한다. 결국 잉태는커녕 탈진으로 명종의 명을 재촉했다는 이야기다.

아무튼 명종은 세상을 떠나기 전에 후사를 정해야 하는 긴박한 상황에 있었다. 《선조수정실록》 1567년 총서를 보면 이런 기사가 나온다.

"왕비 심씨가 대신 준경(영의정 이준경)과 통원(약방 제조 심통원)을 급히 불러 침전으로 들게 했을 때 임금은 이미 인사불성 상태였다. 준경이 앞으로 나아가 큰 소리로 '신들이 왔습니다' 하였으나 임금은 반응이 없었고, 준경이 또 사관을 시켜 두 사람 이름을 써서 올리게 하였으나 임금은 역시 살피지 못했다. 그리하여 준경이 왕비에게 아뢰기를, '일이 이미 이렇게 되었으니, 마땅히 사직의 대계를 정해야 합니다. 주상께서 고명顧命(유언)을 못 하실 입장이니, 당연히 중전께서 지휘가 있으셔야겠습니다' 하니, 왕비가 답하기를, '지난 을축년에 주상으로부터 받아 둔 전지가 있으니, 모름지기 그 사람을 사군嗣君(왕위를 이을 임금)으로 정해야 할 것입니다' 하였다. 이는 을축년 9월 임금의 병세가 위독했을 때 중전이 봉서封書 하나를 대신에게 내린 바 있었는데, 하성군河城君 이균李鈞을 사군으로 한다는 내용이었다. 그러자 준경 등은 삼가 공손하게 고마움을 표하며 아뢰기를, '사직의 대계는 정해졌습니다' 하였다."

여기서 우리가 주목해야 할 것은 두 가지다. 하나는 '을축년에 내린 봉서'이고 또 하나는 '하성군'이다.

을축년은 명종 20년인 1565년을 뜻한다. 이때 어떤 일이 있었기에 겉을 봉한 '봉서'까지 내렸을까.

그해 6월 15일 명종은 갑자기 혼수상태에 빠졌다. 왕실이 난리났음은 불문가지다. 특히 후사가 정해지지 않은 상태에서 임금의 혼수상태는 상상을 초월하는 위기감을 불러올 수 있다. 그러자 신하들은 후계자를 누구로 할 것인지 논의하기 시작했다. 명종은 여전히 의식이 없었다. 대화 자체가 불가능했다. 그러자 영의정 이준경이 앞장서서 중전 인순왕후와 논의를 시작한다.

인순왕후는 임금이 평소 하성군을 총애한다고 했다. 그래서 임금의 간호를 하성군에게 맡기자고 했다. 조선 왕실에서 왕의 간호를 맡는다는 건 남다른 의미를 지닌다. 세자만이 왕의 간호를 맡을 수 있었기 때문이다. 이는 하성군이 세자나 다름없다는 상징적인 신호였다. 다행히 명종은 며칠 후 의식을 회복하여 훌훌 털고 병석에서 일어났다. 그러자 하성군의 후계자 지명 문제는 다시 수면 아래로 잠겼다.

그런데 명종도 병석에 있을 때 이루어진 논의에 대해 가타부타 반응을 보이지 않았다. 사실 멀쩡히 살아 있는 왕의 후계 문제를 입 밖에 내는 일은 '역모'나 다름없는 중죄였다. 그럼에도 명종은 이준경에 대해 아무런 조치를 하지 않았다. 더욱이 생원 김택金澤이 상소를 올려 양자를 들이라고까지 건의했음에도 명종은 그에게 처벌은커녕 벼슬까지 내렸다. 이런 점을 보면 명종은 내심 하성군을 후계자로 생각하고 있었다고 볼 수 있다.

그럼 하성군은 누구인가. 하성군은 중종의 서자이자 여덟째 아들인 덕흥대원군德興大院君 이초李岹의 셋째 아들이다. 어머니는 세조 때 영의정을 지낸 정인지의 증손녀 하동부대부인河東府大夫人 정씨鄭氏이다.

덕흥군은 아버지 중종으로부터 '도정궁' 집터를 하사받았는데, 집을 짓는 내내 불평불만을 가졌다고 한다. 풍수적으로 집터가 안 좋았기 때문이다. 우물이 나오지 않는다는 핑계를 대며 투덜댔는데, 중종이 직접 가보고는 우물만 잘 나온다며 묵살했다고 한다. 덕흥군은 하성군이 여덟 살 되던 해 세상을 떴다는 점에서 풍수의 흉지 운운도 의미 있어 보이긴 하다. 결과론적 이야기지만 풍수가 나쁨에도 왕이 나왔으니 이 말을 믿어야 할지. 그 후 하성군은 경빈 박씨의 아들인 복성군의 양자로 입적된다.

그럼 명종은 왜 하성군을 후계자로 삼겠다고 심중에 두고 있었을까. 《연려실기술》에서 김시양金時讓이 지은 《부계기문涪溪記聞》을 인용하여 전하는 이야기를 보자.

여러 왕손을 궁중에서 가르칠 때 하루는 명종이 하원군河原君·하릉군河陵君·하성군·풍산군豐山君에게 익선관翼善冠을 써보라 했다. 왕손들의 머리가 큰가 작은가를 알려는 게 이유였다. 여러 왕손이 차례로 써보았는데, 하성군만이 나이가 제일 적었었는데도 두 손으로 관을 받들어서 어전에 도로 갖다 놓았다. 그러고는 "이것이 어찌 보통 사람이 쓸 수 있는 것이겠습니까" 하며 사양했다. 이 광경을 본 명종이 몹시 기특하게 여겨 후계자로 삼겠다고 생각했다고 한다.

이런 일도 있었다. 하루는 왕손들에게 글자를 써서 올리라고 했다. 각자 짧은 시를 쓰기도 하고, 혹은 연구聯句를 쓰기도 하였는데, 하성군은 '충성과 효도가 본시 둘이 아니다忠孝本無二致'라는 여섯 자를 썼다. 명종이 더욱 기특하게 여겼음은 당연하다.

그런데 이 상황에서 명종의 호의만으로 하성군이 후계자 반열에 오를 수 있었을까.

사실 당시 마땅한 후계자를 고르기도 쉽지 않았다. 선택지가 많지 않았던 거다. 인종과 명종의 후손이 부재한 상황에서 왕족의 피가 흐르는 인물은 중종의 손자 중에서 찾아야 했다. 그런데 중종의 아들 덕흥대원군이 낳은 삼형제(하원군·하릉군·하성군)와 덕양군의 아들인 풍산군이 전부였다. 이런 가운데 덕흥대원군은 하원군만 남겨 두고 하릉군과 하성군을 이복형들의 양자로 보냈다.

따라서 덕흥대원군의 장남인 하원군과 덕양군의 장남인 풍산군은 맏아들이어서 양자로 데려올 수 없으므로 자연스럽게 탈락하고, 하릉군과 하성군 사이에서 골라야 했다. 이런 상황에서 하성군의 입지는 나름 불가피한 측면이 있었다.

또 하나, 중전 인순왕후의 입김은 없었을까. 아마도 크게 부각되지는 못했을 것 같다. 명종의 외가인 파평 윤씨들이 얼마나 드센가. 소윤과 대윤으로 나눠 골육상잔을 벌이지 않았던가. 이런 상황에서 왕권과는 거리가 먼 종친의 처가가 힘을 쓸 여지가 있었을까. 심씨가 수렴청정 1년 만에 그만둔 것도 이와 무관하지 않아 보인다.

다만 인순왕후의 남동생 심의겸의 이름이 역사에 많이 회자되는데, 이는 이조정랑의 자리를 놓고 김효원과 대립하면서 붕당의 원인을 제공했기 때문이다. 이건 선조가 왕이 된 후의 일이므로 왕이 되는 것과는 크게 관련이 없다.

그럼에도 인순왕후 심씨는 왜 하성군으로 후사를 잇는 데 동의했을까. 사실 하성군의 즉위에서 인순왕후의 역할은 '동의'보다 '적극적으로 내세웠다'고 해도 틀리지 않을 것 같다.

후사를 정할 때 결정 권한을 가진 대비나 중전은 대부분 친정의 위상 강화를 위한 사심이 개입하기 마련이다.

심씨 역시 이런 입장에서 자유롭지 못했다 시어머니인 문정왕후 윤씨의 입김이 워낙 세서 기를 펴지 못하던 인순왕후는 시어머니 문정왕후가 죽은 다음에야 내명부의 최고 어른으로서의 위상을 가질 수 있었다.

인순왕후의 친정은 청송 심씨 가문으로, 우리가 기억할 만한 인물은 심온이다. 앞서 '문종' 편에서 보았듯 심온은 세종의 장인으로 태종의 외척 숙청 작업 때 희생된다. 외척을 믿지 않았던 태종. 마침 세종의 보위를 알리기 위해 심온이 명나라에 사신으로 갔다. 이때 태종은 많은 사람이 심온의 장도壯途를 전송하는 것을 보고 그가 세력을 키운다고 생각했다. 그래서 동생 심정을 '강상인의 옥(군사에 관한 정무를 태종에게 보고하지 않았다 해서 처벌한 사건)'에 연루시키면서 빌미를 만들었다. 그 이유로 명나라에서 돌아오는 심온이 압록강을 건너자마자 체포돼 죽임을 당한다. 이로써 심씨 가문은 멸문지화에 가까운 철퇴를 맞는다.

이후 심온은 문종 때 복권되어 다시 옛 명성을 되찾기 시작했다. 심온의 둘째 아들 심회가 세조 때 영의정을 지낸다. 그러다 명종 때 영의정인 심연원沈連源의 아들 심강沈鋼의 딸이 바로 인순왕후 심씨이다.

물론 조선 역사의 여러 왕비 중 인순왕후의 존재감은 그리 크지 않다. 사실 한문을 몰라 국정을 살피는 데 한계가 있었던 터라 영의정 이준경을 비롯한 신하들에게 의존할 수밖에 없었기 때문으로 보인다.

인순왕후의 수렴청정은 1568년 백인걸의 선조 친정 요구로 그만두게 되는데, 이는 퇴계 이황, 율곡 이이, 이덕형, 이원익, 이항복, 이산해, 정철, 류성룡 등 내로라하는 최고 수준의 정치인들이 뜻을 펼치는 기회를 제공한 셈이 되기도 하였다.

여기서 한 가지 인순왕후의 가계를 짚어 볼 필요가 있다. 인순왕후의 어머니 완산부부인은 전주 이씨 왕가이다. 인순왕후의 외가 5대조는 태종의 둘째 아들인 효령대군이다. 이후의 가계도를 따져 보면, 완산부부인은 사돈인 중종과는 11촌이다. 그렇다면 중종의 자손인 명종과 이씨의 자손인 인순왕후는 13촌 정도 된다. 친인척이다.

여기에다 명종의 5대 할머니인 세종 비 소헌왕후의 동생은 심회로, 심회의 4대손이 명종의 장인인 심강이다.

이런 상황에 비추어 보면 태종과 심온의 후손들이 6대에 걸쳐 세 차례나 혼인 관계를 맺은 셈이다.

사실 인순왕후는 선조 대에서 자신의 친정 식구들의 출세를 위해 나름 역할을 했고, 결국 붕당의 원인이 되는 이조정랑 심의겸의 사태를 초래하게 된다.

아무튼 조선시대 역사를 통틀어 가장 중간에 위치한 선조를 기점으로, 서자가 조선 왕실의 대통을 잇는 방계승통의 역사가 이렇게 만들어졌다. 창업 때부터 이어 오던 적자 계승이 깨진 것이다. 물론 이후 조선의 왕들은 모두 선조의 직계 후손들로 이어진다.

임란 중
분조 맡았던
세자가 왕 되다

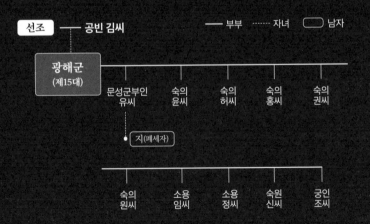

광해군

1575~1641 | 재위 1608~1623

　자, 이제 우리는 조선 역사상 연산군과 함께 '조'나 '종'의 칭호를 받지 못한 두 명의 왕 중 남은 한 명의 즉위기를 살펴볼 차례다. 일단 여기서는 그가 왜 '조'나 '종'의 칭호를 받지 못하고 세자 시절의 작호인 '군'에 머물렀는지는 논외로 한다. 이 책의 기획 의도가 왕의 통치를 살피는 것이 아니라 왕위에 오르는 과정을 다루는 것임을 다시 한번 확인해 둔다.

　조선 왕조의 계보도에서 맨 중간에 자리한 선조의 뒤를 이은 왕은 '광해군'이다. 그는 어떻게 즉위할 수 있었을까.

　열여섯 살에 서자로 왕위에 오른 선조는 당장 혼인할 수 있는 상황이 아니었다. 명종의 삼년상 때문이었다. 선조가 반성부원군 박응순의 딸인 의인왕후 박씨와 가례를 올린 건 즉위 이듬해인 1569년이다.

　의인왕후는 키가 훤칠한 미모의 소유자였다고 한다. 하지만 선조의 마음은 다른 데에 가 있었다. 야사에는 소주방 나인 김씨였다고 전해진다. 김씨는 무신이었던 김종수의 딸로, 첫아들 임해군을 낳기 전에 이미 숙의(종2품) 신분이었던 점으로 보아 나인이 아니라 후궁으로 간택되어 입궐한 걸로 보인다.

이 공빈 김씨 말고 또 한 명의 후궁이 입궐한다. 사헌부 감찰을 지낸 김한우金漢佑의 딸인 인빈 김씨이다.

아무튼 공빈 김씨는 선조에게서 가장 많은 총애를 받으며 임해군을 낳고서 귀인이 되었고, 둘째 아들 광해군을 낳고서 빈(정1품)이 되었다.

후궁에게서 아들이 둘이나 생산됐지만, 조선 왕실의 법통상 아직은 적자의 탄생을 기대하는 상황이라 공빈 김씨의 위상은 빈에 머무를 수밖에 없었다.

그런데 문제는 정비인 의인왕후에게서 전혀 회임 소식이 전해지지 않고 있다는 점이었다. 왕실의 고민이 깊어짐에 따라 세상인심은 자식을 낳지 못한 의인왕후보다 두 아들을 둔 공빈 김씨에게로 쏠릴 수밖에 없었다.

하지만 공빈 김씨는 광해군을 낳고 2년 후인 1577년에 산후병을 앓다가 스물셋의 나이로 사망한다. 그런데 공빈 김씨가 위독한 상황에서 선조에게 했다는 하소연이 작은 파문을 일으킨다. 《선조수정실록》 선조 10년(1577년) 5월 1일 자에 나오는 이야기다.

"궁중에 나를 원수로 여기는 자가 있어 나의 신발을 가져다가 내가 병들기를 저주하였는데도 임금께서 조사하여 밝히지 않았습니다. 오늘의 죽음은 임금께서 그렇게 만든 것이니, 죽어도 감히 원망하거나 미워하지 않겠습니다."

이 하소연을 듣고 선조는 매우 슬퍼하며 궁인들에게 몹시 사납게 굴었다고 한다. '하지만' 곧 또 한 번의 역접 관계사가 등장한다. 공빈 김씨의 이 하소연 때문이다.

공빈 김씨는 인빈 김씨와 사이가 좋지 않았다고 한다. 아마도 앞에서 말한 그 하소연과도 관련이 있어 보인다. 하지만 공빈의 죽음은 인빈에겐 기회였으리라. 인빈은 틈만 나면 선조에게 공빈의 허물을 들췄다고 한다. 인빈의 계속된 허물 들추기는 결국 선조에게 요즘 말로 가스라이팅이 되었고, 세뇌된 선조는 '공빈이 나를 저버린 것이 많다'고 하면서 공빈에 대한 연민의 정을 거뒀다. 그럼 선조의 총애는 어디로 향했을까. 당연히 인빈이었다.

이제 인빈의 세상이 되었다. 인빈은 선조와의 슬하에 4남 5녀를 둘만큼 금실이 좋았다. 인빈은 공빈이 죽던 해인 1577년에 첫아들 의안군을, 이듬해 연년생으로 신성군을 낳으면서 왕실에서 확고한 지위를 차지했다. 왕실에서의 권력은 아들 즉 왕자를 생산했느냐에 따라 결정된다고 해도 틀린 말이 아님을 고려하면 인빈의 지위는 하늘 높은 줄 모르고 치솟기 시작했다. 게다가 인빈은 정원군과 의창군 등 아들 둘과 정신옹주·정혜옹주·정숙옹주·정안옹주 등 딸 넷, 2남 4녀를 더 낳는다. 선조의 후궁 중 가장 많은 자식을 둔다. 이는 선조와의 금실을 나타내는 징표이자 왕실에서의 지위를 상징했다.

인빈의 네 아들 중 특히 셋째 아들 정원군의 이름을 기억하길 바란다. 다음 왕인 인조를 이야기할 때 이 이름이 등장하기 때문인데, 스포일러가 될 것 같아 자세한 언급은 자제하겠다.

인빈에 대한 선조의 총애는 임진왜란과 정유재란 피난길에 정비인 의인왕후 대신 인빈을 대동했다는 점을 보면 상상 이상이었던 것으로 보인다. 일본의 도요토미 히데요시가 조선을 침략한 임진왜란(1592년)이 한창인 1593년에 황해도 해주 행궁에서 정휘옹주를 출산할 정도였다.

아무튼 광해군은 생모가 사망한 후 정비 의인왕후에 의해 길러졌는데, 의인왕후는 친자식처럼 돌보았다고 한다.

한편 궁중에서는 언제나 그러하듯 후계 문제가 늘 민감한 사안으로 취급되기 마련이다. 선조의 후계 역시 마찬가지였다. 정비인 의인왕후가 아이를 낳지 못하는 상황이라 그 문제가 더 첨예할 수밖에 없었다. 그렇지만 대체로 선조의 후계 문제는 '광해군'으로 의견이 모이고 있었다.

이때 조정은 서인과 동인으로 나뉘어 있었다. 품계는 낮더라도 사정기관인 삼사三司(사헌부·사간원·홍문관)의 관리를 추천하는 자리라 핵심 요직으로 꼽히는 이조정랑吏曹正郞에 누구를 추천하느냐를 놓고 계파가 나뉘었다. 이때 이 분란의 핵심에 있던 명종 비 인순왕후의 동생 심의겸을 따르는 기성 사류들을 심의겸의 집이 서울 서쪽에 있다 해서 '서인', 이조정랑으로 추천된 김효원을 지지한 신진사류들을 김효원의 집이 동쪽 낙산에 있다 해서 '동인'이라고 각각 불렀던 데서 이름이 비롯됐다.

그런데도 두 계파 역시 광해군을 세자로 책봉하는 데 크게 다른 의견이 없었다. 물론 그때 선조의 아들들 상황을 보면 광해군으로 낙점할 수밖에 없기는 했다.

광해군의 친형 임해군은 일찌감치 제외됐다. 다섯 살 때 생모 공빈이 죽고서 동생 광해군과 함께 의인왕후 손에 길러졌는데, 의인왕후와 사이가 안 좋았다고 한다. 여기에다 아버지 선조의 관심도 받지 못해 자신이 홀대받는다고 생각했던지 엇나가기 시작했다고 한다.

임해군은 인빈에게서 태어난 이복동생 정원군과 더불어 선조의 여러 아들 중 '눈 밖에 난 삼인방'으로 꼽힐 만큼 성품이 포악하고 행동이 방탕했다고 한다.

가장 경쟁력이 높다고 보이는 이들 삼인방이 이렇게 후계 문제에서 멀어졌고, 다른 왕자들은 나이가 어려 애초 관심 밖이었던 터라 광해군을 지지하는 사람들이 많음은 당연했으리라.

이왕 임해군의 악행 얘기가 나왔으니 임진왜란 때 임해군이 보인 치욕적인 사건 하나 소개하고 하자.

임진왜란이 일어나자, 임해군에게도 임무가 떨어졌다. 이복동생 순화군과 함께 함경도에서 병력을 모으라는 것이었다. 하지만 임해군은 시중의 기대를 저버리지 않았다. 술독에 빠져 지내면서 관리나 백성들한테 온갖 작패를 부렸다. 임무를 제대로 수행할 리 만무했다. 애초 그런 임무를 맡기는 것 자체가 잘못이라는 생각이 들 정도였다. 임해군과 순화군은 결국 왜군의 포로 신세가 된다. 이들의 악행을 보다 못한 국경인을 비롯한 함경도 사람들이 반란을 일으켜 왜군과 내통하고는 이들을 붙잡아 왜군에게 넘겼던 것이다. 나중에 구해 오기는 했지만 피해를 본 백성들이 적군에게 왕자를 넘겨야 할 만큼 이들의 행패는 상상을 초월했던 거다.

여기에다 임진왜란에 대처하는 선조의 모습은 시쳇말로 가관이었다. 도무지 왕의 행동으로 볼 수 없을 만큼, 한편의 블랙코미디라고 말해도 될 정도의 악평이 압도하는 상황이었다. 여기서는 이것 역시 다루지 않는다. 이미 많이 알려진 것이기에.

다만 광해군의 세자 책봉과 관련해서 《연려실기술》에 전하는 일화를 주목하고 싶다.

하루는 선조가 왕자들을 모아 놓고 이렇게 물었다. 누가 세자감일까 알아보는 일종의 테스트였다. "반찬 중에서 무엇이 으뜸이냐?" 광해군은 "소금"이라고 대답했다. 뜻밖의 대답을 들은 선조가 당연히 그 이유를 물었다. "소금이 아니면 온갖 맛을 이루지 못하기 때문입니다"라고 했다. 선조는 또 물었다. "너희들이 부족하게 여기는 것은 무엇이냐?" 광해군이 대답했다. "모친이 일찍 돌아가신 것을 마음 아프게 생각합니다."《연려실기술》은 이 대답이 광해군이 세자가 되는 데 큰 역할을 했다고 덧붙였다.

이처럼 광해군은 효심이 깊고, 총명했고, 또 학문을 좋아했다고 한다. 야사 같은 것을 모아 엮은《대동야승大東野乘》에 전하는 일화다. 선조가 세자를 정하지 못하여 고민하다 왕자들의 기상을 보려고 불러 모았다. 왕자들 앞에 온갖 보물을 펼쳐 놓고 마음껏 가지라고 했다. 여느 왕자들은 다투어 보물을 가졌는데, 유독 광해군만 붓과 먹을 선택했다. 이걸 보고 선조가 광해군을 특별하게 생각했음은 불문가지다. 이런 정도였으니 광해군이 세자가 되는 것은 따놓은 당상이나 다름없는 상황이었다.

그러다 임진왜란이 일어나면서 조정은 비상 상황에 돌입했다. 광해군은 이때 열여덟 살이었다. 부산으로 들어온 일본군이 보름 만에 문경새재를 넘고 한양을 코앞에 둘만큼 파죽지세였다. 선조는 궁을 비우고 몸을 피해 파천을 한다.

이때 우부승지였던 신잡申磼이 비어 있는 왕세자 책봉을 건의한다. 이유는 으레 등장할 법한 논리, 종묘사직의 미래와 민심 수습. 하지만 아무 일이 없었다. 불과 1년 전에 서인의 대표 정철이 동인의 대표 이산해와 함께 광해군을 세자로 책봉해야 한다고 주장했다가 실 각하지 않았던가.

이 무렵 선조의 심중에는 총애하는 인빈과 사이에서 낳은 신성 군이 들어 있었다. 그런 선조의 심중을 간파한 이산해가 배신하면서 정철이 오롯이 이 책임을 다 뒤집어쓰게 된다. 역사에서는 이 사건을 '건저의사건建儲議事件'이라고 부른다.

이때 기축옥사근丑獄事(정여립 모반 사건으로 많은 동인이 처벌된 사건)로 서인에게 원한이 있던 이산해는 인빈 김씨의 남동생 김공량을 만난 다. 김공량은 문제가 많은 사람이었다. 임진왜란 때 선조가 개성에 이 르러 백성들을 만나 하고 싶은 말을 하라고 하니 이랬다고 할 정도의 인물이었다.

"오늘날의 사태는 이산해와 김공량이 안팎으로 일을 꾸며서 인 민이 원한을 품게 되어 외적의 침입을 초래한 것인데, 이것은 모두 전하 께서 숙원 김씨淑媛 金氏에게 빠졌기 때문입니다." 《《기재사초》 '임진일록')

어쨌건 누나가 임금의 총애를 받자 당연히 그에게로 눈길이 모였 고, 영의정 이산해가 그를 몰래 찾아간 것이다. 그리고 정철 등과 협 의했던 광해군 카드 대신 이렇게 말한다.

"정철이 광해군을 세자로 세우고 인빈 김씨와 그 아들 신성군을 죽이려 하니 인빈 김씨로 하여금 빨리 주상께 말씀드리라."

이런 상황을 인빈이 선조에게 고했음은 당연지사. 모든 상황을 다 꿰뚫고 있는 상황에서 정철은 고지식하게 이산해와 논의했던 광해군 세자 책봉 건을 건의하기에 이른다.

그러자 선조는 정철의 건의에 격노하면서 자신이 아직 젊은데 빨리 죽길 바라느냐는 식으로 말했다고 야사에 전하기도 한다. 그리하여 정철은 동녕부 부사 자리에서 파직당했고, 서인의 고초가 시작되는 신호탄이 되었다.

그랬던 선조가 이번에는 달랐다. 《선조실록》 선조 25년(1592년) 4월 28일 자를 보면, 선조가 되레 신하들에게 누가 세자가 되는 게 좋은지를 되물었다. 전란 중의 비상 상황이란 점을 고려하면 이해할 수는 있다. 하지만 임금의 심중을 헤아리기 어려운 신하들은 1년 전 정철의 사례를 똑똑하게 기억하고 있었던 터라 아무도 나서지 않았다. 이에 선조는 한술 더 떴다.

"광해군이 총명하고 학문을 좋아하여 그를 세워 세자로 삼고 싶은데 경들의 뜻에는 어떠한가?"

사실 초유의 국난 상황이라 선조 자신이 적에게 죽거나 잡히는 등 어떻게 될지도 모르는 상황이라 세자 책봉을 서둘러야만 했을 테고, 나이로 보나 능력으로 보나 광해군 말고는 다른 대안이 없어 보였다. 그러자 함께 자리했던 신하들은 기다렸다는 듯 선조의 말을 듣고 모두 자리에서 일어나 절하면서 이랬다고 한다.

"종묘사직과 생민들의 복입니다."

광해군은 이렇게 전쟁 중에 세자로 책봉되었다. 조선 역사상 서자가 세자로 책봉된 첫 사례였다. 그런데 사실상 '임시'라는 생각을 지울 수 없었다. 이후 벌어지는 상황이 이를 웅변한다.

이때 광해군이 보여 준 모습은 '전쟁 영웅'과 다르지 않았다. 세자 광해군은 제1차 평양성 전투에서 지휘를 맡는다. 하지만 왜군에 패해 평양부가 점령당하자 안주목을 거쳐 영변으로 이동했다. 여기서 광해군은 아버지 선조를 만난다. 먼지를 뒤집어쓰고 난리를 피하는 몽진蒙塵 중이었던 선조는 세자와의 만남이 그 누구보다 반가웠을 테다. 사실 선조의 심중에는 자신이 해야 할 역할을 모두 세자에게 떠넘기고 자신은 안전한 곳, 즉 요동으로 도망가고픈 마음이 굴뚝같았을 것이다. 이후 벌어지는 선조의 행적을 보면 이런 의심은 확실해 보인다.

어쨌거나 세자를 만난 선조는 '분조分朝' 하기로 한다. 분조란 '조정을 나눈다'는 문자 해석처럼 조정을 임금이 다스리는 조정과 별도로 세자가 다스리는 조정이 만들어지는 것을 말한다. 이렇게 되면 세자가 실질적인 국왕으로서 역할을 하게 된다.

광해군은 분조가 결정되자 곧바로 전장의 한복판으로 달려간다. 세자가 전장에 뛰어든 유일한 사례였다. 광해군은 노숙을 해가며 전장을 누비면서 큰 활약을 펼친다. 이를 통해 나라가 망하지 않고 여전히 작동하고 있음을 보여 주어 백성들의 마음을 한곳으로 모을 수 있었다. 사실 열여덟의 나이에 비해 광해군이 보여 준 역량과 책임 의식은 명나라와 신하들이 선조를 폐위하고 대신 광해군을 즉위시키려는 움직임마저 보일 정도였다.

이에 위기의식을 느낀 선조는 점점 광해군에 대한 믿음을 거두면서 여러 차례 양위 소동을 벌여 세자 광해군의 속마음을 떠보기도 했다.

선조의 이런 떠보기는 도를 넘는다. 오죽하면 《선조실록》 선조 26년(1593년) 기사에서 사관이 자신의 의견까지 덧붙였을까. 여기에 보면 대위를 물려주려는 마음이 서글프고 아름답지만 백관을 거느리고 끈질기게 요구하는 모습이 이해되지 않는다며 이렇게 적었다.

"왜적이 물러가기 전에 그 일을 시행하려 하면 우선 왜적이 물러가기를 기다려야 한다고 간쟁하고, 왜적이 물러간 다음에 그 일을 시행하려 하면 우선 환도하기를 기다려야 한다고 간쟁하고, 환도한 다음에 그 일을 시행하려 하면 조서를 갖고 온 중국의 사신이 공관에 있으므로 할 수가 없다고 하고, 사신이 돌아간 다음에 그 일을 하려 하면 세자가 어려서 할 수 없다고 하면서, 세월을 끌며 말을 바꿔 임금과 신하 사이에 마치 어린아이가 서로 희롱하는 것처럼 하였으니, 이것이 도대체 무슨 사리인가."

이런 상황에서 광해군의 마음은 어땠을까. 광해군은 이후 정유재란 때도 분조를 맡아 고군분투한다. 갖은 고생을 하며 나라를 구하기 위해 뛰었는데 결과는 아버지로부터의 '불신'이라니. 그런데 나쁜 일은 곰비임비 오는 법. 의지하던 양어머니인 중전 의인왕후가 1600년에 사망한다.

왕비 자리를 비워둘 수 없는 게 궁중의 법도라 쉰한 살의 선조는 1602년 김안로의 증손인 김제남의 열아홉 살 딸 김씨에게 새장가를 든다. 이때 일각에서 선조의 처녀장가에 대해 설왕설래가 많았다. 간택하여 새 왕비를 맞기보다는 후궁 중에서 왕비를 맞는 것이 여러모로 효율적이었기 때문이다. 하지만 선조는 굳이 새장가를 들었다. 광해군보다 아홉 살 어리지만 항렬상 계모가 된 김씨가 바로 인목왕후이다.

임금이 계비를 맞은 게 무슨 문제인가 하겠지만, 인목왕후가 왕자를 생산하면 사정이 달라진다. 인목왕후는 선조의 의지에 따라 얼마든지 왕자를 낳을 수 있는 나이잖은가. 그것도 여럿을 둘 수 있는 상황. 그러니 민감할 수밖에 없다. 더욱이 광해군은 최초의 서자 출신 세자가 아니던가. 그런데 정비 사이에서 적자인 왕자가 태어나면 우선순위가 흔들릴 수밖에 없다.

여기서 원하지 않는 일은 피한다고 피해지는 게 아니라는 역설이 작동하고 만다. 광해군이 절대 원하지 않았던 그 상황이 벌어진다. 1606년 인목왕후가 적통 왕자 이의를 생산했다. 이의는 선조가 죽은 후인 1611년 12월에 영창대군에 봉해지는데, 여기서는 편의상 처음부터 영창대군이라 부르겠다.

상황이 이렇게 전개되자 당연히 인목왕후와 영창대군에게 들러붙는 세력이 등장하기 마련이다. 혹시 있을지도 모를 미래 권력의 편에 서서 자신의 미래도 도모하려는 욕망이 꿈틀거리는 게 인지상정 아닌가.

북인에서 분당한 소북에서 유영경을 중심으로 다시 분당한 탁소북濁小北 세력이 영창대군을 세자로 책봉하려는 움직임을 보였다. 광해군에게는 그 어떤 왕자들보다 영창대군이 위협적인 경쟁자였다는 점에서 가볍게 볼 문제가 아니었다.

그럼 유영경의 탁소북은 왜 영창대군을 세자로 밀었을까. 이건 당시의 당파를 이해해야 알 수 있다.

당시는 북인이 집권했다. 김효원의 이조정랑 임명을 놓고 벌어진 충돌로 동인과 서인으로 나뉘었던 이야기는 앞에서 한 바 있다. 율곡 이이가 동인과 서인의 통합을 위해 애썼지만 허사였고, 이 중 동인이 또다시 나뉘게 된다.

동인은 퇴계 이황 문하의 세력과 조식과 서경덕을 따르는 사람들이 함께하던 당파였다. 그런데 정여립 모반 사건(기축옥사)을 계기로 불화가 싹트기 시작한다. 이때 조식과 서경덕 추종자들이 피해를 많이 입었는데, 류성룡을 비롯한 퇴계 문하 사람들이 남 보듯 하며 도와주지 않았다. 조식과 서경덕 추종파들은 당연히 섭섭함을 넘는 감정을 갖게 되었다. 이건 서로 간의 갈등의 정점을 보여 주며 함께할 수 없다는 빌미가 되었다. 그러다 서인의 정철이 실각하자 조식과 서경덕 추종파들은 강력한 처벌을, 반면 퇴계 문하 사람들은 온건한 처리를 주장했는데, 이들은 입장 차만큼이나 큰 간극을 좁히지 못하고 결국 퇴계 문하의 인사들의 남인과 조식과 서경덕 추종자들의 북인으로 갈라선다. 퇴계 문하파를 이끄는 우성전이 남산에 살아서 '남인', 조식과 서경덕 추종파의 리더인 이발이 북악산에 산다 해서 '북인'이라 불렀다.

이때 북인이 정권을 잡고 있었는데, 임진왜란 때 조식의 제자들인 정인홍과 곽재우 같은 의병장들이 전공을 세우면서 자연스럽게 권력을 손에 넣었다.

그런데 전쟁이 끝난 후 정권을 잡고 있던 북인이 분열하기 시작했다. 발단은 홍여순의 대사헌 임명을 둘러싸고 정인홍과 류영경이 대립하면서다. 홍여순의 대사헌 임명에 대해 남이공과 김신국이 반대했다. 이에 북인의 류영경과 조식의 적통 제자 정인홍이 토론을 벌인다. 하지만 입장 차를 좁히지 못했고, 갈라섰던 거다.

이 상황에서 인목왕후가 아들 이의를 낳자 영의정이던 류영경이 선조가 세자 광해군을 크게 의식하고 있다는 것을 알고 재빨리 이의 편에 선다.

그러자 정인홍이 류영경의 행동을 비판하는 상소까지 올리며 아수라장이 된다. 이 상소를 접한 선조는 상당히 흥분한 모습을 보였다. 정인홍이 나라를 생각한다는 마음에 그렇게 한지는 모르겠지만 '불충'이라며 유배를 보낸다. 광해군도 깊은 자괴감에 빠져 임금에게서 인정받지 못하는데 무슨 세자냐며 땅바닥에 머리를 조아리며 사죄했다고 한다. 이 사달의 결말은 정인홍이 유배를 떠나기 직전에 선조가 유명을 달리해 집행되지 않는 것으로 끝난다. 이후 정인홍은 광해군 재위 내내 권력의 중심이 되었다.

그럼 광해군의 즉위 상황을 살펴보자. 일본과 7년을 싸운 임진왜란이 끝났다. 하지만 전쟁의 상흔이 채 아물기도 전에 여진족이 자꾸 국경을 침범하면서 신경을 건드렸다. 사실 여진족은 조선 건국 이전부터 태조와 특별한 관계에 있었던 터라 이후 왕들이 저마다 명분을 내세워 정벌에 나섰다. 선조도 그런 여진족을 정벌하려고 했다. 여진족으로서는 임진왜란으로 변경 수비가 약한 틈을 타서 수시로 침입을 시도했다.

이런 전란에 시달리던 선조는 1608년 2월 재위 42년 만에 이승에서의 삶에 마침표를 찍는다. 향년 55세.

말년에 이르러 선조의 건강이 문제 된 건 1607년 10월쯤으로 보인다. 10월 9일 아침에 선조가 넘어지는 일이 일어난다. 왕이 넘어지는 일은 궁에서 가장 위급한 일이라는 점에서 어의를 불러 진찰하고 약 먹이고 소동을 피운다. 겉으로는 나아졌지만, 왠지 선조는 세자에게 업무를 보도록 했다.

그리고 선조는 정릉에 있는 행궁으로 요양을 간다. 건강이 위중하게 된 것은 다음 해 2월 1일이다. 선조가 갑자기 위중한 상태가 되자 허둥지둥하는 가운데 급한 대로 생강을 찧어 만든 강즙을 먹였다. 그럼에도 나아지는 기미가 없자 어의가 들어가 진찰했다. 그리고 나서 어의가 내뱉은 말은 이미 절망의 강을 건넌 상태였다.

"일이 이미 어쩔 수 없게 되었으니 어찌할 바를 모르겠습니다."

그러자 영의정 류영경이 중전에게 '옛 법도에 왕은 부인의 손에서 임종하지 않는다'며 의관을 부르게 했다. 이어 곡성이 문밖으로 흘러나왔다고 한다.

야사에는 선조가 이날 세자가 보낸 약밥을 먹다가 기도가 막혀 위중하게 되었다며, 그 약밥 안에 독이 들어 있었다는 독살설이 제기되기도 했다. 임금의 수라를 준비하는 상궁 김개시가 약밥에 독을 넣었을 거라는 음모론이 가세하면서 독살설이 대두된 것으로 보인다. 그런데 이 독살설은 설득력이 없다는 게 많은 사람의 의견이다.

선조가 죽자, 왕실은 어서 빨리 다음 왕을 즉위시켜야 했다. 지금 이 상황에서 특별한 정치적 음모는 있을 수 없고, 곧바로 세자 광해군이 즉위하는 분위기였다. 선조는 후계 문제에 대해 사실상 확정짓지 않은 상태에서 오늘 내일 미루기만 했다. 세자 광해군은 속이 탈 수밖에 없었다. 하지만 어쩔 수 없는 노릇이다. 그런데 선조는 죽음이 임박해서 이런 교지를 내린다.

"세자를 왕위에 앉히고 왕비와 영창대군을 잘 보살피라."

다만 변수가 있다면 후임 왕을 선택하는 권한이 바로 세 살짜리 영창대군의 생모이자 중전(계비)인 인목왕후라는 점이다. 하지만 영창대군이 너무 어려 광해군을 대체할 수 있는 상황은 못 되었다.

그리고 이튿날 광해군이 대소신료들이 입시入侍한 가운데 왕위에 올랐다. 사실 광해군은 망극해 차마 어좌에 오르지 못하겠다고 여러 차례 사양하면서 이미 '전상殿上(전각이나 궁전의 위)'에 올랐으니 어좌에 오른 거나 다름없다고 하기도 했다. 광해군은 앞선 왕 중에 어좌에 오르지 않은 임금도 있었다며 날이 저물도록 어좌에 오르지 않고 버티다가 "죽기를 각오하고 거절하였다가 했다"며 마지못해 어좌에 올랐다. 그제서야 신하들이 만세를 부르고 머리를 조아려 즉위 절차를 마쳤다.

비상한
방법으로
스스로 왕 되다

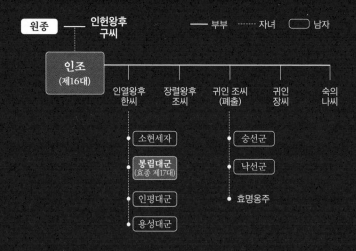

원종 —— 인헌왕후
구씨

—— 부부 ······ 자녀 ◯ 남자

인조
(제16대)

인열왕후   장렬왕후   귀인 조씨   귀인   숙의
한씨   조씨   (폐출)   장씨   나씨

소현세자   승선군

봉림대군   낙선군
(효종 제17대)

인평대군

용성대군   효명옹주

인조

1595~1649 | 재위 1623~1649

  무인정사(2차 왕자의 난)·계유정난·중종반정과 더불어 조선시대 4대 정변으로 인조반정을 들 수 있다. '반정反正'은 '돌이켜 바르게 한다'는 사전적 의미가 말하듯 요즘 말로 하면 '쿠데타'라 할 수 있다. 거칠게 설명하면 정치를 제대로 하지 못하는 왕을 끌어내리고 새 왕을 세우는 것을 의미한다.

  그렇다면 '인조반정'에 의해 즉위한 새 왕 '인조'는 정상적인 절차가 아닌 비상한 방법으로 왕이 되었다는 의미를 행간에 담고 있다.

  앞서 살펴보았듯 광해군은 사실상 경쟁자 없이, 그것도 임진왜란이라는 국가의 변란 중에 세자가 되었고, 그 자리를 끝까지 버텨 왕이 되었다. 내가 굳이 '버틴다'고 표현한 건 훗날 계비 인목왕후가 적자인 영창대군을 생산하면서 세자 자리가 흔들렸던 것을 고려해서다.

  비록 서자였지만 똑똑했던 왕 광해군이 어떻게 해서 왕위에서 끌어내려지고 인조가 즉위했을까.

당파 세력이 약하긴 했어도 임진왜란으로 실질적인 권력을 틀어쥔 북인들은 세자 광해군을 지지했던 덕을 톡톡히 보면서 광해군 대의 권력의 중심에 서 있었다.

하지만 급성장한 권력은 콤플렉스를 극복하기 위해 무리수를 두기 마련인데, 북인 역시 예외가 아니었다. 특히 북인은 '정여립 반란 사건' 때 도와주지 않은 다른 당파에 대한 억하심정이 무척 컸다. 해서 자신은 '군자당君子黨'이라 한껏 치켜세우고 다른 당은 '소인당小人黨'이라며 깎아내렸다. 성리학에서 말하는 '군자'와 '소인'의 차이를 생각하면 북인이 얼마나 우월감에 젖어 있었는지 짐작할 수 있으리라.

상황이 이러하니 북인의 배타성은 곧 권력을 쓰는 것이 아니라 휘두르는 것으로 변질시켜 각종 병폐를 만들어 냈다.

이런 '대북'을 등에 업은 광해군의 정치는 처음에는 신선하고 백성을 위하던 개혁 정치였으나 어느 순간 방향을 잃기 시작한다.

사실 광해군은 즉위 직후부터 갖가지 옥사를 일으켰다. 옥사는 대부분 '역모'와 관련된 것이어서 정국의 불안함을 그대로 드러낸다. 실제 역모 사건이 있었다고 하면 정권의 취약성을 드러내는 것이고, 혹 꾸며낸 것이라면 함부로 이런 불온한 생각은 하지 말라는 경고처럼 기능했다.

광해군 시절 옥사의 출발은 '봉산옥사封山獄事'이다. 봉산에 사는 김제세가 군역을 면제받으려고 자신이 '훈도訓導'였다는 거짓 문서를 만들었다가 봉산군수 신율에게 발각되면서 시작된다. 신율은 이 일을 시험 부정(다른 사람의 글로 과거 급제)으로 급제한 자신의 콤플렉스를 극복하기 위한 수단으로 삼으려 했다. 신율은 공신이 되겠다는 마음에서, 김제세가 김백함이라는 이를 대장으로 세워 전국에서 반란을 일으키려 했다고 고한다. 사건의 얼개가 유치해 조작이라는 게 금방 드러날 수준이라 모두 무시했는데, 광해군은 달랐다. 친국하여 사건을 키워 백여 명을 처벌했다.

그러자 세상 사람들은 사소한 일에도 몸조심하는 분위기가 생겼는데, 광해군은 이런 식의 정치가 나쁘지 않다고 생각했던 것 같다. 그래서인지 그 이듬해 또 하나의 사건이 일어난다. 이른바 광해군 대의 가장 대표적인 옥사인 '계축옥사癸丑獄事'이다.

영창대군을 지지했던 류영경을 제거했던 경험이 있던 대북파는 여전히 소북의 견제를 받고 있었던 상황이라 어떻게든 정권을 완전하게 틀어쥐어야 한다고 여겼다. 이런 가운데 1611년 김굉필·정여창·조광조·이언적·이황 등 사림 출신 다섯 명의 학자를 문묘에 종사한다. 소윤에 협력했던 이언적과 이황에게 불만이 있던 조식의 적통 제자 정인홍이 '회퇴변척소晦退辨斥訴'를 올려 이를 비판하자 여론이 들끓었다. 여기에다 봉산옥사의 영향까지 겹치면서 대북이 실질적인 권력을 독차지한다.

이런 상황에서 대북파에게는 여전히 자신들의 권력을 위협하는 세력이 있어서 여간 신경이 쓰이는 게 아니었다. 영창대군이 그 주인공이다. 선조의 적자이자 광해군의 이복동생인 영창대군이 나이가 들어 가고 있었다. 이에 아버지 선조와 마찬가지로 서자 콤플렉스를 갖고 있던 광해군과 대북파는 장차 불화의 원인이 될지도 모를 영창대군을 제거해야 한다는 위기감을 느꼈다.

그런데 1613년 '강변칠우江邊七友'라 불리는 서얼 출신 박응서朴應犀·서양갑徐羊甲·심우영沈友英 등이 조령에서 은 상인을 죽이고 은 수

백 냥을 강탈한 사건이 일어난다. 이들은 적서차별 폐지 주장이 받아들여지지 않자 불만을 품고 전국을 돌아다니며 화적질을 일삼던 무리였다.

그런데 대북 정권은 이들을 취조하면서 노략질을 역모 사건으로 둔갑시켰다. 이들에게 "영창대군을 옹립하여 역모를 일으키려고 했다"고 허위자백을 하도록 했던 거다. 그러면서 그들은 자신들의 우두머리로 영창대군의 외할아버지인 '김제남'과 영창대군의 생모이자 딸인 인목왕후를 지목하기에 이른다. 취조 과정에서 김제남과 인목왕후가 선조의 첫 중전 의인왕후의 무덤에 무당을 보내 저주했다는 사실까지 드러났다.

여기서 광해군의 선택 카드를 운운하는 건 사치다. 훗날 위협적인 세력이 될까 골치 아파하던 차에 그들이 '역모'를 꾸몄으니 뭘 더 망설이겠는가. 이른바 '폐모살제廢母殺弟', 즉 어머니를 폐하고 동생을 죽이는 결과가 만들어진다. 광해군과 인목대비와의 악연을 상징하는 이 말처럼 인목왕후는 서궁에 유폐되고, 영창대군은 폐서인 되어 강화로 유배를 가 위리안치圍籬安置되었다. 인목왕후의 친정아버지 김제남을 비롯한 가족이 모두 죽임을 당한 건 당연지사이다.

그리고 1년 후인 1614년 영창대군은 유배지에서 의문사한다. 일설에 따르면 강화부사 정항에 의해 살해된 것으로 보인다.《광해군일기》1614년 1월 13일 자를 보면, 강화부사 정항이 모래와 흙을 섞은 밥을 주었다거나 온돌을 아주 뜨겁게 해 태워 죽였다는 이야기가 나온다. 그럼에도 광해군이 정항을 처벌하지 않아 실질적으로 광해군이 살해한 거 아니냐는 수군거림이 있었다. 이는 직접 살해는 아니더라도 정항의 이런 태도를 묵인하는 일종의 간접 살해를 한 거 아닌가 하는 생각도 든다.

1615년에는 인빈 김씨가 낳은, 선조의 다섯째 아들 정원군의 아들 능창군이 옥사에 휘말렸다. 앞에서 이름을 기억하라고 했던, 성품이 포악하고 방탕했던 그 정원군은 훗날 아들이 인조로 즉위하면서 '원종'으로 봉해진 인물이다.

이때 익산의 진사 소명국이 수안군수 신경희와 사이가 틀어지면서 옥에 갇히게 된다. 뭔가 돌파구가 필요했던 소명국은 신경희가 사촌 누이의 양아들인 능창군을 왕으로 추대하려는 역모를 꾸몄다고 모함한다. 이 일 역시 일파만파로 퍼지면서 능창군은 광해군에게서 직접 심문을 받고 강화로 위리안치되었다가 참담한 학대를 견디지 못해 스스로 목숨을 끊었다.

어린 아들의 사망 소식에 충격을 받은 정원군은 왕기가 서려 있다는 이유로 집마저 광해군에게 빼앗기자 화병으로 술만 마시다 생을 마감했다고 한다.

아, 물론 아직 이 얘기를 할 단계가 아니지만, 훗날 정원군의 맏아들 능양군이 광해군을 몰아내는 데 앞장선 것도 이런 이유가 한몫했다.

이런 방식으로 자신의 권위를 과시하던 광해군은 궁궐을 짓기 시작한다. 사실 종묘와 창덕궁 중건 사업은 그런대로 이해할 만했다. 임진왜란 등 전쟁으로 왕이 거처할 궁궐이 마땅치 않았던 거다.

하지만 광해군은 미신에 쉽게 흔들렸다. 무당들이 한양의 기운이 다했다며 천도를 부추기자 교하로 수도를 옮기려고 했다. 대신들의 극렬한 반대로 뜻을 이루지 못하자 창경궁 중수를 시작한다.

특히 창덕궁은 노산군(단종)과 연산군이 폐위됐던 터라 중건을 해놓았지만 머무르고 싶어 하지 않았다. 그런 이유로 광해군은 창경궁에 있겠다고 했고, 들어가려면 고쳐야 했다. 더욱이 광해군은 불에 탄 경복궁에 대한 미련도 없었다. 결국 인왕산 아래가 길지라는 말을 듣고 인경궁을 짓기 시작했다. 광해군은 인경궁이 다 지어지기도 전에 원종(정원군)의 집터에 경덕궁(훗날 경희궁)도 지었다. 앞에서 말했듯 왕기가 서려 있다는 게 이유였다.

물론 광해군의 궁궐 짓기는 훗날 고종의 아버지 흥선대원군이 경복궁 중건에 나섰던 것처럼 왕의 위엄을 높이고 왕권을 강화하기 위한 상징성 때문이었다.

그러나 전쟁으로 이미 민생이 피폐해질 대로 피폐해진 상황에서 엄청난 규모의 궁궐 공사는 비용과 부역이 만만치 않았기에 백성들에게 수탈과 다름없게 되었다.

그뿐이 아니었다. 광해군의 외교정책도 비판의 대상이었다. 1618년 후금(청)의 누르하치가 명나라와 충돌하자 명나라는 조선에 원병을 보내 달라고 요청한다. 명의 군사 요청 명분은 '재조지은再造之恩'이었다. '거의 망하게 된 나라를 다시 구해준 은혜'쯤으로 해석되는 이 말은 임진왜란과 정유재란 때 명나라가 조선을 도왔으니 이제 조선이 명나라를 도울 차례라는 거였다.

하지만 광해군은 보내온 문서가 황제가 보낸 게 아니라 명의 병부와 요동도사가 보냈다는 이유를 들어 거절한다. 당시 실질적인 국정 운영 기구인 비변사의 신료들을 비롯하여 정권 실세인 대북파는 명의 요청을 받아들여야 한다고 주장했다.

이런 가운데 명에서 다시 문서가 왔는데, 이번에는 황제가 보낸 것이었다. 광해군으로서도 더 이상 거절할 명분이 없어 결국 강홍립을 도원수로 하여 1만 명의 군대를 파견한다. 하지만 전쟁은 명군의 지리 멸렬로 쉽게 끝난다. 그러자 강홍립은 후금에 사람을 보내 불가피한 파병이라며 투항했다.

아무튼 이 상황에서 광해군이 명과 후금 사이에서 절묘하게 줄타기하면서 등거리외교를 펼쳤다며 요즘에는 긍정적인 평가를 받긴 한다. 하지만 당시에는 명에 대한 절대적인 사대관계를 들어 후금과의 관계 개선은 용납될 수 없는 상황이었다.

이렇게 광해군은 요즘 말로 탄핵 사유가 '차곡차곡' 쌓이고 있었다. 그렇다면? 그다음은 우리가 예상하는 그런 일이 일어나기 마련 아닐까?

그렇다. 역사는 그렇게 흘렀다. 1623년 3월 13일 자 《인조실록》 첫 기사의 제목을 보라.

"의병을 일으켜 즉위하다."

주어는 없지만 누가 보더라도 이 제목의 주어는 '임금'이다. 그렇다면 임금이 직접 의병을 일으켰다는 이야기 아닌가. '의병'이란 표현은 당연히 승자 쪽에서 선택한 단어라는 점에서 특별한 의미를 부여하는 것은 적절치 않다. 상식적으로는 '정난'이 맞을 듯싶다. 즉 쿠데타. 역사는 '반정'이라는 용어로 잘못을 바로잡는다는 긍정적 의미를 담고 있다.

자, 이 제목에 달린 실록 기사의 본문을 보자.

"임금이 의병을 일으켜 왕대비를 받들어 복위시킨 다음 대비의 명으로 경운궁에서 즉위하였다. 광해군을 폐위시켜 강화로 내쫓고 이이첨 등을 처형한 다음 전국에 대사면령을 내렸다.”

일단 임금이 누구인지부터 알아보자. 이날 반정으로 임금 자리에 오른 인조는 앞에서 언급했던 정원군과 인헌왕후 사이에서 태어난 맏아들 능양군이다.

그럼 광해군의 조카인 그가 '역모'를 꾸몄다는 이야기인데, 거기엔 그럴 만한 피눈물이 숨어 있다. 광해군에 의해 꾸며진 역모 사건에 휘말려 죽은 능창군이 막내아우이고, 그 아들의 죽음을 애달파 하다 화병으로 아버지 정원군마저 죽지 않았던가. 이런 상황에서 능양군은 광해군과 척질 수밖에 없고, 자기 자신이 살기 위해서라도 뭔가를 도모할 입장이었다.

이때 능양군에 가까이 있던 무인 이서와 신경진, 구굉, 구인후 등이 계획을 세우는 한편, 은밀히 세력 규합에 나섰다. 이항복의 제자 김류金瑬에게 먼저 접근했다. 김류는 곧바로 의기투합했다. 이어 전 부사府使 이귀李貴와 아들 이시백李時白과 이시방李時昉, 문사 최명길崔鳴吉·장유張維, 유생 심기원沈器遠·김자점金自點 등과 공모했다.

이렇게 계획을 세우고 거사 날짜를 13일 밤으로 정했다. 거사일을 두고 설왕설래가 있었다. 야사에는 애초 3월 22일로 정했는데, 그날 거사하면 실패하고 열흘 앞당기면 성공할 거라는 점괘에 따라 12일로 정했다고 한다. 하지만 거사일을 정한 건 유학자인 최명길이 광해군의 일정과 동선, 근무자 등을 파악해 정한 것으로 알려져 있다.

그런데 뜻하지 않게 반정 참여를 권유받았던 종친 이이반李而攽이 호조판서 김신국金藎國에게 고변함으로써 위기를 맞았다.

하지만 그날 저녁 후궁과 곡연曲宴(궁중에서 임금이 가까운 사람들만 불러서 베풀던 작은 연회)을 벌이던 참이라 광해군은 이 고변 따위는 뒷전이었다. 임금이 관심을 두지 않는 사이 배반하지 않았다는 당사자들의 변명을 듣고 풀어 준다.

1623년 3월 13일 밤 12시, 일군의 군사들이 홍제원弘濟院(현 서울특별시 서대문구 홍제동)에 모였다. 능양군 역시 직접 군사를 거느리고 연서역延曙驛(현 서울특별시 은평구 역촌동)으로 갔다. 이날 모인 주도자들은 서인인 이귀, 김류, 최명길, 이시백, 장유, 심기원, 김자점, 이괄 등이었다.

이들은 여기서 다시 한번 계획을 점검한 후 곧바로 창의문 빗장을 도끼로 부수고 궁으로 진입했다. 그리고 쌓아 둔 장작더미에 불을 질렀다. 반정군들은 혹시 모를 실패에 대비해 집안사람들에게 궁중에 불이 일어나지 않거든 모두 "자살하라"고 미리 말해 두었다고 한다.

반정군은 맞닥뜨리는 근무자들을 죽이면서 북을 울리며 진격하여 창덕궁에 이르자 초관哨官 이항李沆이 돈화문을 열었다. 의병이 바로 궐내로 들어가자, 호위군은 모두 흩어지고 광해군은 도망치기 시작했다. 이때 광해군은 내시에게 업혀 후원문을 통하여 달아났다고 한다. 그리고 급한 김에 총애하던 안국신의 집으로 가서 안국신이 상중에 입던 흰옷과 짚신 차림으로 변장하고 거처를 옮기려 했다. 하지만 의관 정남수가 고변하는 바람에 바로 체포되어 도총부로 끌려 왔다. 왕비 유씨는 궁녀들과 함께 후원의 어수당에 숨어 있다가 반정군에게 체포됐다. 광해군 즉위 즉시 세자에 책봉됐던 아들 이지李祬 역시 도망쳐 숨었다가 군인들에게 잡혔다고 한다.

이렇게 인조반정은 사실상 무저항 속에서 성공을 거둔다. 정변치고 어쩌면 싱겁게 권력을 잡았다. 반정의 성공은 이미 예견된 일이나 다름이 없었다. 많은 사람이 이미 광해군에게서 멀리 떠났기 때문이다. 사실 누군가 왕에게 물리적인 위해를 가한다 해도 무방비 상태나 다름없는 상황이었다.

광해군의 폭정으로 일어난 인조반정은 연산군의 폭정으로 일어난 중종반정과는 그 성격이 사뭇 다르다. 반정에 의해 왕이 된 중종은 자신이 왕으로 추대되는 것도 모르고 집에서 벌벌 떨며 자살을 고민했다면, 인조는 자신이 직접 앞장서서 진두지휘한다. 우리 현대사의 박정희와 전두환, 노태우 같은 정치군인처럼 말이다.

자, 이제 광해군이 체포되자 왕권은 능양군이 잡았다. 하지만 조선시대에 왕이 되기 위해서는 반드시 거쳐야 하는 절차가 있다. 바로 대비의 전교가 있어야 한다. 대비가 왕 결정권을 갖고 있었던 것이다.

이에 능양군은 반정의 마지막 절차를 위해 친히 경운궁으로 갔다. 경운궁에는 광해군의 '폐모살제' 때 유폐된 인목왕후(소성대비)가 감금돼 있었다. 능양군은 가마를 타라는 권유도 물리치고 말을 타고 경운궁으로 가서 인목대비 앞에 무릎을 꿇었다.

하지만 인목대비는 처음에는 이 사실을 믿지 않았다. 광해군이 군사를 동원해 장난치는 줄 알았다. 이귀 등이 자초지종을 상세하게 설명하자 인목대비는 조건부 승낙하기에 이른다.

"죄인(광해군) 부자와 이이첨 부자와 여러 흉당의 목을 잘라 모두 달아맨 후에야 궁에서 나가겠다."

이에 대해 이귀는 죄인인 임금 부자는 쉽게 처치하지 못하지만, 이이첨의 무리는 바로 처단하겠다고 했다. 그렇게 하여 인목대비는 능양군에게 어보御寶를 전했다. 능양군이 '인조'로 등극하는 순간이었다.

인목대비는 어보를 전한 뒤에도 "한 하늘 아래에서 같이 살 수 없는 원수"라며 "친히 목을 잘라 망령에게 제사하고 싶다"고 할 정도로 광해군에 대한 원한에 사무쳐 있었다고 한다.

아무튼 어보를 넘겨받자 반정 세력들은 곧바로 즉위식을 열려 했다. 이에 인목대비는 경운궁의 즉조당인 별당을 청소하게 한 후 거기서 즉위식을 갖도록 했다.

인조의 즉위에 대해 역사가들은 실질적인 조선의 제2왕조 창건이라고 평가하며 인조를 조선왕조의 중시조中始祖라고 말한다. 인조 이후 즉위한 조선의 임금은 모두 인조의 직계 후손들이란 점에서 그렇다.

이로써 북인 정권이 막을 내리고 서인과 남인의 연합정권이 들어섰다. 역사의 작용과 반작용 법칙이 작동해 피의 보복이 이어졌음은 당연지사이다. 인목대비가 이를 갈았던 실질적 리더 이이첨은 도망치다 경기도 이천에서 잡혀 처형됐고, 대북의 영수였던 정인홍 역시 여든아홉의 나이에 고향 합천에서 서울로 압송돼 형장의 이슬로 사라졌다. 이렇게 북인 세력은 역사의 무대에서 퇴장했다.

소현세자 아들
제치고
동생이 왕 되다

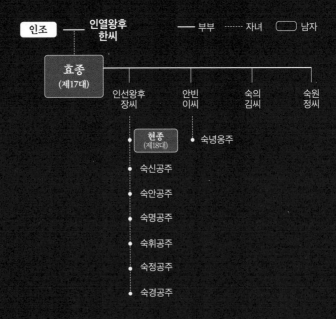

인조 ── 인열왕후
         한씨   ── 부부   ┈┈┈ 자녀   ⬭ 남자

효종
(제17대)
         인선왕후   안빈   숙의   숙원
         장씨   이씨   김씨   정씨

         현종   숙녕옹주
         (제18대)

         숙신공주

         숙안공주

         숙명공주

         숙휘공주

         숙정공주

         숙경공주

효종

1619~1659 | 재위 1649~1659

인조가 왕이 되자 이번에도 어김없이 역모 사건이 일어났다. 아마도 권력에서 밀려난 북인들의 반발이 가장 큰 원인으로 꼽힌다. 그 대표적인 게 바로 인조 즉위년인 1623년에 일어난 광해군 복위 운동이다. 문장가 겸 외교가로 《어우야담於于野談》을 집대성한 어우당於于堂 유몽인柳夢寅이 광해군을 태상왕으로, 흥안군(선조의 서10남으로 영창대군 이복형)을 새 왕으로 옹립한다는 것이 역모의 기둥 줄거리였다. 하지만 발각되어 미수에 그치면서 유몽인이 처형됐다.

그러나 이런 움직임이 여기서 그치지 않고 이듬해 '이괄의 난李适亂'이 일어난다. 이괄은 인조반정에 참가한 2등 공신이었지만 반대 세력에 의해 반역 음모자로 의심받게 된다. 조사 끝에 무고로 끝났다. 하지만 이번엔 이괄의 아들을 모반 사실 여부를 조사한다고 잡아들였다. 그러자 이괄은 아들이 모반죄로 처벌받으면 자신도 무사할 수 없다는 생각에 반란을 일으킨다. 인조가 공주 공산성으로 피신까지

해야 했던 반란의 수괴 이괄은 흥안군을 임금으로 추대하기도 했다. 결국 관군에 의해 난은 평정되고 이괄은 목이 베인다.

이 난이 끝난 직후 판중추부사를 지내다 인조반정 때 관직이 삭탈당한 박홍구朴弘耉가 역시 유몽인과 비슷한 계획에다 왕을 인성군仁城君(선조의 서7남)으로 바꿔 역모를 꾸몄으나 역시 발각되어 박홍구가 처형됐다.

비록 인조 자신이 중종과 달리 반정을 직접 지휘했음에도 정권 초기에는 이렇듯 역모 사건이 이어지면서 불안한 정세를 보였다.

더욱이 1627년엔 인조의 '친명배금親明排金' 정책에 반발한 후금淸이 조선을 또 쳐들어온다. 정묘년에 오랑캐가 쳐들어왔다 해서 '정묘호란丁卯胡亂'이라고 역사는 기록했다.

이괄의 난 때 이괄과 함께 난을 일으킨 한명련의 아들 한윤이 난이 평정되는 과정에서 후금으로 도망친다. 그는 후금에서 광해군의 폐위와 인조의 즉위가 부당하다고 하는 한편 조선군이 약체라며 조선을 치면 승산이 있다고 했다. 이게 정묘호란의 명분이 되기도 했는데, 후금으로서는 명나라를 치기 위해 조선과 명나라 사이의 관계를 떨어지게 할 필요가 있었던 거다.

그 연장선상에서 후금은 1636년 다시 조선을 침공한다. 역시 정묘호란과 같은 명분이었다. 명나라와 전쟁해야 하는데, 그 뒤에 있는 조선이 몹시 성가셨던 거다. 배후를 없애고 명으로 진격하는 것이 이길 확률이 높다는 판단에서다.

사실 조선은 병자호란으로 후금과 형제 관계를 맺었지만, 명과의 관계는 그 이전의 강화조약에 따라 전혀 변한 것 없이 그대로였다.

이런 가운데 조정에서 일어난, 최명길을 중심으로 하는 주화파와 서인의 핵심인 김상헌의 척화파 간의 뜨거운 논쟁은 우리가 익히 들어 아는 바다. 영화와 뮤지컬로 만들어진 작가 김훈의 소설 《남한산성》(학고재)이 이를 배경으로 한다. 읽어 보길 권한다.

'삼궤구고두례三跪九叩頭禮(세 번 무릎을 꿇어앉고, 아홉 번 머리를 조아리는 예)'로 상징되는 삼전도 굴욕을 겪으면서 '호란'은 끝나지만 조선은 말 그대로 만신창이가 되고 만다.

이런 정국의 불안감은 세자 책봉의 필요성을 불러왔다. 이에 인조의 즉위로 당연히 원자가 되었던 맏아들 '왕㳣'이 1625년 열네 살의 나이에 세자로 책봉된다. 그가 바로 비운의 세자 소현세자이다.

인조의 가계도는 조선의 여느 왕에 비해 비교적 단순하다. 첫 부인인 인열왕후 한씨 사이에 소현세자를 비롯한 봉림대군, 인평대군, 용성대군 등 6남 1녀를 둔다. 인열왕후는 강원도 원주 출신의 서평부원군 한준겸의 딸인데, 할머니 신금희와 외할아버지 황성이 모두 효령대군 5세손으로 소위 로열패밀리이다. 1610년에 정원군과 혼례를 올리고 청성현부인淸城縣夫人에 봉해졌다.

인열왕후는 나름 검소하고 강직한 성품이었던 걸로 알려져 있다. 1649년 9월의 장릉 조성 때에 지석을 매립하기 직전에 탁본한 《인열왕후 장릉 지문》에 따르면, 말이 꼭 맞지 않더라도 대간의 관직을 가진 사람을 처치할 때 공의公議를 따르지 않으면 임금의 덕에 누를 끼치고 언로言路를 막게 된다고 조언했다고 한다.

인열왕후의 성품을 알게 해주는 일화가 있다. 《공사견문록》(정재륜이 효종·현종·숙종·경종의 4왕대에 걸쳐 궁궐에 출입하면서 보고 들은 것을 적은 기록)에 따르면, 광해군을 섬기던 늙고 죄 없는 궁녀 한보향韓保香을 어떻게 처치했는지가 나온다.

한보향이 광해군에게 무슨 변고가 있지나 않을까 걱정하여 슬프게 울자, 궁인이 인열왕후에게 밀고했다. 이쯤 되면 새 왕조가 왔음에도 옛 왕조에 대한 충성심을 보인 거라 큰 죄를 내려도 전혀 이상하지 않을 것이다. 그런데 인열왕후는 '한보향은 의로운 사람'이라며 아들을 기르는 보모상궁에 임명하며 이렇게 말했다고 한다.

"나라의 흥망은 무상한 것이다. 우리 임금이 하늘의 힘으로 오늘 보위에 있지만 훗날 다시 광해처럼 왕위를 잃게 될지 어찌 알겠느냐. 너의 마음가짐이 이러하니 내 아들을 보육할 만하다."

인열왕후는 하나를 보면 열을 안다고 한보량의 광해군에 대한 충성심을 보면 자신에 대한 충성심도 의심할 여지가 없다고 생각한 거다. 이 일화는 한보향뿐만 아니라 그렇지 않아도 불안에 떨던 궁인들을 안심시켜 충심으로 복종하도록 만드는 효과를 냈다. 부드럽고 인간적인 리더십의 한 모습이다.

1635년 여섯째 대군을 낳자마자 산후병으로 인열왕후가 사망하자 인조는 계비 장렬왕후 조씨와 혼례를 올렸지만, 슬하에 자녀는 없다. 장렬왕후는 한원부원군 조창원趙昌遠의 딸로 1638년 계비로 책봉된다. 남편 인조와는 사이가 좋지 않았던 것으로 알려져 있다. 아마도 인조의 총애를 받던 '소용 조씨'의 이간질 탓이 컸을 것으로 보인다.

훗날 장렬왕후는 여러 번 상복을 입어야 하는 상황이 발생하는데, 이때 장렬왕후가 상복을 입는 기간을 놓고 벌이는 이른바 '예송논쟁禮訟論爭'의 단초를 제공한 왕비이기도 하다.

여기서 우리는 인조의 후궁 중 문제의 인물에 대해 주목할 필요가 있다. 그 이름 '소용' 조씨로 알려진 '귀인' 조씨이다. 소용과 귀인에 작은따옴표를 친 건 인조의 후궁 조씨가 널리 알려진 품계가 종3품인 '소용'에서 왕자를 낳으면서 높아져 종1품인 '귀인'에 이르렀음을 보여 주기 때문이다.

경상우도병마절도사를 지낸 조기趙琦의 딸인 조씨는 1630년에 궁에 들어왔다고 알려져 있다. 그런데 조씨는 입궁 때부터 존재감이 확실하게 드러난다. 《인조실록》 인조 8년(1630년) 7월 2일 자에 따르면 조씨는 사관을 지낸 정백창鄭百昌의 진납進納(나아가 바침)으로 궁에 들어왔는데, 정백창은 중전인 인열왕후 언니의 남편이었다. 이쯤 되면 중전이 데려왔다고 해도 틀린 말이 아니다.

그런데 강릉대도호부사로 있던 이명준이 상소를 올린다. 상소에서 이명준은 '진납'이란 말이 의미하듯 잘 보이려는 의도로 여자를 바쳤다는 '부정한 방법'을 지적한 뒤, "부정한 길이 한번 열리면 이는 국가가 망할 조짐"이라고 직격한다. 그런데 인조의 반응이 압권이다. 통상 이렇게 지적하면 감히 임금을 능멸하느냐며 처벌이 앞서기 마련인데, 어쩐지 인조는 이명준을 대사간으로 중용한다.

하여튼 이런 우여곡절을 겪은 조씨는 1637년에 숙원의 첩지를 받으면서 후궁이 되었고, 2남 1녀를 낳는다. 이후 인조의 총애를 받으면서 귀인까지 올라간다.

《인조실록》에 "조씨가 패역무도했다"고 기록할 만큼 조씨는 인조를 믿고 오만방자함의 끝판왕처럼 굴었다고 한다. 그런데 문제는 조씨가 '소용'일 때 시시때때로 소현세자 부부를 모함했다는 점이다.

이때까지 소현세자의 지위는 흔들릴 이유가 없었다. 누가 보더라도 유교의 왕위 계승권에서 가장 정통성이 강한 '적장자'였기 때문이다.

그런데 소현세자는 아버지 인조와 사이가 좋지 않았다. 물론 병자호란까지는 그런대로 정상적인 부자 관계를 유지했다. 정묘호란 때는 전주로 가서 분조를 훌륭하게 이끌기도 했다. 그러다 소현세자는 1637년 인조가 청 태종 앞에서 항복 의식을 가진 후 퇴각하는 청군을 따라 동생 봉림대군과 함께 청나라 심양(현 중국 랴오닝성 선양시)에 인질로 끌려가게 된다.

청나라에 인질로 있으면서 소현세자는 나름대로 능력을 발휘한다. 한 번은 청나라 용골대龍骨大가 세자를 윽박질렀다고 한다. 이에 대해 소현세자는 "나는 타국에 있지만 일국의 세자인데 어찌 이리 협박하는가? 죽고 사는 건 하늘에 달렸으니 이런 식으로 협박하지 말라"고 응대했다고 한다. 특히 청은 명과의 비밀 외교를 캐묻곤 했는데, 이때마다 능숙하게 답변해 주위 사람들을 놀라게 했다고 한다.

소현세자는 비록 볼모의 몸이지만 청나라의 정보를 빼내 몰래 고국의 아버지 인조에게 보내 대응하도록 하는 등 큰 역할을 한다. 이렇게 세자가 쑥쑥 성장하는 모습을 보이자, 인조는 반가워하기는커녕 되레 경쟁자로 인식하는 것 같았다. 더욱이 명을 몰아내고 중원을 차지하려는 청은 내심 그럴 생각도 없었지만, 겉으로 소현세자에게 양위하도록 협박하기도 했다.

이런 상황을 냉정하게 판단할 필요가 있었지만, 인조는 이를 두려움으로 받아들였고 소현세자의 행동은 인조의 통제 밖으로 튀어나갔다.

여기에다 총애하는 소용 조씨가 소현세자 부부를 심하게 견제했다. 사실 소현세자는 애초 윤의립의 딸과 혼례를 올리기로 했었는데, 친척이 이괄의 난에 연루됐다는 이유로 서인들이 반대해 없던 일이 된다. 그러자 윤씨는 이를 낙담해 자결했다고 전한다. 그러고 나서 소현세자는 우의정을 지낸 서인 출신 강석기의 딸 강씨와 혼인한다.

이 상황에서 의붓엄마 격인 소용 조씨는 소현세자 부부, 특히 강씨를 미워했다고 한다. 소용 조씨의 이 같은 행동의 배경은 무엇일까. 아무래도 선조의 총애를 독차지하고 나아가 기회가 되면 자기 자식으로 대통을 잇게 하겠다는 사심의 발로가 아닐까.

1645년 2월 17일, 소현세자 일행이 심양에서 8년 만에 귀국한다. 하지만 소현세자의 마음은 편하지 않았다. 아버지 인조의 싸늘한 눈초리가 마음에 켕겼기 때문이다. 인조는 세자의 귀환이 달갑지 않은 듯 일절 환영 행사를 하지 않았다. 말로도 치하하지 않았다.

사실 사람들은 소현세자에게 기대를 걸었다. 천주교 신부 아담 샬Adam Schall과 교제하는 한편 서양의 과학기술에 대한 지식을 배워왔기 때문이다.

하지만 조선의 역사는 또 한 번의 '반전'을 쓴다. 소현세자가 귀국한 지 두 달 만에 갑자기 세상을 뜬 것이다. 소현세자의 죽음을 둘러싸고 여러 가지 음모론이 난무했다. 세자의 몸 곳곳에 검은 반점이 나고 시신이 빨리 부패했다는 점을 들어 소용 조씨의 독살설까지 회자됐다. 하지만 최근의 연구를 종합하면 귀국길에 얻은 병 때문일 개연성이 높다.

그런데 세자의 죽음에 대한 인조의 반응이 예상 밖이었다. 인조는 일주일 정도 식음을 전폐할 정도로 슬퍼했다고 한다. 하지만 세자의 장례를 간소하게 치렀고, 죽을 때까지 한 번도 소현세자의 무덤을 방문하지 않았다고 한다.

그렇다면 다시 조정은 세자 문제가 긴급한 현안으로 떠올랐다.

사실 이 문제도 유교 관점에서 보면 그다지 복잡할 게 없다. 소현세자는 강빈과의 사이에 3남 5녀를 두었었다. 특히 아홉 살의 맏아들 경선군慶善君이 있었다. 주변에서 경선군을 세자로 책봉해야 한다는 주장이 나오기도 했었다. 그럼에도 인조는 둘째 아들 봉림대군鳳林大君을 선택했다.

봉림대군은 심양에 있을 때 형 소현세자를 성심성의껏 보필한 것으로 유명하다. 청나라가 산해관과 서역을 대대적으로 치려고 할 때 소현세자에게 동행을 요구했는데, 이때 봉림대군은 자신이 세자 대신 가겠다고 했단다.

세자로 선택되자 봉림대군은 상소를 올려 자신이 세자가 되는 것이 옳지 않다는 의견을 내기도 했다. 하지만 인조는 봉림대군의 뛰어난 능력과 소현세자 자식들을 잘 보살피라는 의미에서 그렇게 했다고 한다.

또 인조는 "내가 몸이 좋지 않아서 오래가지 못할 거 같은데 지금 같은 혼란한 정세에서 어린 아이가 뒤를 이으면 잘할 수 있을까 우려된다. 그러니 후사를 바꾸려고 하는 것이다"라고 했다.

이 일로 인조와 대신들 사이에 논쟁이 오갔다. 다만 인조는 우격다짐으로 대신들의 반론을 잠재우고 자기 뜻을 관철했다고 한다.

하지만 인조는 소현세자빈인 강씨 자식들을 제주도로 유배를 보내는 등 탄압을 일삼았다. 그 이중성은 어떻게 설명해야 할까.

아무튼 이런 상황이었지만 봉림대군의 세자 책봉은 소현세자와의 관계로 정통성 문제가 불거지지는 않았다.

1649년 인조가 창덕궁 인정전에서 승하했다. 그리고 닷새 뒤 세자 봉림대군은 인조의 뒤를 이어 조선의 왕이 되었다. 그가 바로 효종이다.

봉림대군은 둘째 대군으로서 세자를 제외하고는 왕위와 가장 가까운 듯하지만, 세자에게 적장자가 있었기에 사실상 현실성이 낮은 상황이기도 했다. 왕이 될 듯해도 될 수 없는 형용모순의 상황이다. 하지만 봉림대군에게 있어 기적 같은 반전이 생길 줄 누가 알았겠는가. 나름 엄청나게 존경하고 따랐던 형이 이토록 갑자기 죽을 줄이야. 더욱이 아버지 인조가 세자 형을 그렇게 미워할 줄이야.

《효종실록》 첫 기사인 1649년 5월 8일 자에 이제 즉위한 효종에 대해 칭찬하는 글을 실었다. 아마도 왕의 자질이 충분하다는 것을 나타내 혹시 있을지도 모를 정통성 시비를 사전에 차단하려는 의도로 읽힌다.

"왕은 어려서부터 기국과 도량이 활달하여 우뚝하게 거인의 뜻이 있어 장난하며 노는 것을 좋아하지 않았고 행실이 보통 사람들과는 달랐다. 타고난 천성이 매우 효성스러워 채소나 과일 같은 하찮은 것일지라도 반드시 먼저 인조께 올린 뒤에야 먹으니 인조가 항상 효자라고 칭찬하여 사랑과 기대가 특별히 높았다. 다섯 살 때 비로소 글 공부를 시작했는데 글 읽기를 잠시도 멈추지 않았고, 지난 역사에서 제왕들의 골육 사이의 변란을 볼 적마다 책을 덮고 탄식하였다. (…) 참으로 왕자이다."

최초 해외
출생 세손이
왕 되다

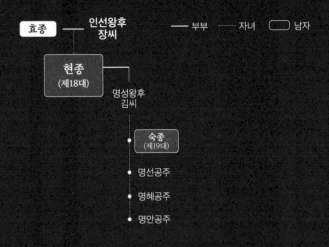

| 효종 |——| 인선왕후 장씨 |
|——— 부부   ······ 자녀   ⬭ 남자

현종 (제18대)

명성왕후 김씨

숙종 (제19대)

명선공주

명혜공주

명안공주

현종

1641~1674 | 재위 1659~1674

이제 우리는 조선시대 왕 중 상대적으로 존재감이 작은 왕을 만날 차례다. 바로 현종이 그 주인공이다. 현종의 즉위 과정은 생각만큼 드라마틱하지 않다. 그가 아버지 효종의 유일한 아들이자 적장자이기 때문이다.

현종은 조선의 왕 중 유일하게 외국에서 태어났다. 현종은 1641년 3월 4일 아버지 효종이 봉림대군 시절 형 소현세자와 함께 인질로 끌려가 머물던 심양에서 태어났다.

현종의 어머니는 인선왕후仁宣王后 장씨이다. 인선왕후는 인조 9년인 1631년 열네 살에 봉림대군과 가례를 올린다. 이때만 해도 '풍안부부인豊安府夫人'의 칭호에 맞게 왕자의 부인으로 살 운명이었을 것이다.

하지만 병자호란으로 시아주버니인 소현세자와 함께 남편 봉림대군이 청나라 심양에 끌려갈 때 손위 동서 민회빈 강씨(소현세자빈)와 동행할 수밖에 없었다. 인선왕후는 민회빈 강씨와 함께 심양에서 소현세자와 봉림대군 뒷바라지에 여념이 없었다. 이때 외아들 '연(㮒)'을 낳는다. 그리고 슬하에 공주 여섯 명을 두었다.

심양에서 갖은 고생을 하다 소현세자는 8년 만에 귀국했다. 그런데 봉림대군보다 석 달 먼저 들어 온 소현세자가 귀국 두 달 만에 급작스럽게 죽는다.

소현세자가 죽고 한 달 후 귀국한 봉림대군이 소현세자의 적장자이자 원손 경선군 대신 세자가 된다. 인선왕후는 세자빈에 책봉된다. 그리고 그의 외아들 연은 '세손'이 된다.

여기서 우리는 '세손'이라는 단어에 주목해 보자. 지금까지 열일곱 왕을 다루면서 '세손'이라는 단어는 단 한 명에게만 사용했을 뿐이다. 단종이다. 그는 조선의 가장 완벽한 정통성을 가진 문종의 적장자로 아버지가 세자로 책봉되자 '세손'으로 봉해졌던 왕이다. 단종의 앞이나 뒤에서 여태껏 '세손'이란 단어를 본 적이 없다. 그런데 200년 만에 효종의 적장자가 '세손'이 되었다.

이 '세손'이란 단어는 왕의 적장자인 '세자'에게서 태어난 왕의 맏손자라는 의미를 담고 있다.

따라서 지금까지 우리가 만난 왕 대부분은 아버지가 왕이기 때문에 다음 왕이란 의미에서 '세자'가 되었다. 물론 '세자'가 되어야 왕이 될 수 있다는 점에서 '정통성'을 담보하는 것이기도 하다.

그런데 '세손'은 정통성 면에서 이보다 한술 더 뜬다. 바로 다음이 아니라 다다음을 이을 왕이라는 것을 미리 정해 놓는 것이기 때문이다. 물론 '세손'을 거쳐 '세자'가 되고 '왕'이 된다. '세손'이 되기 위해서는 반드시 아버지가 '세자'여야 한다는 당위가 있어야 한다.

그런 점에서 '정통성'을 담보하는 가장 강력한 명분이라는 점을 주목해야 한다.

이런 완벽한 정통성을 가진 '세손'의 자리를 직접 위협하는 요소는 특별히 없었지만, 문제는 정통성이 취약했던 아버지 효종의 불안감 때문에 현종은 적잖게 속앓이해야 했다. 앞에서 살펴보았듯 소현세자에게는 엄연한 아들이 있었다. 그럼에도 인조는 응당 소현세자의 아들이 아닌 동생 봉림대군을 세자로 책봉했다.

사실 인조는 소현세자 가족들에게 가혹했다. 아마도 소현세자를 경쟁자로 여겼기 때문으로 보인다. 왕위가 불안했던 인조는 미래의 화근을 없앤다는 차원에서 주변의 반발을 무릅쓰고 봉림대군을 세자로 책봉했다고 볼 수 있다.

이런 상황에서 즉위한 효종 역시 혹시나 하는 불안감에 시달릴 수밖에 없었으리라. 효종이 형수인 민회빈 강씨와 그 자식들에게 유달리 가혹했던 것은 이런 불안감을 없애려는 의도가 아니었을까 싶다.

효종은 형의 급작스러운 죽음이라는 상황에서 어부지리로 왕이 되었다. 그렇다면 그 형의 가족들에게 보은하듯 잘해야 함에도 그렇지 못했다. 왜? 아마도 소현세자의 아들들이 언제든 왕의 자리를 넘볼 수 있다는 가능성 때문이었을 거다. 당연히 자신의 뒤를 이을 세자의 자리를 위협하는 강력한 요소가 되었을 테고.

소현세자와 봉림대군의 관계는 애초 그다지 나쁘지 않았다고 한다. 심양에서 돈독한 형제애를 보인 것은 다 아는 사실이다. 그런데 귀국 후 소현세자가 죽고 봉림대군이 세자가 되면서 형제 사이의 관계는 틀어졌다. 틀어졌다기보다 권력을 쥔 봉림대군이 일방적으로 형의 가족을 탄압했다고 보는 것이 맞을 것 같다.

사실 민회빈 강씨와 소현세자의 가례에도 곡절이 있었듯, 소현세자가 죽은 이후 민회빈 강씨의 삶은 천당에서 지옥으로 떨어진 것이나 다름없었다. 정묘호란과 병자호란, 그리고 삼전도 굴욕이 인조의 상징어라는 점은 시사하는 바가 크다.

이런 상황에서 소현세자가 죽었는데, 그때 누군가 소용 조씨를 저주하는 사건이 벌어진다. 소용 조씨가 누군가. 할아버지 인조의 총애를 받던 후궁 아니던가. 나중에 소용 조씨의 자작극으로 밝혀졌지만, 이 사건은 민회빈 강씨를 제거하는 도구로 활용되었다. 주변 궁녀들을 잡아다 족쳤던 거다.

설상가상으로 1646년 인조의 수라에 올린 전복에서 독이 발견되는 역모급 사건이 또 일어난다. 그런데 이 매머드급 사건을 대처하는 인조의 행동이 수상쩍었다. 의금부가 아닌 궁중 내시를 시켜 조사를 하고, 관련자들로 세자빈의 궁녀들을 잡아들였다. 그다음 수순으로 당연히 세자빈의 연루 의혹이 제기되었고, 그렇게 세자빈은 경덕궁에 유폐된다. 이걸 두고 학자들은 이 사건이 결국 세자빈을 노린 표적 수사라고 입을 모은다. 오죽하면 인조가 '세자빈이 소현의 배필이니 자식이 아니냐'는 신하의 말에 욕설까지 해댔다고 《인조실록》 인조 24년(1646년) 2월 9일 자는 기록하고 있다.

"개새끼狗雛 같은 것을 억지로 임금의 자식이라고 칭하니, 이것이 모욕이 아니고 무엇인가?"

참고로 실록에는 임금이 발설한 욕설도 순화하여 간혹 나오는데, 이처럼 드러내 놓고 한 '개새끼'란 표현은 인조가 유일하다.

결국 세자빈은 신하들의 강력한 반대에도 불구하고 위 사건들을 저질렀다는 죄목으로 궁에서 내쫓긴 다음 사사됐다.

한편 소현세자의 세 아들 석철石鐵, 석린石麟, 석견石堅은 어머니 강빈이 사사된 이듬해인 1647년 제주도로 유배를 떠난다. 석철은 열두 살, 석린은 여덟 살이었고, 막내 석견은 고작 네 살이었다. 그런데 제주도에 도착한 이듬해인 1648년 9월 11일에 첫째와 둘째가 사망한다. 큰아들의 죽음을 접한 사관도 《인조실록》 인조 26년(1648년) 9월 18일 자에 이렇게 적어 애달픔을 표시했다.

"석철이 역적 강씨의 아들이기는 하지만 성상의 손자가 아니었단 말인가. 할아버지와 손자 사이의 지친으로서 아무것도 모르는 어린 아이를 독기가 있는 덥고 습한 땅 제주도로 귀양 보내어 결국은 죽게 하였으니, 그 유골을 아버지의 묘 곁에다 장사 지낸들 또한 무슨 도움이 되겠는가. 슬플 뿐이다."

다행히 막내 석견은 1659년에 가서 경안군 신분을 회복하며 후손을 많이 남겼는데, 작은아버지이자 임금인 효종의 가문보다 더 번성했다고 한다.

이런 상황이었으니 소현세자를 대신해 왕이 된 효종은 늘 정통성 콤플렉스에 시달릴 수밖에 없었다. 여차하면 소현세자의 자식을 옹립하겠다고 나설 역모 사건이 일어날 가능성이 짙었기 때문이다.

이런 효종의 우유부단한 모습을 지켜보는 효종의 적장자이자 세자 연 역시 좌불안석일 수밖에 없었으리라. 사실상 왕위 계승권을 갖고 있던 사촌들의 불행을 마냥 바라만 보는 심정이라 인간적인 고민이 있었을 것이다. 하지만 왕위 계승이 한갓 사사로운 감정에 좌우될 수 없는 일, 또 아버지 효종이 결정하는 일이라 가타부타 개입할 수도, 개입해서도 안 되는 딜레마였으리라.

효종 비 인선왕후는 인자하고 검소했다고 알려질 만큼 크게 모나지 않았던 왕비로 꼽힌다. 특히 인선왕후는 조선시대 여인이면 으레 빠졌을 굿판을 근절하는가 하면 금주령을 내려 생활이 흐트러지지 않도록 했고, 이불 색도 빨간색과 파란색 두 가지로 통일해 전시에 군복으로 활용할 수 있도록 했다고 한다. 이게 결국 효종의 상징적 키워드인 '북벌' 때 활용되었음은 물론이다.

이왕 얘기가 나온 김에 인선왕후가 언문諺文(사람들이 늘 하는 말을 적은 글)의 주격조사 '가'를 처음 사용했다고 알려져 있다. 인선왕후가 딸들과 주고받은 한글 편지에서 사용했다는 것이다.

세자 연의 성격도 온화한 편이었다고 한다. 형과 남동생이 일찍 죽어 외아들이 된 세자는 누나와 여동생들 틈새에서 자라 그런 것으로 보인다. 그렇지만 유약한 것은 아니었다고 한다. 다만 뒤끝은 있어 보인다. 야사에 전하는 이야기다.

세자의 여동생 숙정공주의 남편 정재륜鄭載崙이 궁을 드나들면서 보고 들은 일화를 적은 《공사문견록公私聞見錄》에 나오는 기록이다. 세자 연의 보모가 된, 광해군 후궁 허씨를 모시던 조 상궁이 하루는 세자가 불장난하는 걸 보고 이랬단다.

"할아버지가 불로써 나라를 얻은 것을 배우려 하는가."

불로써 나라를 얻었다는 이 말은 인조반정을 뜻하는바, 인조의 즉위가 못마땅하다는 의미가 행간에 숨어 있었다. 그 말을 들은 세자가 곧바로 조 상궁에게 뭐라 하지는 않았다고 한다. 다만 즉위한 후에 조 상궁을 불러 이랬다고 한다. 그냥 아버지 왕에게 일러바칠 수도 있었지만, 자기를 양육한 공을 생각하여 차마 중한 벌을 받게 할 수 없었다. 그러고는 출궁시켰다고 한다. 다만 죽을 때까지 식량을 대주어 관계를 완전히 끊지는 않았다고 한다.

이런 일도 있었다고 한다. 어떤 사람이 새끼 곰을 효종에게 바쳤는데, 1년쯤 기르다 보니 곰이 너무 커서 함부로 다룰 수 없게 되자 사람을 해칠지 모르니 죽이자고 했다. 이때 세자가 나서서 곰이 사람을 해치는 동물이라 해도 여태껏 사람을 해친 적이 없는데 죽이는 것은 어진 마음이 아니라며 야산에 놓아주자고 했단다.

이에 대해 아버지 효종은 너의 신하가 되는 사람은 시기와 의심 때문에 죽임을 당할 일 없겠다며 칭찬했다고 한다. 이런 성정의 소유자였기에 세자가 사촌들에게 어떤 입장을 가졌을지 짐작이 간다.

그런데 1654년 재난이 계속해서 일어나자 효종은 구언求言의 명을 내린다. 구언이라 함은 나라에 어려운 일이 있을 때 임금이 신하나 백성들에게 의견을 널리 구하는 것을 말한다. 따라서 이 구언 상소는 웬만큼 거슬리더라도 처벌하지 않는 게 원칙이다. 언로를 연다는 의미에서 그랬다.

그런 터라 황해도 감사 김홍욱이 구언 상소를 올렸다. 내용은 민회빈 강씨에게 씌워진 죄목이나 그 자식들 죽음에 의혹이 있다면서 강빈의 억울함을 풀어 주자는 거였다.

가뜩이나 민회빈 강씨 이야기라면 민감해질 대로 민감해지는 효종은 버럭 화를 냈고, 이 화는 결국 김홍욱을 잡아들여 국문하는 데까지 이르렀다. 그러자 김홍욱은 효종과 함께 국문에 참석한 영의정과 좌의정에게 아무 말도 하지 않을 것을 탓한 다음 이런 말을 남기고 죽는다.

"내가 죽거든 내 눈을 뽑아 도성 문에 걸어 두어라. 나라가 망해 가는 모습을 보겠노라!"

순간적인 '버럭'이 불러낸 참사치고는 너무 크게 확대되면서 효종 역시 예기치 않은 결과에 당황한다. 사실 김홍욱은 외지에 나가 있어 효종이 '강빈'을 금기어로 한 것을 몰랐기에 실수라고 인정했었다. 그래서인지 5년 후에 김홍욱을 신원한다. 이에 대해 효종의 스승이라 할 수 있는 송시열도 임금이 한때의 분노로 김홍욱을 때려죽임으로써 인심을 잃었다고 상소를 올려 비판했다.

한편 효종을 호위하는 팔장사八壯士가 있었는데, 이들과 얽힌 야사가 있다. 청나라에서 돌아올 때 팔장사 중 오효성이라는 자가 봉림대군의 네 살짜리 아들 연을 업고 왔다고 한다. 다른 장사들이 번갈아 업을라치면 연이 계속 울어 할 수 없이 오효성이 혼자 업고 왔다고 한다. 그런데 재미있는 건 훗날 효종이 팔장사의 공적을 치하하기 위해 초상화를 그리도록 했는데, 오효성만은 세자 연을 업고 있는 모습을 그렸다고 한다.

효종의 세자에 대한 각별한 사랑은 익히 알려진 바다. 한번은 세자가 땅바닥에 책을 놓고 공부하는 모습을 본 효종이 아들이 허리가 아플까 봐 책을 책상에 올려놓고 공부하도록 하려고 꼼수를 부렸다. 공자님 말씀을 적은 《논어》를 어찌 바닥에 두고 하느냐고 했던 것이다. 하지만 결과는 성공하지 못했던 것 같다.

아무튼 세자가 이렇다 할 특별함을 보이지 못하는 사이 효종의 죽음에 대한 불길한 징조들이 나타나기 시작했다. 《효종실록》 효종 10년(1659년) 윤3월 26일 자 기사를 보면 한 노인이 창경궁 돈화문 앞에 엎드려 소리치는 일이 일어난다. 그런데 그 내용이 요망스러웠다.

"올해 5월 국가에 재화災禍가 있게 될 것이니, 경복궁 옛터에 초가를 짓고 즉시 이어移御하여 재화를 물리치는 굿을 하소서."

이뿐이 아니라 세자가 학질에 걸리는 등 기이한 일들이 연속해서 일어났다. 그러던 1659년 효종은 얼굴에 난 종기 때문에 고생하고 있었다. 이를 두고 침으로 피를 빼내야 한다는 어의 신가귀의 주장과 머리에 함부로 침을 놓을 수 없다는 의관 유후성의 반론이 맞섰지만, 효종은 침 맞는 쪽을 선택한다. 어의가 효종의 종기에 침을 놓았다. 침 구멍에서 검붉은 피와 함께 농이 흘러나왔다. 이에 효종은 만족한 듯 신가귀의 처치를 치하하며 정신이 든다고 했다. 하지만 문제는 피가 멈추지 않았다는 점이다. 어의와 신하가 안간힘을 써서 지혈을 시도했지만 실패했다. 효종은 5월 4일 결국 숨을 거둔다. 요즘 말로 하면 '의료사고'였다. 오래전부터 수전증을 앓고 있던 신가귀가 침을 잘못 놓았을 수도 있었다.

효종은 죽어서도 문제가 있었다. 미리 짜놓은 관이 맞지 않아 널빤지를 잇대어서 관을 늘렸다고 한다. 조선시대에는 왕이 즉위하자마자 관을 미리 짜놓고 매년 옻칠하여 보관했다. 효종의 경우 특별히 무슨 일로 인한 것이라기보다는 관을 짤 당시보다 몸이 많이 불었던 탓으로 보인다.

효종의 사후 닷새 만인 5월 9일, 세자 연이 인정문 어상에 올라가 앉음으로써 새 왕이 되었다. 백관의 축하를 받은 새 왕 현종은 대사면령과 팔방에 교시를 내렸다.

"왕은 이르노라. 하늘이 이 큰 상사를 내려 바야흐로 혹독한 벌을 받고 있는데, 내 뭇 신하들 청에 못 이겨 이 거대한 기업을 이어받기로 한 것이다. 애통한 마음 이토록 더해가지만 울부짖은들 무슨 소용이 있겠는가." [《현종실록》 현종 1년(1659년) 5월 9일]

최초 해외 출생 세손이 왕 되다

정통성이 완벽한 세자가 왕 되다

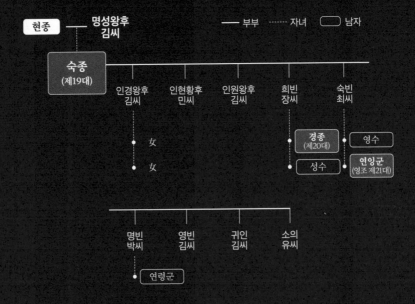

현종 ── 명성왕후 김씨

── 부부 ⋯⋯ 자녀 ◻ 남자

숙종 (제19대)

인경왕후 김씨

인현황후 민씨

인원왕후 김씨

희빈 장씨

숙빈 최씨

女

女

경종 (제20대)

성수

영수

연잉군 (영조 제21대)

명빈 박씨

영빈 김씨

귀인 김씨

소의 유씨

연령군

숙종

1661~1720 | 재위 1674~1720

불안한 정통성을 가진 할아버지 효종, 적장자로 세자가 되었다가 왕이 된 아버지 현종. 그들보다도 정통성을 더 완벽하게 갖춘 왕, 숙종. 그는 어떻게 왕위에 올랐을까.

사실 숙종은 조선시대 붕당정치가 절정을 이룬, 파란만장한 정치적 격변기를 겪은 왕이었지만 즉위를 둘러싼 잡음은 거의 없었다고 해도 될 만큼 순탄했다.

알다시피 조선의 왕 하면 으레 떠오르는 것 중 하나가 '후궁'이란 점을 생각하면 현종은 '특이한 왕'이다. 경종과 함께 후궁을 두지 않은 왕으로 꼽힌다. 대한제국의 마지막 황제 순종 역시 후궁을 두지 않았다. 그러다 보니 여느 왕과 달리 후계자를 두고 중전과 후궁의 피비린내 나는 싸움 같은 것은 없었다.

조선 역사에서 존재감이 비교적 낮았던 현종은 '예송논쟁禮訟論爭'의 연관 검색어로 기억될 만큼 이 문제에 예민했다. 예송논쟁은 말

그대로 '예절'에 관한 논쟁인데, 이 문제는 당시의 정치적 상황을 그대로 품고 있었다고 해도 지나친 말이 아니다.

1659년 효종이 죽었다. 그러면 응당 유교 절차에 따른 왕의 장례를 치르면 될 일이었다. 그런데 인조의 계비이자 효종의 의붓어머니인 장렬왕후가 어떤 상복을 입어야 할지가 문제가 되었다. 당연히 이를 두고 갑론을박이 벌어졌는데, 역사에서는 이를 '1차 예송논쟁(기해예송)'으로 부른다. 이는 예송논쟁이 또 일어난다는 것을 의미한다. 그 예송논쟁은 나중에 알아보기로 하고 일단 시작된 1차 예송논쟁에 집중해 보자.

어찌 보면 유교의 상례에 따르면 될 일이지 논쟁까지 해야 할까 싶었겠지만 이 문제는 그렇게 간단치가 않다. 그 행간에 왕의 정통성과 당파 간의 권력 다툼의 성격까지 숨어 있기 때문이다.

장렬왕후의 상복이 왜 문제가 되느냐 하면, 효종이 적자였지만 적장자는 아니었잖은가. 적장자는 왕이 되지 못한 소현세자였잖은가. 그런데 어머니 장렬왕후는 적장자인 소현세자의 장례를 이미 치렀다. 그렇다면 효종을 또다시 적장자처럼 예우해야 하느냐가 논쟁의 핵심이었다. 조선시대 종법에 따라 장렬왕후가 효종을 소현세자 다음의 둘째 아들로 본다면 1년짜리 상복인 '기년복朞年服(아내 상을 당하였거나 아버지 생존 중 어머니 상을 당하여 1년 상을 치를 때 입는 상복)'을 입으면 된다.

효종이 임금이 아니고 그냥 대군에 머물렀다면 아무런 논란이 생기지 않을 일이다. 그런데 효종은 임금이다. 임금은 '적장자'가 계승하는 것이기에 비록 둘째 아들이었지만 왕위를 계승하는 순간 '적장자'가 된다. 그렇다면 맏아들이 된다는 것이므로 한쪽에선 장렬왕후가 상복 중에서 가장 높은 수위의 거친 삼베를 사용하여 솔기를 꿰매

지 않고 만든 '참최복斬衰服'을 입어야 한다고 주장했다.

문제는 나라의 기본 예식인 오례(길례吉禮·가례嘉禮·빈례賓禮·군례軍禮·흉례凶禮)에 대해 규정한 《국조오례의》 같은 예전禮典에 이에 대한 규정이 따로 마련돼 있지 않았다는 점이다. 그래서 논쟁은 이미 예견된 일이나 마찬가지였다.

영의정 정태화는 모호하지만 《경국대전》의 예라며 1년의 기년복을 주장했다. 그러자 윤휴는 효종이 적장자는 아니더라도 인조의 '적통 후계자'임을 들어 참최복을 주장했다.

논쟁은 끝날 줄 몰랐고, 결국 원로인 송시열에게 물어보기로 한다. 송시열은 '4종지설四種之說'로 답했다. 4종지설은 3년복을 입을 수없는 경우를 네 가지로 설명한 것이다. 여기서 주목해야 하는 규정은 바로 '체이부정體而不正'이었다. 맏아들이 아닌 다른 아들이 후사를 이으면 1년복을 입어야 한다는 것.

그런데 논쟁이 마무리될 즈음 송시열이 더 이상 논란은 하지 말자는 의미에서 던진 한마디가 되레 불씨가 되었다. 송시열은 "확실하게 애매한 부분이 있어서 대학자 주자朱子 정도의 반열에 있는 대성인이 아니면 판단할 수 없다. 서인이든 남인이든 우리가 함부로 결론을 내릴 수 없다. 이럴 때는 왕가에서 아들을 위해 부모가 3년복을 입은 적이 없다는 전례를 따르자"고 말했다.

그런데 이게 그렇게 간단한 문제가 아니었다. 효종이 맏아들이 아니라고 규정해 버리면 결국 정통성 문제가 불거질 수 있는 위험성이 있어서다. 더욱이 소현세자의 막내아들이 엄연히 살아 있는 상황이라 이 문제는 더 이상 왈가왈부할 수 없는 상황이었다. 그래서 통상 아버지가 아들 상에는 보통 기년복을 입었다는 전례를 들어 덮어 버린다.

그리고 체이부정은 '서자로서 이은 자'가 입는 의례를 말하는데, 여기서 '서자'라는 말이 문제가 되었다. 윤선도가 발끈하고 나서서 상소를 올린 거다. 윤선도는 효종이 '서자'라는 논리에 동의할 수 없으며, 효종이 서자라면 소현세자의 아들이 종통이 아니냐고 반문하며 체이부정을 주장한 송시열을 직격했다.

이 일로 예송논쟁은 새로운 국면을 맞았다. 윤선도가 사실상 금기어인 '종통'이 둘로 갈라진다는 뉘앙스의 단어를 입 밖에 내었기에 문제가 되었다. 서인들은 감히 송시열을 들이받은 윤선도의 처벌을 강력하게 요구했고, 남인들은 처벌 요구에 강력히 반발했다.

재미있는 것은 예송논쟁이 격화되면서 일부 서인들이 윤선도의 주장에 동조하는 일까지 일어나며 관료들이 사분오열되는 양상을 보였다는 점이다. 이에 현종은 윤선도를 귀양 보내고, 정태화를 비롯한 여러 서인이 주장한 '1년설(《주자가례》)'을 채택하여 일단락 짓는다.

일단 이렇게 효종의 장례를 치렀지만 잠복해 있던 이슈는 1년 뒤인 현종 1년(1660년)에 다시 불거진다. 자세한 후일담은 생략하지만 결과적으로 당파싸움으로 치달으면서 이후 '환국換局' 정치를 위한 서막이 되었다.

한바탕의 홍역을 치른 직후인 1661년 8월 15일, 경덕궁慶德宮 회상전會祥殿에서 아기 울음소리가 흘러나왔다. 현종 비인 명성왕후明聖王后 김씨가 맏아들 순焞을 낳은 것이다. '순'의 생산은 단순한 왕자의 탄생이 아니다. 이른바 원손이자 원자이자 적장자의 탄생이다. 현종의 뒤를 이을 영순위 왕 후보인 세자의 탄생 아닌가.

참고로 조선에는 두 명의 명성왕후가 있다. 현종 비 말고 또 한 명은 조선의 마지막 왕 고종 비인데, 현종 비와 한자 표기가 다르다.

명성황후明成皇后. 고종이 대한제국을 선포하면서 황제가 되었으므로 고종 비가 황후이므로 '명성황후'라고 불렀다. 해서 역사에서는 앞선 현종 비를 '명성대비'라고 부르기도 한다.

더욱이 원자가 태어나기 전이지만 할아버지 효종은 명성왕후 침실에서 용이 이불을 덮고 있는 꿈을 꾸었다고 한다. 이 전설은 원자에 대한 기대감뿐만 아니라 할아버지가 미리 점지까지 한 탄탄한 정통성까지 부여하는 의미가 있다.

이제 누가 뭐래도 궁에서 탄탄한 입지를 굳히면서 미래 권력의 핵으로 떠오른 명성왕후는 효종 때 대동법을 추진한 명재상인 영의정 김육金堉의 둘째 아들 청풍부원군淸風府院君 김우명金佑明의 딸이다.

김우명은 '신권 강화'를 주장하던 '서인' 계열이었는데, 서인은 김효원의 이조정랑 추천을 놓고 심하게 반대했던 심의겸에서 비롯됐다. 이이, 정철, 성혼, 그리고 김우명의 아버지인 김육이 이끌던 당파이다.

서인은 현종 때 환국 정치의 한복판에서 남인과 피비린내 나는 권력투쟁을 벌인다. 남인은 1591년 선조 때 왕세자 책봉을 둘러싸고 일어났던 '건저 문제建儲問題' 처리(정철의 처벌)를 놓고 논쟁할 때 온건한 입장이었던 동인에서 분파된 당파이다. 우두머리이자 거물 정치인인 류성룡이 남산에 살았기도 하거니와, 영남 출신이어서 붙여진 이름이다. 아무튼 이때 정국은 외척인 서인과 종친들이 지지하는 남인이 권력 다툼을 벌였다. 임금이 누굴 지지하느냐에 따라 한쪽 편은 죽음을 맞이하는 말 그대로 혈투를 시작하던 시기였다.

당시만 해도 현종은 후궁을 한 명도 들이지 않은 유일한 왕이었다. 더욱이 현종에게는 오로지 명성왕후만 있었을 뿐 폐위나 사망으로 인한 계비도 없었다.

이러니 사람들은 현종과 명성왕후 사이의 금실이 좋았다고 생각한다. 슬하에 1남 4녀를 두었으니 그렇게 평가할 만하다.

하지만 현종이 후궁을 들일 수 없었던 데는 명성왕후의 심한 반대 때문이라는 이야기도 있다.

명성왕후는 온화한 성품을 지닌 현종과 달리 여걸 같은 기질의 소유자였다고 한다. 여기에 친정의 위세까지 더해지면서 명성왕후는 왕의 권위에도 결코 주눅 들지 않았다.

이런 상황에서 적장자를 낳은 명성왕후의 입지는 그 누구도 넘볼 수 없었고, 아들과 왕 자리를 놓고 경쟁할 가능성조차 만들지 않았다.

명성왕후의 외아들 순은 1667년 일곱 살에 왕세자에 책봉됐다. 그리고 서연을 통해 꾸준히 학습을 이어 갔는데, 생각보다 많은 학습량을 기록했다고 한다.

그런데 세자는 어머니 명성왕후를 닮아서인지 성격이 포악했다고 한다. 오죽하면 명성왕후조차 "세자는 내 배로 낳았지만, 그 성질이 아침 다르고 점심 다르고 저녁 다르니 나로서는 감당할 수가 없다"는 이야기가 있을 정도다.

세자의 머리를 빗기고 옷 입히는 일도 명성왕후가 직접 했다고 한다. 궁녀들이 이 일을 하려고 하면 세자가 몸서리치면서 싫어해 하는 수 없이 엄마가 할 수밖에 없었다는 거다. 심하게 표현하면 '그 어머니에 그 아들'이다.

하지만 현종은 아들에 대한 기대감이 몹시 컸다. 아버지 효종과 달리 정통성에서도 전혀 거리낄 게 없는 원자라는 점에서 훗날 세자에 책봉된다면 '원자-세자-왕'이라는 정통성을 가진 임금이 되기 때문이다.

그래서 현종은 아들에게 더 각별했고, 송시열을 비롯한 송준길, 김좌명金佐明, 김수항金壽恒 등 대학자들에게 원자의 교육을 맡겼을 정도다. 순(숙종)은 1667년에 세자에 책봉된다.

이러는 가운데 현종은 또다시 예송논쟁을 겪는다. 발단은 역시 현종 15년인 1674년에 효종의 부인이자 어머니인 인선왕후가 사망했는데, 나이는 어리지만 인선왕후의 어머니 격인 인조의 계비 장렬왕후가 살아 있었다. 그렇다면 장렬왕후는 얼마 동안 상복을 입어야 하는가가 문제되었다.

서인은 왕후이므로 기년복(1년)을 입는 것으로 하겠다고 현종에게 보고하여 허락을 얻었는데, 서인의 영수 송시열이 9개월이라고 주장했다. 현종은 불쾌했고, 그 분노는 예조의 담당자들을 모두 파면시키는 결과를 낳았다. 현종은 효종이 맏아들이 아니므로 인선왕후도 맏며느리가 아니기에 9개월만 입어도 된다는 송시열의 주장에 아버지 효종에 대한 정통성 문제를 내포하고 있다고 여겼다. 물론 겉으로는 지난번 의붓어머니가 아들 죽음에 대해서는 《국조오례의》에 따라 기년복을 입도록 했는데, 이번 맏며느리 논란에서는 《주례》와 《의례》를 따르라니, 도대체 그 기준이 뭐냐는 거였다.

그리고 현종은 이 기회에 비록 자기 편이긴 하지만 무소불위의 권력을 행사하려는 송시열을 비롯한 서인들을 견제하려는 의도도 있었던 것으로 보인다.

이 문제는 쉽게 끝나지 않았다. 한 달 동안 지속됐다. 역사는 이를 '2차 예송논쟁(갑인예송)'이라고 부른다.

논쟁이 사실상 마무리됐지만 현종의 뒤끝은 작렬했다. 송시열을 비판하는 비망기를 내리는가 하면 서인들을 코너로 몰았다. 물론 현종은 서인의 완전 몰락까지는 바라지 않았던 것 같다. 남인의 득세는 자신에게 더 불리하기 때문이었다. 해서 영의정으로 송시열 편을 들었던 서인 출신 김수흥金壽興을 남인인 허적許積으로 교체하면서도 김수흥의 동생 김수항을 좌의정으로 삼아 견제하도록 했다.

예송논쟁은 비록 상례에서 어떤 상복을 입을 것인가를 놓고 일어난 일이긴 하지만 조선시대를 상징하는 유교적 정치 사상이 어떠한지를 보여 주는 큰 사건이었다. 서인과 남인(동인)의 피 튀기는 권력투쟁이 행간에 숨어 있었다. 특히 왕의 정통성 문제를 거론한다는 건 여차하면 왕을 교체할 수 있다는 의미도 내포하고 있었다. 그래서 더 치열하고 양보 없는 논쟁이었으리라.

이런 한바탕의 태풍이 지나가자마자 이번에는 현종의 건강이 급작스럽게 나빠지더니 1674년 8월 18일 혼수상태에 빠졌다. 현종은 어려서부터 병약했고, 종기를 달고 살았다고 한다. 가뜩이나 허약 체질인데 아버지 효종의 상을 치르는 과정에서 예송논쟁까지 겪으며 엄청난 스트레스를 받았다. 더욱이 예송논쟁은 단순히 상복을 얼마 동안 입느냐의 문제를 넘어 향후 자신의 정치와도 결정적인 관계가 있는 서인과 남인의 권력 싸움의 성격이 더 컸기에 현종으로서는 단 한 순간도 마음을 놓을 수 없었을 것이다.

그럼 《현종실록》과 《숙종실록》을 바탕으로 현종의 죽음과 숙종의 즉위 과정을 간단하게 복기해 보자.

이날 오후 3, 4시가 되자 현종의 병세는 혼수상태를 넘어 위독한 지경이 되었다. 현종이 평상의 부들자리 위 하얀 요에 하얀 이불을 덮은 채 머리를 북으로 하여 누워 있었고, 세자는 평상 아래에서 무릎 꿇고 앉아 있었다. 대소신료들도 자리했다. 허적이 현종에게 인삼

차를 권했다. 이에 대해 현종은 손수 차를 마시고는 숨이 차서 분명하지 않은 소리로, 별로 다른 것이 없다고 병세를 말했다. 세자가 두 손으로 아버지의 손을 잡고서 얼굴 가득히 눈물을 흘렸다. 다시 허적이 하실 말씀이 없느냐고 묻자, 현종은 한참 있다 "편안한 마음으로 공무 수행을 하라고 하라"고 했다.

그리고 현종은 더 이상의 말을 남기지 못했고, 그날 밤 9시 서른 넷이라는 젊은 나이에 이승에서의 삶을 마친다. 재위 15년 만이었다.

이튿날 영의정 허적을 중심으로 좌의정과 우의정이 어린 임금을 보좌할 '원상'으로 임명됐다. 20일에는 예조에서 세자에게 시행세칙이랄 수 있는 '절목節目'을 올렸으나 세자는 망극한 상황이라며 서너 차례 반려했다가 송시열을 원상으로 삼겠다고 했다.

이에 대해 송시열은 "놀란 나머지에 혼미하고 병이 또한 죽을 지경에 이르렀으므로, 대답할 바를 알지 못하겠다"며 거절한다. 남인을 견제하기 위한 버티기가 아니었을까 싶은데, 아무튼 숙종은 즉위 다음 날 다시 청했지만 송시열은 아예 지방으로 내려간다. 이후 이야기는 경종 즉위기에서 마저 하기로 하고 여기서는 이쯤에서 줄이고 숙종의 즉위 과정을 마저 살펴보자.

8월 23일 세자는 인정문에서 즉위한다. 그리고 대제학 김만기金萬基가 지었다는 '교서'를 발표한다.

"하늘이 우리 가문에 재앙을 내리어 갑자기 큰 슬픔을 만났으므로, 소자가 그 명령을 새로 받게 되어 여러 신하의 마음을 힘써 진심으로 따르다 보니 기가 꺾이고 마음이 허물어지는 듯하다."

장희빈의
아들이
왕 되다

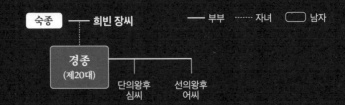

숙종 ── 희빈 장씨   ── 부부   ······ 자녀   ⬭ 남자

경종
(제20대)
          단의왕후   선의왕후
          심씨   어씨

경종

1688~1724 | 재위 1720~1724

세자 시절 숙종과 가례를 올린 인경왕후仁敬王后가 세자빈으로 간택된 것은 당시 예송논쟁 속에서 서인의 집권을 상징했다. 인경왕후의 증조할아버지가 예학의 대가인 김장생이고, 아버지는 훗날 경종의 즉위 교서를 지은 대제학 김만기이고, 《구운몽》을 쓴 김만중이 작은아버지이다. 이쯤 되면 역사에 관한 문외한도 들어 봤을 그 이름 석 자의 주인공들이 바로 서인을 대표하는 인물들이다.

2차 예송논쟁을 통해 남인의 기세를 꺾은 서인은 두 가지 국정 운영 원칙을 세웠다. 무실국혼無失國婚과 숭용산림崇用山林. 무실국혼은 국혼, 즉 임금·왕세자·왕자·공주·왕세손 등 왕실의 결혼을 잃지 말자는 거고, 숭용산림은 시골에 은거하고 있는 학덕을 겸비한 유림儒林을 적극 등용하자는 거였다. 이를테면 서인에서 왕비를 배출하고, 아울러 많은 서인이 정계에 진출할 수 있도록 하자는 것이다.

이런 이유로 인경왕후는 열 살 때 궁에 들어갔다가 이듬해 현종의 적장자이자 세자에게 시집을 간다. 그리고 1674년 현종이 죽고 남편이 숙종으로 즉위하면서 열여섯 살에 왕비가 된다.

그런데 문제는 슬하에 아들이 없다는 점이었다. 왕자를 낳지 못했기도 하였거니와, 두 명의 공주를 낳았으나 일찍 죽는 불운의 연속이었다. 인품이 순종적이고 지고지순한 편으로 알려졌는데, 아무튼 그때까지 숙종은 후궁을 전혀 들이지 않을 정도로 금실이 좋았다.

이때까지 숙종이 후궁을 두지 않았던 건 순전히 자신의 의지라기보다는 인경왕후가 궁녀 단속을 엄숙하게 했기 때문이라는 이야기가 돌긴 하는데, 글쎄 이걸로 모든 것을 설명하기에는 부족하다. 한 성질 하는 숙종이 중전의 이런 의지에 순응했을 거라곤 상상하기 힘들다. 더욱이 자유분방한 성격이라 여느 왕들보다 더 후궁에 관심을 두었을 법하지만, 아무튼 숙종은 그랬다. 믿기 힘들지만 그게 사실이었다.

내가 보기엔 인경왕후보다 어머니인 현종 비 명성왕후의 지침이 아니었을까 싶다. 효종은 둘째였지만 적장자 조카를 대신해 왕위에 오르지 않았는가. 이게 정통성의 허물처럼 되면서 많은 속앓이를 해야 했다. 그런 점에서 명성왕후는 인경왕후가 적장자를 생산할 때까지 후궁에게서 아들이 생기지 말아야 한다는 강박에 시달렸을 수도 있다.

또 명성왕후의 숙종에 대한 걱정을 보여 주는 사건이 일어난다. 이름하여 '홍수紅袖의 변'. 홍수는 '붉은 옷소매'라는 뜻으로 궁녀를 지칭하는 말인데, 숙종 주위에 몰려드는 종친이자 인조의 손자들인 복창군福昌君과 복선군福善君, 복평군福平君 즉 '3복'이 궁에 출입하며 궁인들을 희롱하고 현종의 승은을 입은 나인들까지 제거하려 한 사건을 말한다.

이런 상황에서 인경왕후가 당시 치명적인 병인 천연두로 1680년 10월 열아홉 살의 나이로 병사하면서 역사는 반전한다.

한창때였던 숙종은 인경왕후가 죽고 나서 증조할머니이자 대왕대비인 인조의 계비 장렬왕후 처소에 있던 한 지밀나인과 눈이 맞았다. 그녀가 바로 장옥정이었다. 숙종은 세자 시절부터 대왕대비 처소에 문안 인사를 하러 드나들 수밖에 없었는데, 이때 숙종은 이 예쁜 장한 나인에게 마음을 빼앗긴 듯하다. 하지만 그때는 마음에 품기만 할 뿐이었다. 그런데 이제 중전 인경왕후가 죽으면서 상황이 달라졌다.

중인 출신인 장옥정이 어떻게 궁에 들어갔는지는 거의 알려지지 않았다. 그의 집안이 조상 대대로 역관을 배출한 전형적인 중인이었고, 살림도 꽤 넉넉한 편이었던 터라 굳이 궁에 들어갈 이유가 딱히 없었다. 그런데도 장옥정이 궁에 들어간 것을 두고 일부 학자들은 정치적인 이유라고 말하기도 한다. 이를테면 승은을 입어 신분을 세탁하는 기회를 얻으려는 의도에서 그랬을지도 모른다는 거다. 열한 살에 아버지를 여읜 장옥정은 당숙 장현의 보살핌을 받다가 입궁한다. 장현은 소현세자와 봉림대군이 심양에 끌려갈 때 동행했을 뿐만 아니라 숙종 때까지 유명세가 있는 역관이었다. 하지만 그랬다는 증거나 기록이 없기에 역사적 사실은 장옥정이 어려서 궁에 들어갔다는 것뿐이다.

장옥정이 어떻게 숙종의 승은을 입었는지도 알려진 바 없다. 다만 《숙종실록》 숙종 12년(1686년) 12월 10일 자를 보면, "경신년 인경왕후가 승하한 후 비로소 은총을 받았다"고 기록하는 것으로 보아 인경왕후가 죽은 직후의 일로 보인다.

그런데 명성왕후는 인경왕후가 죽은 지 3개월 만에 새 왕비를 간택해야 한다는 언문 교서를 내린다. 생각보다 빠른 간택이었다. 숙종이 빨리 후사를 보아야 한다는 게 명분이었다. 하지만 '장옥정'과 관련 있다는 이야기가 돌았다. 20대의 왕과 궁녀의 만남은 궁에서 있을 수 있는 일이었지만 명성왕후는 달랐다. 자신이 데리고 있던 나인이라는 점 말고도 혹시 앞으로 닥칠지도 모를 일들을 예견이나 한 것처럼 장옥정을 크게 경계했다. 그래서 명성왕후는 숙종의 승은을 입었다는 사실을 안 직후 장옥정을 곧바로 집으로 내쫓는다. 출신이 천하고 성품이 극악하다는 게 겉보기의 이유였다. 다만 장씨의 당숙인 장현이 복평군 형제와 가깝다는 이유를 들어 몰락시킨 사람이 바로 명성왕후의 사촌오빠 김석주였다는 점에서, 이 일의 행간에는 명성왕후가 장옥정을 견제하려는 의도가 숨어 있었다.

이런 배경 속에서 숙종의 계비로 어머니 명성왕후와 송시열이 추천한 민유중의 딸이 간택된다. 이 계비가 바로 인현왕후仁顯王后이다. 1681년 5월 14일 가례를 올렸다. 가문은 애초 서인이었으나 노소 분당 때 노론이 되었다.

왕비가 된 인현왕후는 시어머니 명성왕후가 죽은 후 사가로 쫓겨난 장옥정을 다시 입궁시키자고 제안했다. 이 제안에 대해 호사가들은 인현왕후의 넉넉한 인품이라고 평가하기도 한다. 그런데 역사는 인현왕후가 생각하던 대로 흐르지 않았다. 장옥정이 4년 만에 궁에 다시 들어오면서 상황이 달라진다. 장옥정이 남편 숙종을 거의 독차지하다시피 하자 인현왕후도 투기심이 일었다. 장옥정을 견제하기 위해 간택 후궁으로 먼 친척인 청양 현감 김창국의 딸 영빈 김씨를 들이는가 하면, 버릇을 고친다며 아랫사람을 시켜 장옥정의 종아리를 때리게 하기도 했다. 물론 여기에는 사연이 있긴 하다. 숙종이 장옥정에게 장난을 걸자, 장옥정이 내전으로 뛰어들어 인현왕후에게 "제발 나를 살려 달라"고 했다는 거다. 장옥정이 내전을 살피려는 의도였다고 하나 선을 넘은 건 분명하다.

그러면서 장옥정의 신분은 숙원으로 올랐고, 1688년 인현왕후로서는 생각하기도 싫은 일이 일어난다. 인현왕후는 가례를 올린 지 7년이나 지났지만 여전히 아이를 낳지 못했는데, 숙원 장씨가 떡하니 첫 왕자 '윤'을 생산한 것이다.

윤의 탄생은 아들이 귀한 왕실의 경사임은 틀림없었지만, 일파만파 격랑을 예고하는 신호탄이었다.

스물일곱 살의 늦은 나이에 본 아들이라서인지, 총애하는 여인에게서 낳은 아이라 더 소중했던 건지는 모르지만 숙종은 일을 성급하게 추진하기 시작했다. 태어난 지 백 일도 안 된 윤을 원자로 책봉했던 거다. 인현왕후가 아직 왕자를 생산할 수 있는 젊은 나이인 데다, 적장자도 아닌 서자를 원자로 책봉한다는 건 누가 보더라도 파격이었다. 게다가 아무리 적장자라 해도 태어난 지 백 일 만에 원자로 책봉하지 않거니와 그땐 대왕대비인 장렬왕후 상중이었다.

그러자 송시열을 중심으로 한 서인 세력이 반대했다. 인현왕후의 뒷배가 서인이라는 점도 작용했겠지만, 서출의 원자 책봉에 절차적 하자가 있었던 점도 고려한 측면이 있었다.

또 그 유명한 '옥교 사건'이 일어나는데, 장 숙원의 엄마가 딸의 산후조리를 이유로 궁에 들어갈 때 3품 이상의 당상관의 어머니만이 탈 수 있는 덮개가 달린 옥교를 탄 게 문제가 되었다. 이는 서인들이 집중 공격을 퍼붓는 빌미가 되었다.

하지만 그 결과로 서인들이 대거 실각하고 윤은 원자로 책봉된다. 이제 숙원이었던 장씨는 정1품의 '희빈'으로 승격했고, 숙종은 물론이거니와, 뒷배인 남인들이 든든하게 버티고 있었으니, 누구도 함부로 할 수 없는 권력자가 되었다.

자, 이제 희빈 장씨의 다음 카드를 보자. 그렇다. 우리가 예상하는 대로다. 장희빈에게 남은 건 계비가 되는 것밖에 없었다. 그런데 인현왕후가 눈을 시퍼렇게 뜨고 버티고 있었다. 그럼 선택할 수 있는 카드는 하나뿐이다. 죽이든 내쫓든 인현왕후의 부재를 만들면 된다. 그렇게 선택된 카드가 인현왕후의 폐출이다.

그런데 정말 이때 '탄일문안誕日問安' 사건이 일어난다. 장렬왕후의 국상 중임을 생각하여 숙종은 중전의 탄생일과 관련한 일절 문안을 받지 못하도록 했었다. 그런데 인현왕후는 친정에서 보낸 음식을 받았다. 이게 화근이 되었다.

숙종은 기다렸다는 듯 불같이 화를 냈다. 일부에서는 폐출을 이미 결정해 놓고 덫을 놓듯 탄일문안 불가를 내렸다고 할 정도로 숙종의 화는 예상을 뛰어넘었다. 이런 반응에 대해 인현왕후는 "진실로 나의 죄이다. 어찌할 것인가? 폐출시키려거든 폐출시키라"[《숙종실록》 숙종 15년(1689년) 4월 24일]고 악다구니를 했다.

여기에는 인현왕후가 점쟁이의 말을 듣고 장씨에게 아들이 없을 팔자라거나, 본인에게도 자식이 없다는 등의 투기를 해 국정을 어지럽히고 당파를 만들었다는 이유도 들어 있었다.

그러자 오두인과 박태보 등 서인 86명이 상소를 올려 국모 인현왕후에 대한 숙종의 발언을 문제 삼았다. 이에 가만있을 숙종이 아니었다. 상소를 올린 86인을 친국하는 한편, 그때까지 서인의 입장에 동조하던 남인들이 입장을 바꿔 서인들을 죽이라고까지 주장한다.

이에 대해 숙종은 초강수를 두어 폐출을 결정한다. 신하들이 전혀 예상치 못했던 숙종의 결정에 대해 당연한 예법인 왕후의 탄일문안을 이유로 폐출은 말이 안 된다며 상소를 올리는 등 반대 목소리가 컸다. 서인에서 갈라진 노론과 소론은 물론이거니와, 남인조차도 반대할 정도로 숙종의 독단적 결정은 무리수였다.

하지만 숙종은 요지부동이었다. 이렇게 인현왕후는 폐서인이 되었다. 숙종은 인현왕후와 관련된 모든 물건을 태워 없애라고 명하는 한편 가례를 올릴 때 지진이 있었던 사실까지 들추며 불길했다고도 했다. 이 사건을 역사는 '기사환국己巳換局'이라 부른다.

하지만 역사는 다시 반전된다. 이번에는 장희빈이 시련을 맞는다. 인현왕후의 후임으로 계비가 된 장희빈은 둘째 대군을 낳았으나 열흘 만에 죽는 일이 발생했다. 하지만 여전히 권력을 쥐고 있었다. 이에 앞서 원자 윤은 세자로 책봉되었다.

그런데 숙종의 총애가 영원할 것 같았던 장희빈에게 '숙빈 최씨'라는 경쟁자가 등장한다. 숙빈 최씨의 가문에 대해서는 여러 가지 설이 있는데, 궁에서 허드렛일을 하던 무수리였다는 게 가장 잘 알려진 이야기다. 아무튼 최씨는 숙종의 승은을 입고 후궁이 되었는데, 1693년에 아들을 낳았다. 이 아들이 두 달 만에 죽었는데, 다시 회임하여 아들을 낳는다. 그가 훗날 영조가 되는 '연잉군延礽君'이다.

그런데 이 아들의 탄생을 두고 이상한 이야기가 돌았다. 《수문록》이란 책에 나오는 이야기인데, 신빙성을 떠나 재미로 말하겠다.

"숙종이 졸다가 꿈을 꾸었는데 용이 땅에서 나오지 못하고 울면서 살려 달라고 청했다. 이에 중전 장씨의 처소에 가니 빈 독이 뒤집혀 있었는데 그 독 안에 두들겨 맞은 임산부 숙빈 최씨가 있었으며 급하게 응급 조처를 하여 태아와 숙빈 최씨를 살릴 수 있었다."

이 이야기의 행간에 장희빈이 숙빈 최씨와 연잉군에게 가진 증오가 숨어 있음을 암시하여 시사하는 바가 크다. 이제 숙종의 총애는 숙빈에게로 옮겨갔다.

1694년 서인들이 폐비 인현왕후의 복위 운동을 하다가 고발되는 사건이 일어났다. 그러자 중전 장씨의 뒷배인 남인 출신의 우의정 민암 등이 서인의 완전 퇴출 기회로 보고 서인들을 잡아들이는 옥사를 일으킨다.

그런데 남인을 영원히 곁에 둘 것 같았던 숙종이 되레 민암을 파직한다. 그리고 중전 장씨를 희빈으로 강등하는 조처를 내렸다. 숙종은 장희빈에게 그날 저녁까지 중궁전을 비우라고 명령했다. 여기에는 숙빈 최씨의 역할이 있었다고 알려져 있다. 이게 '갑술환국甲戌換局'이다. 그리고 숙종은 곧바로 폐비 인현왕후를 서궁으로 복귀시키는 한편 중전으로 복위시킨다. 이때 숙종은 이런 말로 복위 이유를 댔다.

"민씨가 스스로 죄를 간절히 뉘우치고 있으며, 두 자전慈殿(장렬왕후와 명성왕후)의 삼년상을 함께 보낸 아내이니 쫓아냈던 건 지나친 처사였다."

기세등등하던 장희빈이 변덕스럽고 갑작스럽게 몰락하고 다시 왕비가 된 인현왕후는 아직 까칠함이 남아 있었던 듯싶다. 숙종이 입궁할 때 입으라며 하사한 옷을 한사코 거절하다 궁인들을 처벌하겠다고 하자 할 수 없이 입는가 하면, 직접 마중을 나온 숙종에게 한 첫 마디가 자신의 죄가 너무 크다는 겸손이었다. 더욱이 아버지 민유중과 어머니의 작호를 회복하겠다는 말에 작호가 기억이 안 난다고까지 했다.

이렇게 어렵게 복위했지만, 인현왕후는 결국 아이를 낳지 못했다. 그럼에도 인현왕후는 원수라 할 수 있는 장희빈의 아들인 세자를 입적하여 아들로 삼았으며 친아들 못지않게 귀여워했다고 한다. 세자 역시 인현왕후를 친어머니처럼 따랐다고 한다. 인현왕후가 아플 때면 세자가 직접 곁을 지키며 간호했을 정도다.

하지만 인현왕후의 건강은 좋지 않았다. 시름시름 앓다가 1701년 이승에서의 삶을 마감한다. 그런데 이때 장희빈과 사이가 좋지 않았던 숙빈 최씨가 인현왕후의 죽음은 장희빈의 저주 때문이라고 밀고한다. 이에 숙종은 장희빈을 몸수색까지 해서 단서를 찾아내는데 장희빈 거처인 취선당就善堂 서쪽에 설치한 신당이었다. 또 장희빈의 오빠 장희재가 서인에게 철퇴를 가하기 위해 위장으로 자신의 후견인이자 당숙인 장현의 묘와 비석을 훼손하는 일이 발생한다.

이에 숙종은 크게 화를 내며 장희재를 처형하는 한편 장희빈에게는 자진하라는 명을 내린다. 이 소식을 접한 세자는 대신들을 찾아가 어머니를 살려 달라고 간청한다. 하지만 대신들은 되레 이 조치가 세자를 위하는 길이라며 들어주지 않았다고 한다. 어머니가 죽어야 세자 아들이 산다는 이 역설은 왕권을 둘러싼 권력투쟁의 비정함을 상징적으로 보여 주는 것 같아 씁쓸하다.

이런 상황 속에서 어머니 장씨가 아버지에 의해 죽임을 당하자 세자의 지위가 흔들렸다. 숙종은 자신이 죽인 장희빈의 아들인 세자가 왕이 되었을 때 연산군처럼 피바람을 일으키지나 않을까 걱정했던 것이다.

노론의 영수 이이명이 숙종과 독대(정유독대丁酉獨對)를 했는데, 자세한 내용은 전해지지 않는다. 다만 이 독대 후 숙종이 느닷없이 세자에게 대리청정을 명령한다. 겉으로는 숙종이 자기가 아프므로 세자가 대리청정하는 게 좋다는 의견을 낸 것으로 되어 있다. 하지만 역사는 이 대리청정이 세자를 폐위하기 위한 구실을 만들려는 의도였다고 말한다.

이때 이미 세자는 세상 물정을 알고도 남을 서른한 살의 나이였던 터여서 아버지의 병환이기는 하지만 느닷없는 대리청정의 의미를 파악했으리라.

따라서 세자는 대신들의 요구에 "아뢴 대로 하라"거나 "따르지 않겠다"는 말만 내뱉었다고 한다. 자칫 말실수라도 하는 날엔 그게 트집이 되어 세자 자리가 위태로울 수 있다는 것을 잘 알고 있었기 때문으로 보인다.

답답한 건 되레 노론계 신하들이었는데, 하루는 김창집金昌集이 나서서 틀에 박힌 대답만 하지 말고 의견도 말하라고 주문하기까지 한다. 그래서 나온 답이 고작 "유의하겠다" 정도였다.

세자는 다만 처벌 문제에서는 자기 목소리를 냈다고 한다. 소론계 인사를 처벌하라는 요구를 따랐다가 자칫 그나마 있는 친위 세력을 잃게 되면 더 고립무원의 처지가 될 것을 우려해서다. 물론 노론계 인사의 처벌도 뒷감당이 쉽지 않았던 터라 소론계와 기계적 균형을 유지하는 정도로 했다고 한다.

이랬던 세자가 예상 밖의 모습을 보인 적이 있다. 승지 유승이 회의에 지각한 것이다. 이를 두고 세자는 "당장 여기서 물러나라. 사관들도 물러가라. 신하가 되어서 너희들이 이렇게 날 기다리게 할 수 있느냐?"며 폭발했다.

신하들 모두 당황했고, 급기야 승지와 사관들은 공포감에 질려 물러나야 했다. 하지만 세자는 곧 자기 행동을 후회하며 회의를 시작했다고 한다. 며칠 뒤 신하들의 왜 그랬느냐는 물음에 세자는 "유의하겠다"로 답했다고 한다. 세자가 느끼는 공포감이 얼마나 큰지 짐작하게 해주는 일화이다.

일단 일을 시작한 노론은 '연잉군'을 세자로 세워야 한다는 주장을 공개적으로 하고 나섰다. 그러자 소론은 이에 맞서 세자를 보호하자는 주장을 하게 된다. 당시 숙종의 건강이 나쁜 상황을 감안하여 '4노론'으로 일컬어지는 영의정 김창집, 좌의정 이건명李健命, 영중추부사領中樞府事 이이명李頤命, 판중추부사 조태채趙泰采가 나서서 연잉군으로 세자 교체를 밀어붙였다. 하지만 강력한 반발에 부닥쳐 결국 미수에 그친다. 그리고 노론의 4대신은 파직되어 귀양 간다.

아마 숙종이 보기에도 실수하지 않는 세자를 당장 바꾸기에는 현실적으로 어렵고, 또 자신의 건강을 생각하면 이 폭풍 같은 일을 감당할 힘도 없었던 것 같다. 그래서 결과론적으로 세자를 길들이는 선에서 마무리된 게 아닌가 싶다.

어쨌든 이렇게 숙종은 환국의 피비린내 나는 정치를 하며 46년간 왕위에 있다 1720년 쉰여덟 살의 나이로 죽는다. 의식이 흐려지기 시작한 지 얼마 지나지 않아 갑자기 크게 피를 토하고는 절명했다고 한다. 그리고 세자 '윤'이 즉위하니, 그가 경종이다.

최초로
서자 출신
세제가 왕 되다

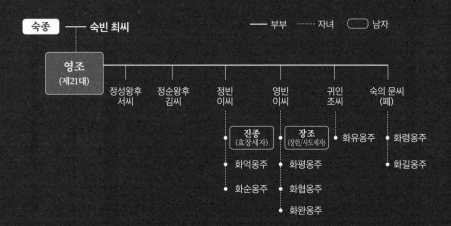

| 숙종 | ── 숙빈 최씨 | ── 부부 ⋯⋯ 자녀 ⬭ 남자 |

영조
(제21대)

정성왕후 서씨	정순왕후 김씨	정빈 이씨	영빈 이씨	귀인 조씨	숙의 문씨 (폐)
		진종 (효장세자)	**장조** (장헌/사도세자)	화유옹주	화령옹주
		화억옹주	화평옹주		화길옹주
		화순옹주	화협옹주		
			화완옹주		

영조

1694~1776 | 재위 1724~1776

불안불안한 가운데서도 용케 세자 자리를 지키며 버티다 아버지 숙종의 뒤를 이어 보위에 오른 경종은 하마터면 '만년 세자'라는 별명을 얻을 수도 있었다. 숙종이 무려 45년이나 왕위에 있었던 터라 세자 역시 조선시대 세자 중 가장 긴 기간인 30년간 세자 자리에 있었다. 이쯤 되면 요즘식 별명인 '만년'이란 꼬리표를 달아도 크게 어색하지 않을 것 같다. 역사에 가정법은 없다지만 아버지 숙종이 조금이라도 더 살았다면 어떻게 됐을까 싶다. 이이명의 세자 교체 시도가 성공했을 수도 있기 때문이었다.

사실 경종은 엄마 희빈 장씨가 후궁일 때 태어났고, 또 엄마가 아버지의 계비가 되자 적장자가 되었고, 다시 엄마가 희빈으로 강등되면서 서자 신분이 되었다가, 엄마가 죽고 의붓엄마인 계비 인현왕후의 아들로 입적되면서 다시 적장자가 되는 굴곡진 운명이 삶의 행간에 숨어 있다.

최초로 서자 출신 세제가 왕 되다

아버지 숙종의 시대는 한 마디로 '환국'의 시대였다. '예송논쟁'이라는 그럴듯한 용어로 시작됐지만 본질은 권력 쟁취를 위한 치열한 당파 싸움이었다. 서인과 남인의 대결이라는 말로 요약할 수 있을 것 같다. 예송논쟁으로 남인이 권력을 잡았지만, 허적과 윤휴로 대표되는 인사들이 실각하는 1680년 '경신

쉰 살 무렵의 영조 초상화 (국립고궁박물관 소장)

환국庚申換局'으로 서인이 권력의 전면에 등장한다. 그러다 9년 후인 1689년 왕비 교체 문제로 대립하여 일어난 '기사환국'으로 남인이 승전가를 불렀다. 1694년엔 '갑술환국'으로 다시 남인이 권력을 잡았다. 1701년엔 '신사의 옥'을 일으켜 남인의 뿌리를 뽑더니, 1705년 임부의 옥사와 1706년 이잠의 옥사로 남인은 물론이거니와 서인마저 몰락하면서 이제 세상은 노론이 장악했다.

경종은 세자로 있으면서 이런 천당과 지옥을 오가는 끔찍한 경험은 물론이거니와 즉위 직전에는 세자 자리 자체를 위협하는 '세자 교체'라는 초강수와 맞서야만 했었다. 하여튼 이런 우여곡절을 겪었던 터라 경종은 즉위하자마자 몸조심하는 걸로 처신했다. 비록 왕이 되었더라도 지위가 여전히 불안했기 때문에 권력을 틀어쥔 노론의 눈치를 보지 않을 수 없었기 때문이다. 더욱이 경종은 이때까지 자식을 두지 못했다. 경종은 세자 시절인 1696년 세종의 장인인 심온의 후손이자 청은부원군靑恩府院君 심호沈浩의 딸 단의왕후端懿王后 심씨와 가례

를 올렸다. 심씨는 건강이 좋지 않았다고 한다. 중풍을 앓기도 했고, 말을 횡설수설하는 등 병약한 모습을 보여 시어머니 인현왕후의 상사에 예를 갖추지 못할 정도였다고 한다. 그러다 경종 즉위 2년 전인 1718년 갑자기 쓰러져 죽었다.

그리고 그해 세자는 영돈녕부사 어유구魚有龜의 딸인 선의왕후宣懿王后 어씨와 가례를 올린다. 엄밀히 말해 단의왕후는 세자빈으로 그쳤지만 나중에 추증한 거고, 선의왕후는 세자빈에서 남편이 왕이 되자 자동으로 왕비가 되었다.

그럼에도 경종은 왕자는 고사하고 공주도 한 명 생산하지 못한 상황이었다. 역사에서는 경종이 불임이라고 말한다. 야사에 이렇게 전한다.

세자의 어머니 희빈 장씨가 사약을 앞에 두고 죽기 전에 세자인 아들을 보고 싶다고 했단다. 어미의 애원에 아비도 어쩌지 못하는 게 인지상정이거늘, 숙종은 세자를 데려오도록 했다. 그런데 희빈 장씨는 세자를 보자 돌변해 입에 담지 못할 말을 퍼붓고는 세자의 가장 중요한 생식기를 붙잡고는 세게 잡아당겼다는 거다. 세자는 그 자리에서 기절했다고 한다. 이 일로 세자는 불임이 되었고, 몸도 쇠약해지기 시작했단다.

글쎄, 신빙성이 전혀 없는 지어낸 얘기에 불과하지만, 경종이 건강이 안 좋아 시름시름 했고, 아이를 낳지 못했던 점을 보면 세자 자리까지 위협받았던 상황을 비유적으로 표현한 게 아닌가 싶기도 하다.

역사에서는 경종의 건강 이상설에 대해서 여러 가지 이유를 내놓고 있다. 비만인 데다 세자 시절 내내 과도한 스트레스에 시달려 건강한 게 되레 이상할 지경이라고 했다. 노론의 영수이자 인현왕후의 오빠인 민진원이 1680년(숙종 6년)부터 1728년까지 궁중에서 일어났던 사건을 연대순으로 추려 기록한 《단암만록丹巖漫錄》에 이렇게 기록하는 것으로 보아 과장이 있었더라도 건강이 안 좋았음은 확실해 보인다.

"세자는 때때로 벽을 향하고 앉아서 조그마한 소리로 중얼거려 다른 사람과 대화하는 것처럼 했다. 또 한밤중에 계단과 뜰 사이를 방황하기도 했고 정신도 안정되지 못했으며 지각도 불분명했다. 숙종의 상에 한 번도 곡소리를 내지 않았으며 까닭 없이 웃기까지 했다."

반면 권력을 잡고 있는 노론은 노론대로 경종의 눈치를 보아야 했다. 생모 희빈 장씨가 어떻게 죽었는지 똑똑히 보고 듣고 한 아들이란 점에서 반드시 보복할 수도 있겠다는 우려에서다. 중종반정이 끝나고 중전 신씨를 폐위시켰던 반정 세력의 조처가 반면교사처럼 다가왔을 거다. 치마바위 전설의 주인공인 신씨의 아버지가 바로 연산군의 측근 신수근이었고, 반정군이 그 신수근을 처단했기 때문이다. 보복의 싹을 미리 자른다는 의미에서 일주일 만에 왕비를 끌어내리지 않았던가.

이런 상황에서 경종이 즉위한 지 한 달만인 1720년 7월 21일, 유생 조중우趙重遇의 상소가 올라온다.

"이제 전하께서 종묘사직과 조상을 받드는 임금이 되었는데, 낳아 주신 어머니의 신주는 오히려 명호名號도 없이 적막한 마을에 고요하고 쓸쓸하게 있고 한 줌의 무덤에는 풀만 황량합니다. (…) '희빈'

두 글자를 일찍이 삭제하지 않았던 건 선대왕의 은밀한 뜻이 어찌 그 사이에 있지 않겠습니까? 엎드려 바라건대 예관에게 특별히 명을 내려 빨리 명호를 정하여 지극한 정리를 펴고 나라의 체통을 높이소서."

상소는 이제 왕이 되었으니 어머니 희빈 장씨의 신분을 올리라는 거였다. 아들로서는 어머니의 죽음이 억울하다고 생각할 거고, 이제 최고 권력자이니 그 억울함을 풀어야 한다는 당위가 생긴다. 어떻게 생각하면 충분히 있을 수 있는 일이라고 생각할 수도 있었다.

하지만 노론에게 이 상소는 그냥 뒀다간 낭패 볼지도 모른다는 위기감을 주었을 것이다. 아나나 다를까 노론 강경파의 수장인 승지 홍치중洪致中 등이 "지극히 놀란 나머지 감히 예에 따라 받들지 못하고 마음에 품고 있는 바를 덧붙인다"며 강력하게 반대하고 나섰다.

그러자 경종은 한발 물러서 선왕(숙종)의 상중임을 내세워 상소를 올린 조중우를 변방에 유배 보내는 것으로 일단락 지으려 했다. 하지만 노론은 이참에 싹을 잘라야 한다는 생각에서 국문을 요구했는데, 경종은 거부한다. 그럼에도 노론은 조중우를 압송해 국문했고, 조중우는 유배 가는 길에 죽는다. 두서너 달 후, 이번에는 성균관 유생 대표인 윤지술尹志述이 나서서 마음에 품고 있던 바를 써서 올린다.

"엎드려 바라건대 빨리 다른 대신에게 명하여 무덤의 지문誌文을 고쳐 지어 통쾌하게 사실을 밝히고, 선왕의 성덕과 대업이 끝내 없어지지 않게 한다면 실로 국가의 다행이겠습니다."

윤지술은 경종의 어머니 희빈 장씨에 대해 잘못 쓴 묘비를 고치라고 건의했다. 어머니의 억울함을 풀어 주라는 것이었다. 경종은 내심 윤지술의 상소가 고마웠을 것이다. 그런데도 의정부를 비롯해 지방 관료까지 사방을 둘러봐도 노론 일색이었던 터라 고립무원의 상황에서 어찌할 수가 없었다. 노론으로서는 용납할 수 없는 일이다. 윤지술 역시 노론의 심기를 건드린 죄로 처형된다.

일단 이렇게 기세를 내보인 노론은 내친김에 자신들의 뜻을 관철하려고 시도한다. 어머니에 대한 본격적인 피의 복수가 시작되지는 않았지만, 그 가능성은 항상 열려 있다는 생각에서 노론이 또 다른 음모를 꾸민 것이다. 그게 바로 연잉군의 세제 책봉이다.

이번에도 경종이 세자였던 시절, 세자를 연잉군으로 교체하려다 실패한 영중추부사 이이명을 비롯한 영의정 김창집, 좌의정 이건명, 판중추부사 조태채 등이 다시 나섰다. 그때 이들은 세자에게 대리청정을 시켜 꼬투리를 잡으려 했었다.

이 무렵 마침 청나라에서 사신이 와 있었다. 영의정 김창집이 청사신에게 왕은 자식이 없고 동생이 있다고 말한다. 이에 소론이자 노론 4대신 중 한 명인 조태채의 사촌 조태구가 적극 반박한다. 이런 상황에서 경종은 몇몇 소론계 인사들을 발탁했는데, 노론은 다시 위기의식을 느낀다. 그래서 사간원 정언 이정소李廷熽를 내세워 상소하게 한다. 경종 1년인 1720년 8월 20일이다.

"지금 우리 전하께서는 춘추가 한창인데도 아직껏 세자가 없으시니 (…) 마땅히 나라의 큰 근본을 생각하고 종사의 좋은 전략을 꾀해야 함에도 대신들은 아직껏 세자 세울 것을 청하는 일이 없으니, 신은 이를 개탄합니다. 바라건대, 전하께서는 빨리 이 일을 대비께 올리시고 대신들에게 의논케 하시는 것이 바로 사직의 대책을 정하는 것이며, 억조 신민의 큰 소망을 매어 두는 일이 될 것입니다."

이때까지만 해도 경종은 슬하에 자식이 없었더라도 여전히 낳을 수 있는 나이였다. 경종은 서른네 살, 선의왕후는 열일곱 살이었다. 그런데도 경종에게는 후사가 없을 것 같으니 얼른 후사를 정하라는 주장이었다. 경종은 이 상소에 대해 대신들에게 논의하라고 했다.

그러자 노론 4대신은 기다렸다는 듯 일사천리로 밀어붙인다. 이런 압박에 경종은 그들의 뜻대로 하자고 물러서는데, 노론은 이참에 확실하게 해두겠다는 심산으로 대비 인원왕후의 승인까지 받아 내야 한다고 주장한다. 경종이 이에 응했음은 물론이다.

노론은 경종에게 대비의 수찰手札을 요구했다. 그러자 경종은 대비에게서 받은 봉서封書를 내놓았다. 봉서 안에 두 통의 종이가 있었는데, 하나는 해서로 '연잉군延礽君'이란 세 글자를 써놓았고, 하나는 한글로 쓴 교서였다.

"효종대왕의 혈맥과 선대왕의 골육은 단지 주상과 연잉군뿐이니, 어찌 다른 뜻이 있겠는가? 나의 뜻이 이와 같으니, 대신에게 하교함이 마땅하다."

《경종수정실록》에는 이날에 이 봉서를 읽고 여러 신하가 울었다고 쓰여 있다. 그리고 경종에게 "연잉을 세제로 삼는다"는 전교를 쓰게 했다.

이후 연잉군의 세제 책봉에 대한 승인을 받기 위해 청나라에 간

사신 이건명은 왕이 젊은데 왜 아우를 세제로 책봉했느냐는 질문을 받고는 왕의 성불구를 이유로 댔다고 전해진다. 이 말은 사실 여부를 떠나, 노론이 경종을 어떻게 생각하고 있는지를 상징적으로 보여 준다.

이 한밤의 쿠데타 같은 왕세제 책봉에 대해 소론은 강하게 반발했다. 우선 친정이 노론이지만 경종을 따라 소론으로 입장을 바꾼 중전 선의왕후가 반발했다. 선의왕후 입장에서는 아직 스무 살도 안 된 앳된 나이이므로 자식을 둘 가능성이 매우 크다는 점에서 당연한 반발이었으리라.

소론 중진 유봉휘도 나섰다. 있을 수 없는 일이라고 비판하자 노론은 감히 세제를 논박할 수 있느냐며 되레 유봉휘의 처벌을 주장했다. 하지만 경종은 이를 허락하지 않아 유봉휘는 유배를 가는 것으로 마무리됐다.

하지만 노론의 압박은 여기서 그치지 않았다. 연잉군을 세자로 만든 지 석 달 만에 이번에는 대리청정 카드를 꺼내 들었다. 그런데 경종은 이를 덜컥 받아들인다. 하지만 소론 4대신이 경종을 직접 만나 설득한 끝에 경종은 대리청정 명을 거둬들인다.

그러자 노론은 절차적, 방법적 하자를 들어 소론의 처벌을 주장하고 나섰다. 이에 경종은 버럭 화를 내며 노론의 주장을 일축한다. 그리고 경종은 연잉군에게 직접 대리청정을 하라고 명령을 내린다.

경종의 초강수에 당황한 쪽은 되레 노론이었다. 물론 소론, 남인 등도 크게 놀라 안 될 일이라고 적극 만류했다. 세제 연잉군 역시 이게 예삿일이 아니란 걸 직감하고 도끼를 들고 상소하여 받아들여지지 않으면 도끼로 쳐 죽이라는 의지를 담은 '지부상소持斧上疏'를 올려 대리청정의 명을 거두라고 한다.

하지만 경종은 고집을 꺾지 않았다. 다시 한번 더 대리청정 명을 내린다. 그러자 노론은 본심을 드러내 이를 덥석 받아들인다. 이에 대해 소론의 반발이 더 거세졌음은 불문가지이다. 이 상황에서 우의정 조태구가 경종에게 노론 대신들을 막지 못한 죄로 자신을 먼저 처벌하고 대리청정을 거두라고 울면서 요청한다. 경종은 이번엔 소론의 의견을 받아들여 대리청정을 거둔다. 그러고는 이렇게 말한다.

"결탁이니 교통이니 따위의 말은 심히 무엄하다. 다시는 번거롭게 하지 말라."[《경종실록》 경종 1년(1720년) 10월 19일]

일단 이렇게 세제의 대리청정 문제는 수면 아래로 가라앉는 듯했다. 그러나 물 아래 잠겼던 민감한 문제는 언제나 물 위로 다시 떠오를 수밖에 없었다. 두 달 가까이 됐을 무렵 소론 강경파인 김일경金一鏡이 뜻 맞는 이들과 함께 서명한 상소를 올려 4대신을 비롯한 노론의 탄핵을 주장했다. 여기에 대해 노론의 반발이 있음은 당연지사였다. 경종은 임금이 신하들에게 의견을 구하는 '구언상소求言上疏'라며 문제 삼지 않겠다고 했다.

그러면서 경종은 승지와 삼사의 대신들을 비롯한 영의정, 좌의정을 바꾸고, 조태구를 영의정으로 삼는다. 사실 경종의 이 같은 조치는 노론은 물론이거니와 소론도 예상하지 못한 강수였다.

이렇게 경종 1년(신축년, 1721년)과 2년(임인년, 1722년) 두 해에 걸쳐 있었던 정치 분쟁인 신임옥사辛壬獄事의 서막이 올랐다. 신축년 '신辛' 자와 임인년 '임壬' 자를 합한 명칭이다.

이듬해인 1722년 지관 목호룡睦虎龍의 고변이 있었다. 목호룡은 애초 남인 서얼 출신으로 풍수지리에 밝아 연잉군 댁의 장지를 정해준 인연으로 왕실의 장지를 관리하는 궁차사宮差使였다. 나중에 소론으로 변신하면서 노론의 견제를 받던 인물이었다. 그는 김일경의 사주를 받아, 노론이 경종을 시해하고 이이명(세종의 서자 밀성군의 8대손)을 옹립하려 한다고 고변한다.

이 고변은 이른바 '삼급수三急手' 고변이라고 부르는데, 삼급수는 경종 시해 세 가지 방법을 뜻한다. 칼을 이용한 대급수와 약을 쓰는 소급수, 그리고 폐출을 모의하는 평지수平地手를 말한다. 이 고변으로 당대의 내로라하는 노론 가문들이 줄줄이 엮였다.

여기서 세제 연잉군이 아닌 이이명을 옹립하려 했다고 한다. 이에 경종을 암살하기로 뜻을 모으고 노론의 김용택은 '충忠', 다른 사람은 '신信'과 '의義' 자를 각자 손바닥에 썼고, 남인 백망白望이 '양養'자를 썼는데, 그 의미가 이이명의 자字인 '양숙養叔'이라는 것이다.

자, 이제 무게 추는 소론으로 기울었다. 김일경 등이 나서서 노론의 숙청을 주장하여 결국 노론 4대신이 유배지에서 사사되는 등 20여 명이 목숨을 잃었고, 장살당한 사람이 30여 명에 이르렀다고 한다. 조선시대 사화나 환국 중 가장 많은 희생자를 낸 '옥사'가 된다.

상황이 이렇게 전개되자 세제인 연잉군은 대리청정을 사양하는 한편 경종의 이복동생이라는 점에서 화를 입지는 않았다. 그럼에도 형 경종에게 대들기는 한 모양이다.

세제가 한번은 경종이 아끼는 궁인 박상검과 문유도 등이 자신을 음해하려 한다며 경종에게 처형을 요구한다. 경종이 거부했다. 그러자 세제는 "그 사악한 내시들을 전하 곁에 두면 되겠군요"라고 대들었다고 한다. 그리고 경종에게서 '차마 들을 수 없는 하교'(실록의 이 같은 완곡한 표현은 쌍욕을 의미한다)를 들었다고 한다.

그러자 세제는 세제 자리에서 내려오겠다고 선포한다. 노론은 물론 소론까지 느닷없는 세제의 입장 표명에 놀랐고, 소론조차 박상검과 문유도의 처벌을 주장하게 된다. 결국 이들은 처형된다.

이 과정에서 경종 비인 선의왕후는 비밀리에 사람을 시켜 종친 중에 살아남은 소현세자의 셋째 아들 경안군의 손자이자 임창군臨昌君의 맏아들 밀풍군密豊君을 양자로 삼아 세자로 만들 작정을 하기도 했다고 한다.

선의왕후가 비밀리에 종친이자 세종의 넷째 아들 임영대군의 후손인 이인좌李麟佐에게 언문 교서를 내렸다고 하는데, 그 내용이 자못 충격적이다. 김용관이 쓴 책《영조의 세 가지 거짓말》(올댓book)을 보면, "왕실의 씨가 바뀌었으니 바로 잡아라"라고 했다는 거다. 이 말은 이인좌의 주장에서 비롯됐다는데, 밀명을 받았다는 주장만《영조실록》에 나올 뿐 진위 여부는 알 수 없다.

하지만 이 모든 것은 경종의 급작스러운 죽음으로 미수에 그친다. 그동안 몸이 좋지 않았던 경종은 왕위에 오른 지 4년이 지난 1724년부터 건강이 급격하게 나빠지기 시작했다고 한다. 비만에다 소화기관이 좋지 않아서 식사를 제대로 못 했다고 알려졌다. 그러다 이해 8월 5일 설사를 동반한 오한을 겪기 시작하다 20일 게장과 생감을 먹었다가 의식불명 상태에 빠진다. 결국 10월 11일 서른다섯 살의 나이로 사망한다.

그러자 연잉군이 경종을 독살했다는 설이 돌기 시작했는데, 여기에는 세제 자리를 위협받던 상황과 설사 환자에게 치명적인 게장을 올리게 했다는 음모론에서 비롯됐다.

하지만 이 음모설의 정리와는 상관없이 연잉군은 경종의 뒤를 이어 왕이 되었다. 손자 정조와 함께 조선의 르네상스 시대를 열었다고 평가받는 영조다.

어좌에 오르라는 대신의 말에 울부짖으며 오르기를 사양하던 연잉군은 마지못해 오르고는 이런 교지를 내렸다.

"윤리로는 형제이고 의리로는 부자이니, 진실로 지극히 애통함이 끝이 없다. 조종祖宗을 계승하여 신하와 백성의 주인이 되었으나 보잘 것없는 몸이 감당하기 어려움을 어찌하겠는가? (…) 높은 지위에 오르니 두려움이 마음을 놀라게 하고, 성대한 의식을 보니 끊임없이 눈물만 흐른다."

최초로 서자 출신 세제가 왕 되다

세손,
사도세자의
아들이 왕 되다

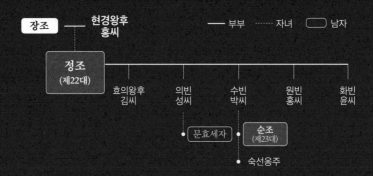

정조

1752~1800 | 재위 1776~1800

1724년 즉위한 영조는 출생 콤플렉스가 있었다. 어머니 숙빈 최씨가 무수리 출신이라 숙종의 서자인 데다 이복형 경종이 후사가 없는 관계로 세제 신분으로 왕이 되었다. 왕의 동생이라 해도 즉위할 때는 왕의 아들로 입적하는 관례와 달리 영조는 세제 신분을 그대로 유지한 채 왕이 된 최초의 사례였다.

생모의 신분과 세제라는 두 가지 큰 약점이 영조에게는 '정통성' 문제로 연결될 수밖에 없었다. 역사적으로 볼 때 취약한 정통성은 특히 즉위 초기에 무리수를 두는 원인이 되곤 했다. 이 문제가 영조에게도 예외는 아니었다.

영조는 집권 초기 소론에 기대서 정치를 할 수밖에 없었다. 세제 책봉 시 자신의 편에 섰던 노론이 거의 몰락했기 때문이다.

영조는 등극하자마자 단행한 의정부 인사에서 영의정에 소론의 영수인 이광좌李光佐를, 우의정에 연잉군(영조) 세제 책봉 시 반대했던 소론의 거물 유봉휘를, 우의정에 소론 온건파인 조태억趙泰億을 각각 임명했다.

한편으로는 노론의 영수 민진원閔鎭遠을 석방한다. 민진원은 숙종의 계비 인현왕후의 오빠로, 여동생의 폐위와 더불어 집안을 풍비박산 나게 한 소론에 사무친 한을 갖고 있던 인물이었다. 영조가 영의정이자 소론의 영수 이광좌와 함께 민진원을 불러 화해를 주선하기도 했지만 실패했다.

그러면서 영조는 소론 과격파에 대한 처벌도 함께 진행했다. 우선 '삼급수' 고변자인 목호룡과 노론 4대신의 처벌을 주장한 소론 강경파 김일경을 처벌했다. 신임사화가 무고였다는 이유였다. 하지만 이 일은 무고라 하기엔 무리가 있다. 실체가 있는 사건이었다.

소론 정부의 노론 복권과 소론 강경파 처결이 의미하는 바가 무엇일까. 이는 영조의 정치적 배경인 노론 정부로의 이행을 위한 밑그림 작업이 아니었을까 싶다. 아니나 다를까, 영조는 정치가 어느 정도 안정적인 모습을 보이자 본색을 드러내기 시작했다.

이른바 역사에서 말하는 을사환국乙巳換局이 단행된 것이다. 1725년 을사년에 일어난 을사환국은 1721년에서 1722년까지 벌어졌던 노론 축출 사건인 '신임옥사'를 무효로 만든 처분을 말한다. '을사처분乙巳處分'이라고도 부른다.

이 처분에 따라 민진원을 이조판서로 삼은 한편 김창집·이이명·이건명·조태채 등 소위 노론 4대신의 관작을 회복시킨다. 그러니 당연히 이광좌와 조태억을 비롯한 소론을 처벌하라는 주장이 나오기 시작했다. 또 한편으로 영의정에 정호, 좌의정에 민진원, 우의정에 이관명 등 노론 인사를 기용하여 의정부를 노론 일색으로 개편했다.

그러고 나서 경종이 노론을 숙청하면서 내렸던 공신록은 물론이 거니와 목호룡에게 준 교서와 초상화 등을 모두 불태워 버리게 한다. 기록 자체를 없앰으로써 임인옥사를 없었던 일로 만들었다. 이때 희생된 노론 인사들에게 시호를 내리는 한편 노론 4대신의 서원 건립도 허용한다. 물론 이광좌와 조태억 등 소론 인사들의 관작을 삭탈하고 귀양 보내면서 을사옥사는 마무리된다.

하지만 역사는 쳇바퀴 돌 듯 돌고 돌아 다시 소론이 다시 득세했다. 이른바 정미환국丁未換局이 일어난다.

1727년 영조는 탕평책蕩平策을 실시할 요량으로 노론을 파면하는 한편, 소론의 이광좌와 조태억을 영의정과 좌의정에 각각 임명하면서 노론과 공존하는 의정부를 꾸렸다. 노론의 소론에 대한 탄압을 탐탁하지 않게 여기던 영조가 나름 골고루 등용함으로써 붕당의 폐해를 막아 보려 했던 것이다. 이 '탕평책'은 왕과 신하 사이의 의리를 바로 세우고 붕당을 없앤다는 게 이유였다.

'탕평'은 정치가 어느 한쪽으로 치우치지 않고 공평한 것을 말하는데, 《서경》의 '홍범' 조에 나오는 "무편무당왕도탕탕 무당무편왕도평평無偏無黨王道蕩蕩 無黨無偏王道平平"이라는 글에서 유래했다.

영조는 탕평책을 실시하면서 신하들에게 '탕평채'라는 음식을 내놓았다고 한다. 탕평채는 녹두묵에 고기볶음, 미나리, 김 등을 섞어 만든 묵무침이라 한다. 그런데 영조의 이 탕평책에 찬물을 끼얹는 일이 발생한다. 1728년에 일어난 '이인좌의 난'이 그것이다. 앞에서 이야기했던 경종의 계비 선의왕후가 비밀리에 언문 교서를 내려 세제 교체를 시도했다가 미수에 그친 그 이인좌다.

영조는 즉위하자마자 경종 독살설 때문에 몸살을 앓아야 했다.

가뜩이나 정통성이 취약한 데다 독살설까지 나도는 상황이어서 탕평책이라는 히든카드를 꺼냈지만, 별 소득이 없었다.

이런 상황에서 이인좌가 영조의 아킬레스건을 파고들었다. 이인좌는 김일경이 제거되자 불안을 느낀 일부 소론을 비롯하여 남인 등이 만든 무신당戊申黨을 등에 업고 '거사'를 일으켰다. '지방에서 도적이 일어나면 서울 안에서 호응한다'는 전략에 따라 경기, 호서, 영남 등 지방에서 반란을 일으킨 것이다. 한때 청주성을 점령하기도 하면서 세 과시를 했지만 이인좌의 난은 결국 평정된다.

그런데 이인좌의 난은 집권 세력이자 반란의 원인 제공자인 노론은 물론이거니와, 반란에 직접 연루된 소론에게 큰 타격을 가하면서 되레 탕평파가 힘을 얻는 결과를 만들었다.

이런 정치적 소용돌이에서 한시도 마음을 놓을 수 없었던 이 무렵 영조는 비록 서자였지만 맏아들이랄 수 있는 효장세자孝章世子를 잃는 참척(자손이 부모나 조부모보다 먼저 죽는 일)의 아픔을 겪는다.

영조는 열한 살에 서종제徐宗悌의 딸인 한 살 위 달성 서씨 정성왕후貞聖王后와 결혼했는데, 이 정비 사이에서는 자녀가 없었다. 두 사람 사이가 좋지 않았다는 게 이유다. 야사에 보면 첫날밤 연잉군이 정성왕후에게 손이 곱다는 말을 건넸는데, 정성왕후의 대답 때문에 눈 밖에 났다는 거다. 정성왕후는 '양반집에서 태어나 손에 물 한 방울 묻히지 않아서 그렇다'고 했단다. 이 말이 왜 문제가 되느냐고 할지 모르겠는데, 연잉군으로서는 거칠었던 어머니의 손과 정성왕후의 손이 너무 다른 걸 문제 삼은 거란다. 무수리였던 어머니가 허드렛일을 너무 많이 해서 손이 몹시 거칠었던 게 마음에 걸렸다고 볼 수 있다. 또 '삼수三手의 옥' 주동자인 서덕수가 정성왕후의 조카였기 때문이라는 설도 돌긴 했다. '삼수의 옥'은 1722년 노론 측에서 삼수, 즉 '칼, 독약, 폐출'의 세 가지 수단으로 경종을 시해 또는 폐출하려고 했다는 목호룡의 고변(삼급수 고변)을 계기로 일어난 옥사를 말한다.

어쨌든 두 사람 사이는 직접 대면하지 않고 그 사이에 내시를 두고 소통을 했다는 이야기까지 나돌 정도였으니 자식이 있는 게 오히려 이상할 지경이었다.

대신 영조는 세제 시절 첩이었던 온희정빈溫僖靖嬪 소훈 이씨와 사이에서 1남 2녀를 둔다. 하지만 1718년 스물네 살에 낳아 이제 첫 돌이 막 지난 첫딸 화억옹주를 잃고 상념에 빠지곤 했다. 그런데 영조의 아픔은 여기서 끝나지 않았다. 비록 서자이지만 1724년 경의군敬義君에 봉해졌고, 이듬해 세자로 책봉된 효장세자마저 잃는다.

효장세자는 어려서부터 총명했다고 하는데, 영조는 특별히 애지중지하여 기어코 일곱 살에 세자로 책봉까지 했다. 하지만 효장세자는 어린 나이에 갑자기 병으로 사망했는데, 영조가 직접 임종했다고 한다.

영조에게는 두 번째 후궁으로 소유영빈昭裕暎嬪인 전의 이씨가 있다. 이씨는 찬성 이유번李榆蕃의 딸로, 여섯 살에 궁녀가 되었고, 임금이 거처하는 대전에서 일하다 1726년에 승은을 입었다. 슬하에 1남 6녀를 두는데, 이 아들이 장헌세자莊獻世子이다. 아버지 영조와 극심한 갈등을 겪다가 끝내 뒤주에 갇혀 죽임을 당한 '사도세자思悼世子'가 우리에게 더 친숙한 존호이다.

사도세자는 1735년 아버지 영조가 마흔두 살에 둔 아들이다. 물론 효장세자의 이복동생으로 둘째 아들이지만 효장세자의 사망으로 실질적인 맏아들이 된 셈이다.

사도세자 역시 태어났을 때 아버지 영조로부터 무한 사랑을 받

앉음은 물어보나 마나다. 영조는 이 아들을 세자로 책봉하기 위해 서둘러 그 절차를 밟았다. 태어나자마자 우선 정비인 정성왕후의 양자로 입적시켜 '원자'로 삼은 다음, 그 이듬해에 세자로 정식 책봉했다. 세자에 대한 영조의 기대감이 얼마나 컸는지 세자가 읽을 책을 밤새며 직접 필사했고, 세자의 성균관 입학을 기념해 탕평비蕩平碑(유학생들에게 불편부당不偏不黨한 군자의 도를 닦으라는 의미에서 성균관에 세운 비)도 세웠다고 한다.

이때까지만 해도 사도세자는 영조에게 천재로 보였다. 흔히 위인전에서 볼 법한 천재의 기적이 반복된다. 가령, 두 살에 천자문을 떼고, 세 살에 수壽와 복福 자가 박힌 것은 먹어도 팔괘八卦를 박은 것은 안 먹었는데, 팔괘가 우주의 근본이란 게 이유였다. 다섯 살 때 밥 먹던 중에 아버지 영조가 말을 걸었는데, 《소학》의 가르침처럼 입에 있는 밥을 전부 뱉고 답했다고 한다. 이뿐이 아니다. 《천자문》에서 사치 '치侈' 자를 보자 이 글자를 짚고서 자기가 입고 있던 옷을 가리키며 "이것이 사치다"라고 했다거나, 아버지 영조가 어릴 때 쓰던 칠보 감투를 씌우자 "사치!"라고 거부했고, 돌복을 입히려 하자 "사치하여 남 부끄러워 싫다"고 거부했다고 한다.

딸만 많고 아들이 귀했던 영조는 이 세자를 누구보다 잘 키워 이 나라를 맡기려고 했다. 그래서 백일도 채 안 된 때에 생모와 떨어뜨려 소론계 궁녀들에게 맡긴다. 소론은 당시 노론을 등에 업은 연잉군이 형 경종에게 간장게장을 주어 사망하게 했다는 독살설을 믿는 사람들이었다.

그뿐이 아니었다. 영조는 사도세자를 경종의 계비인 선의왕후 어씨가 살던 저승전儲承殿에 머물게 했는데, 이 부근에 희빈 장씨가 인현왕후를 저주한 곳인 취선당도 있었다. 그런데 영조는 이 취선당에서 세자가 먹을 음식을 만들도록 했단다.

이런 것들이 모두 세자를 비뚤어지게 한 원인이라고 사도세자의 부인 혜경궁 홍씨가 《한중록閑中錄/恨中錄》에 썼다지만 이건 결과론적 이야기일 뿐이다. 당시 영조가 귀하디귀한 세자를 위해 이런 조처를 한 데에는 선의의 의미가 있었을 것이다.

우선 소론 출신 궁녀들에게 세자를 돌보게 한 것은 아마도 형 경종을 독살했다는 소문에서 자유롭지 못하던 영조로서는 경종을 지지하던 소론 궁인에게 세자를 맡기면 이런 음모에서 벗어날 수 있겠다고 생각해서였을 것이다.

하지만 당파 색이 짙은 소론 궁인들이 자신들의 향후 입지를 위해 영조의 지지기반인 노론 대신 소론 성향으로 세자를 세뇌하듯 양육했을 가능성이 크다. 특히 최씨와 한씨 성을 가진 상궁이 이 일에 앞장섰다고 알려져 있는데, 이들은 궁녀였던 생모 영빈 이씨의 옛 신분을 생각해 업신여기면서 세자와 만남도 한 달에 한두 번만 허용했다고 한다. 그러면서 이들은 세자에게 공부 대신 병정놀이나 무예에 관심을 두도록 했다고 한다.

그 결과 세자는 차츰 커 가면서 공부 대신 무예에 빠졌고, 아버지 영조와 의견 차이를 보이기 시작한다. 갈등의 서막이 열린 것이다. 영조가 눈에 넣어도 아프지 않을 세자와 본격적인 갈등을 보인 건 사도세자가 대리청정을 시작한 열다섯 살쯤이다.

1749년 1월 22일 비가 억수같이 내리는 밤, 영조는 승정원에 봉서封書를 내린다. 내용은 "을유 등록乙酉謄錄을 상고해 보라"는 거였다. '을유'는 숙종 31년(1705년)이고, '등록'은 숙종이 왕세자에게 선위하겠다고 한 것을 중단했던 일을 말한다. 즉 영조가 세자에게 선위를 하겠다는 의미가 담긴 것이었다.

영조의 느닷없는 선위 소식은 온 나라를 발칵 뒤집어 놓았다. 더욱이 영조가 이미 밝힌 선위를 거둬들일 의사가 없었다는 점이었다.

영조는 선위를 해야 하는 이유를 세 가지 들었다. 첫째, 저승에 가 황형皇兄(경종)의 용안을 뵐 수 있도록 함이다. 둘째, 남면(임금의 자리)하기를 즐겨하지 않는 마음을 성취하고자 함이다. 셋째, 갑자년(1744년) 이후 병이 더하여 하루아침에 고치기 어려워 일에서 벗어나려 함이다.

특히 영조는 '삼종혈맥三宗血脈' 운운했는데, 삼종혈맥은 효종·현종·숙종의 혈속을 지칭하는 말이다. 현종과 숙종이 외아들이었기 때문에 숙종의 아들 경종과 자신이 이에 해당한다는 의미가 있다. 이는 영조가 정통성 문제 때문에 스트레스를 많이 받았음을 보여 준다.

이런 상황에서 조정 대신의 강력한 반대에 부닥친 영조는 세자 때문이라며 두 가지 이유를 더 댔다. 자신이 살아 있을 때, 기품 있는 세자가 뒷날 과연 어떻게 행동할지 보고 싶고, 시국의 형편에 따른 편벽한 내용의 상소를 알 수 있도록 기반을 세우려고 한다는 것이었다.

세자 역시 울면서 강하게 선위만은 안 된다고 저항했다. 그러자 영조는 이번에는 '선위' 대신 '대리청정'은 어떠냐고 했다. 그러자 대신들도 '대리청정'이란 말에 가슴을 쓸어내렸다. 그리고 영조는 자신의 속마음을 털어놨다고 한다. 노론과 소론이 벌이는 당파 싸움의 희생양이 되지 않도록 하기 위한 고육지책이었다는 것이다. 이렇게 시작된 세자의 대리청정은 세자가 뒤주에 갇혀 죽을 때까지인 1762년까지 무려 13년간 이어진다.

여기서 자세하게 세자와 영조 간의 불화를 다룰 수는 없어 간략하게 요약하면, 세자는 더 격화된 노론과 소론의 갈등을 겪어야 했고, 그 갈등 속에서 속 시원한 정치력을 보여 주지 못한다. 그럼 영조는 자신의 기대에 부응하지 못한다며 세자를 세차게 꾸짖었다. 오죽하면 세자가 영조에게 대죄하느라 홍역을 앓고 난 직후 엄동설한의 눈 위에서도 무릎을 꿇어야 했을까. 이때부터 세자는 '우레 뇌雷'나 '벽 벽霹'이라는 글자를 보지 못하고 천둥을 두려워하는 증세가 나타났다고 한다.

그러다 세자 보호를 맡았던 노론의 김상로金尙魯가 되레 세자의 동태를 영조에게 밀고하면서 모함하는 일을 저지른다. 영조의 명릉(숙종릉) 참배에 동행하던 세자가 몸이 아파 도중에 돌아온 적이 있는데, 이걸 군사를 일으키려 했다고 밀고하는가 하면 경연에서 세자가 변란을 일으킬지도 모른다고 논의할 정도였다.

이런 가운데 세자의 병세는 악화하여 의대증衣帶症이 나타나고, 화증으로 인해 내관을 매질하고 사람을 죽이기까지 한다.

1762년(영조 38년) 5월에 노론의 마지막 승부수인 '나경언羅景彦의 고변 사건'이 일어난다. 노론 강경 세력의 영수였던 윤급尹汲의 노복 나경언은 임금 주변 내시들이 역모를 꾸민다며 세자의 장인 홍봉한에게 알려 영조를 직접 만날 기회를 만든다. 이 자리에서 나경언은 세자의 비행을 적은 쪽지를 옷 솔기에서 꺼내 영조에게 바친다. 상세한 고변 내용은 고변서가 불태워져서 알 길 없으나《영조실록》에 영조가 친국하는 과정에서 세자에게 책망하며 되묻는 물음에 몇 가지 전해진다.

왕손의 어미를 때려죽이고, 여승을 궁으로 들였으며, 서쪽으로 행역行役하고, 북한산성으로 나가 유람하였다 등 열 가지였다고 한다.

세자가 심하게 반발하며 나경언과 대질까지 요구했지만, 영조는 일축했다. 세자가 '울화증' 때문이라고 변명했지만, 이것에 대해서도 영조는 차라리 미쳐 버리는 것이 낫다며 세자를 대놓고 면박했다.

며칠 후 나경언이 노론에게서 돈을 받고 거짓 고변했다고 실토한다. 하지만 영조는 어찌 나경언이 역적이겠느냐며 신하들의 치우친 입장이 아버지 당과 아들 당을 만든 것이므로 조정의 신하가 모두 역적이라고 했다. 결국 아들이 역적이라는 이야기 아닌가. 여기서 아버지 영조와 아들 세자간의 화해는 물 건너갔다.

하지만 세자는 계속해서 영조에게 잘못을 빌었다. 그러면서 이 사달이 어디서 어떻게 비롯됐는지를 캤다. 결과는 세자와 소론 간을 이간질하여 제거하려는 노론의 '승부수'라는 걸 알았다.

더욱이 당시 궁에는 임금이 세자를 폐한다더라는 소문이 자자했는데, 그 소문의 진원지가 세자의 생모인 영빈 이씨라는 사실을 알고 영조가 세자를 죽이겠다고 결심했다는 것이다.

영빈 이씨는 왜 그랬을까. 아마도 아들의 죽음을 피할 수 없음을 알고 세손이라도 보존해야 한다는 점에서 영조에게 세자의 비행을 낱낱이 고했던 건 아니었을까.

사도세자는 1744년 열 살에 동갑내기 영풍부원군 홍봉한의 딸 혜경궁 홍씨(현경왕후)와 혼인하여 슬하에 2남 2녀를 두었었다. 물론 여럿의 후궁을 두어 그 슬하에 자녀도 꽤 있었다. 우리가 여기서 주목해야 할 아들은 둘째 이산이다. 맏아들 의소세손懿昭世孫은 산이 태어나던 해에 사망했다. 이때에는 산이 세손으로 책봉된 상황이었다. 그래서 영빈 이씨는 어차피 아들이 죽더라도 보위를 이을 세손이라도 지켜야 한다는 당위에서 이런 고변을 하지 않았나 싶기도 하다.

이런 상황에서 영조는 아버지 숙종의 영정이 모셔진 선원전 나들이 때 사도세자더러 동행하라고 했지만, 세자는 끝내 병을 핑계로 모습을 드러내지 않았다. 그러다 세자는 영조의 첫 부인 정성왕후의 신주가 모셔진 휘령전 참배 때 마지못해 함께 했지만, 아버지의 결심을 되돌리지는 못했다. 이날 영조는 세자에게 이렇게 명했다.

"내가 죽으면 300년 종사가 망하지만, 세자가 죽으면 종사가 보존될 것이니 마땅히 자결하라."

세자는 영조의 자결 명령을 거부했다. 그러자 영조는 세자를 뒤주에 가둔다. 세자는 여드레 동안 뒤주에 갇혀 있다가 이승에서의 삶을 마감한다.

열한 살 어린 세손은 할아버지 영조에게서 바로 왕위를 물려받아야 하는 상황을 맞았다. 세손은 애당초 영조가 정신병을 앓은 죄인의 아들로 왕위를 이을 수 없다고 하여 사도세자의 죽은 형인 효장세자의 아들로 입적하여 왕위 계승권을 유지한다.

영조는 사실 처음엔 형인 의소세손의 상중에 태어났다고 산을 탐탁지 않게 여겼다고 한다. 하지만 산은 총명함과 학문에 대한 열의로 할아버지의 마음을 사로잡았는데, 영조는 "300년의 명맥이 오직 세손에게 달려 있도다"라는 파격적인 말로 무한 사랑을 표현하기도 했다. 단 한 번도 꾸짖지 않았을 정도였다.

아들 사도세자를 '대처분'해야만 했던 영빈 이씨 역시 죄책감에서인지 세손에게 더 극진했다고 한다. 하지만 세손은 열한 살에 아버지의 비극을 두 눈으로 똑똑히 목격한 터라 트라우마가 될 만큼 아버지에 대한 효심이 가슴에 사무쳤다고 한다. 아버지 사망 후 출궁했다가 다시 궁으로 돌아왔던 세손은 그래서 더 할아버지에게 인정받아야 했고, 반드시 임금이 되어야 했다.

더욱이 정성왕후가 죽은 후 1757년 예순여섯 살의 영조는 열다섯 살의 정순왕후 김씨와 가례를 올린다. 정순왕후는 비록 나이는 어렸어도 총명함이 뛰어났다고 한다.

조선 후기의 야사를 기록한《대동기문大東奇聞》에 보면 정순왕후의 간택 과정이 나온다. 아버지 이름이 적힌 방석에 앉아야 함에도 함부로 앉을 수 없다며 주저했고, 세상에서 가장 깊은 것이 무엇이냐는 질문에 측량하기 어렵기 때문에 '인심人心'이라고 답했다. 가장 좋은 꽃은 솜을 만들어 주는 목화라고 했단다. 정순왕후 면접에서 총명함의 압권은 궁궐의 행랑 수를 맞히는 거였다. 모두 지붕을 쳐다보고 그 숫자를 헤아려 보려 했지만 정순왕후만은 처마 밑으로 떨어지는 물줄기를 보고 그 숫자를 정확하게 맞혔다고 한다.

강단 있는 모습도 보였다. 왕실에서 옷을 맞추기 위한 치수를 재는데, 상궁이 돌아서 달라 주문하자 정순왕후는 정색하며 네가 돌아서면 될 걸 왜 나를 돌아서게 하느냐고 쏘아붙였다고 한다.

이런 정순왕후에게 김귀주金龜柱라는 오빠가 있었는데, 권력자로 부상했다. 이때 그는 사도세자의 장인 홍봉한을 제거하려 했는데, 홍봉한이 그걸 알고 김귀주와 손을 잡으려 했다. 이에 영조는 척신의 권력이 커지는 것에 반대했고, 되레 홍봉한이 천거를 많이 한다는 이유로 권좌에서 쫓아내기도 한다.

한편 즉위 51년이 되면서 영조의 건강이 나빠지기 시작하자 영조는 사도세자에게 했던 것처럼 또 세손에게 '대리청정' 카드를 꺼내 들었다. 그러자 홍봉한의 이복동생인 노론계 홍인한洪麟漢의 반대에 부딪쳤다. 하지만 소론의 서명선徐命善 등이 나서서 주장하여 홍인한이 처벌받았고, 결국 1775년 12월부터 영조가 죽을 때까지 세손이 대리청정을 했다.

물론 여전히 죄인의 아들이 왕이 될 수 있느냐는 노론의 끈질긴 흔들기가 있었지만, 세손은 자신을 더 가다듬고 완벽한 왕이 되기 위한 공부를 게을리하지 않았다. 그리고 1776년 3월 5일 영조는 경희궁 집경당에서 사망했다. 향년 82세의 영조는 조선의 왕 중 가장 긴 재임 기간인 52년 동안 왕위에 있었다.

이렇게 하여 세손은 할아버지 영조 사망 엿새 만인 1776년 3월 10일 왕위에 올랐다. 정조는 왕위에 오르자마자 임오년(사도세자가 사망한 1762년) 이후 하루도 잊지 않고 가슴속에 간직한 한마디를 선포한다. 자신의 정체성을 분명히 한 것이다. 《정조실록》 정조 원년(1776년) 3월 10일 자 기사이다.

"아! 과인은 사도세자의 아들이다."

자, 이렇게 조선의 르네상스를 활짝 꽃피웠다는 평가를 받는 정조의 시대가 열렸다.

당파 싸움 속
어린 나이에
왕 되다

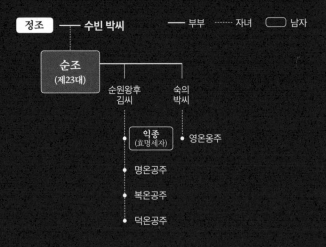

순조

1790~1834 | 재위 1800~1834

　　조선의 23대 왕 '순조'는 34년이나 왕위에 있었는데도, 존재감이
거의 없는 임금이라는 인상이 먼저 와닿는다. 그도 그럴 게 조선 후기
역사를 지배하는 열쇳말이 '세도정치世道政治'가 아니던가. 세도정치란
외척이 왕의 위임을 받아 나라를 다스리는 것을 말하는데, 외척의 입
김에 세면 상대적으로 왕의 권력은 반비례하기 마련이다. 그러니 임금
의 존재감이 없는 게 당연하다.

　　순조는 아버지 정조가 1800년 6월 28일 급작스럽게 죽으면서 7월
4일에 왕이 됐다. 그해 1월 1일 세자로 책봉되었던 점을 생각하면 전
혀 준비가 안 된 상황에서 즉위했음은 물론이거니와, 그의 나이 겨우
열한 살이었다.

　　임금의 나이가 어리면 으레 왕실의 어른이 수렴청정을 하는데, 순
조의 수렴청정은 증조할머니인 영조의 계비 정순왕후 김씨가 맡았다.

　　정순왕후는 앞에서도 말했지만, 오빠 김귀주가 사도세자의 장인

홍봉한과 대립하고 탄핵하는 데 앞장섰던 터여서 사람들은 정조와 순조와도 사이가 껄끄러웠을 거로 생각한다. 하지만 두 세력 모두 실각하면서, 홍봉한의 동생 홍인한과 화안옹주의 양자 정후겸이 그 자리를 메우기도 했다.

이런 상황 속에서 정조는 효장세자의 양자이자 적장자가 되어 즉위하면서도 자신이 '사도세자의 아들'임을 선언하여 정체성 문제를 분명히 해야 했다. 이 문제는 왕의 정통성과 직결되는 문제라 예민할 수밖에 없었다. 물론 근본을 둘로 할 수 없으므로 자신이 효장세자를 이어받았지만 인정도 있으니 아버지 사도세자를 '대부'로 대우하겠다고 했다. 아마 속마음은 아버지를 종묘에 모시고 함께 제사하고 싶었을 것이다.

이런 정조였기에 양주군 배봉산 언덕에 있던 아버지 사도세자의 묘(영우원永祐園)를 손꼽히는 명당인 수원 화성으로 이장하여 현륭원顯隆園이라 하고 왕묘에 버금가는 규모로 지었다. 이 자리는 남인인 고산 윤선도가 효종의 능으로 만들려고 직접 답사하고는 "세종의 영릉에 비할 바는 아니지만 천 리를 가도 그만한 곳은 없고 천 년에 한 번 만날 수 있는 곳"이라고 했던 명당이었다. 하지만 송시열을 비롯한 노론들이 극렬히 반대하여 효종은 결국 동구릉(현 경기도 구리시)으로 가서 이 자리가 비어 있었다.

아무튼 정조는 나름 조선의 르네상스를 구가하면서 이렇듯 자신의 정체성을 확립하는 데 정성을 쏟았다. 자신의 후사 문제도 이런 구도 속에서 진행됐다. 하지만 자녀 문제만큼은 노력과 바람대로 되지 않아 신경을 건드리기 마련이다.

정조는 세손 시절인 1762년 김시묵金時黙의 딸과 가례를 올린다.

효의왕후孝懿王后 김씨다. 효의왕후가 간택된 데는 현종 비인 명성왕후와 친척이란 점이 작용했다고 한다.

하지만 사도세자의 부인인 혜경궁 홍씨가 쓴《한중록》에 정조의 비 간택 과정이 자세하게 언급되는데, 아들과 아버지의 신경전이 대단했음을 보여 준다. 사도세자는 며느릿감으로 효의왕후를 적극적으로 밀었다고 한다. 반면 영조는 윤득양의 딸을 마음에 두었다고 한다.

그런데 더 가관이었던 건 영조가 아들 사도세자에게 정조의 혼인날에 오지 말라고 했단다. 초간택과 재간택 때에도 참석을 불허했다가 삼간택 때는 풀어 주었다. 그런데 이날 사도세자가 망건에 착용할 관자를 찾지 못해 통정대부가 착용하는 통정옥관자를 썼던 게 화근이었다. 이때 이미 사도세자는 병환이 심했고, 아울러 영조의 눈 밖에 난 상태였던 것이다.

어쨌거나 이렇게 어렵게 혼례를 올렸는데 넉 달 만에 시아버지 사도세자가 뒤주에 갇혀 유명을 달리하는 사건이 일어났다. 영조는 사도세자의 부인 혜경궁 홍씨와 그 아들의 부인인 효의왕후더러 친정으로 가라고 했다. 하지만 효의왕후는 시어머니와 함께 있길 원하여 함께 혜경궁 홍씨 사가로 갔다. 그러다 얼마 안 있어 다시 궁으로 들어왔다.

그런데 세손과 세손빈 사이에 두 사람 관계를 가로막는 여러 가지 장애물이 있었다. 특히 세손의 고모인 화완옹주가 문제의 인물이었다. 아버지 영조의 사랑을 독차지하는 만큼 기세가 등등했는데, 세손빈 효의왕후에게 시어머니보다 더한 시집살이를 시켰다고 한다. 《한중록》에는 조카의 마음이 다른 곳으로 향하는 게 싫어서 사람은 물론이거니와 물건에까지 질투할 정도였단다. 조카와 조카며느리 사이를 이간질까지 시켰다.

그러다 보니 여태 효의왕후가 아이를 낳지 못했던 상황에서 학자였던 황윤석黃胤錫이 쓴 《이재난고頤齋亂藁》에 이런 기록까지 나온 것은 시사하는 바가 크다.

"세손이 빈궁과 금슬이 심히 좋지 아니한데, 궁인 중에 나아가는 자도 없고, 일왕손 은언군은 송낙휴의 사위인데 그 아들을 세손이 매우 사랑하였다."

물론 이후 이런 장애물들이 사라지면서 두 사람의 관계가 좋아져 정상적인 생활을 할 수 있었지만 끝내 자녀는 두지 못했다.

정조에게는 "비로소 아비라는 소리를 듣게 되었으니, 이것이 다행스럽다"[《정조실록》 정조 6년(1782년) 6월 9일]라고 한 아들이 있었다. 후궁 의빈 성씨와 사이에서 태어난 문효세자文孝世子이다.

정조가 열다섯 살부터 후궁으로 생각했다던, 실질적 첫 번째 후궁인 의빈 성씨는 열 살 무렵에 입궁하여 혜경궁 홍씨의 이쁨을 많이 받았다고 한다. 아버지 성윤이 혜경궁 홍씨의 아버지 홍봉한의 청지기였다고 한다. 의빈 성씨는 세손 시절 정조가 두 번이나 승은을 내리려 했지만 세손빈인 효의왕후가 아직 아이를 낳지 않았다는 이유를 들어 거절했다고 한다. 이후 또 한 번 비슷한 일이 있었지만 역시 의빈 성씨가 거절하자 세자는 의빈 성씨의 하인을 꾸짖고 벌을 내리자 받아들였다고 한다.

의빈 성씨는 두 번의 유산 끝에 1782년 9월 7일 아들을 낳는다. 그가 문효세자이다. 이 아들로 의빈 성씨는 정3품 소용에 올랐고, 문효세자는 11월 27일 원자가 되었다. 그리고 문효세자는 1784년 세자로 책봉된다.

서자가 원자와 세자가 되었다는 점이 매끄럽지 않은 부분이긴 하다. 그래서 원자가 되는 데 3개월이 걸릴 만큼 설왕설래가 있었다. 물론 정비 사이에 적자가 없었으니 불가피한 것이었으리라. 하지만 정조의 기쁨은 여기까지였다. 문효세자가 전국적으로 돌던 유행병 홍역을 앓다 1786년 5월 사망한 것이다. 비극은 여기서 끝나지 않고, 의빈 성씨마저 1786년 임신 9개월의 몸으로 사망한다.

사실 정조에게는 효의왕후가 아이를 낳지 못하자 이미 간택 후궁으로 들인 홍국영의 동생 원빈 홍씨元嬪 洪氏가 있었다. 그러나 원빈은 입궁 1년도 안 돼 사망했다. 이에 왕실은 후사를 위한 두 번째 간택 후궁을 들이는데, 그가 화빈 윤씨和嬪 尹氏이다. 상황이 상황인 만큼 화빈 윤씨는 정조의 아이, 특히 아들을 봐야 하는 절실함이 컸었다. 하지만 기대가 컸음에도 화빈은 아이를 낳지 못했다. 성격도 모가 나서 중전 효의왕후뿐만 아니라 의빈 성씨에게 못되게 굴었다고 한다. 오죽하면 의빈 성씨를 독살했다는 이야기까지 돌 정도였다.

더욱이 화빈은 상상임신까지 해가며 자신의 입지를 확보하려고 했다. 《정조실록》을 보면, 1781년 1월 화빈 윤씨의 산실청을 설치했다고 나온다. 그러나 열 달 뒤 아이를 낳았다는 기록이 없다. 그래서 역사에서는 상상임신이었다고 말한다. 그런데 더 가관인 것은 산실청을 3년이나 뒀다는 점이다. 그 이유는 뚜렷이 밝혀지지 않았다.

이런 상황에서 왕실은 후궁 간택에 들어갔다. 그리하여 간택된 후궁이 현목수빈顯穆綏嬪 박씨이다. 현목수빈은 한미한 노론 가문인 박준원의 딸인데, 재간택에서 차점이었지만 삼간택에서 뽑혔다. 전하는 바에 따르면 먼 친척인 정조의 고모부 박명원의 추천이 있어서 사실상 내정됐었다고 한다.

온 왕실의 초미의 관심사가 된 후사 잇기의 막중한 임무를 띤 현목수빈 박씨 또한 엄청난 부담감에 시달렸다. 다행히 이 무렵 중전 효의왕후의 임신 소식이 나왔다. 만약 효의왕후가 왕자를 생산한다면 현목수빈 박씨는 그 부담감에서 벗어나긴 하겠지만 한껏 부풀었던 자신의 신분 상승에 대한 기대감 또한 물거품이 될 수도 있었다.

하지만 효의왕후 임신 소동은 상상임신으로 막을 내린다. 이제 부담은 다시 현목수빈 박씨에게 돌아갔다. 다행히 현목수빈 박씨는 효의왕후 상상임신 소동 여덟 달 후 임신에 성공한다.

그러나 정조는 효의왕후와 화빈 윤씨의 상상임신 소동으로 상처를 입은 터여서 공개적으로 반포는 하지 않고 누군가가 묻자 은미하게 웃으며 "우선 드러내 놓고 말하지 않는 것이 옳다" 했다 한다.

이런 우여곡절 끝에 현목수빈 박씨가 1790년 7월 29일 왕자를 생산하였으니, 그가 바로 '공㺖'이다. 아들의 탄생이 얼마나 기뻤는지 《정조실록》 정조 14년(1790년) 6월 18일 자 기록을 보면 알 수 있다.

"창경궁 집복헌에서 원자가 태어났으니, 수빈 박씨가 낳았다. 이날 새벽 금림禁林(궁중)에 붉은 광채 땅에 내리비쳤고, 해가 한낮이 되자 무지개가 태묘의 우물 속에서 일어나 오색광채를 이루었다. 백성들은 앞을 다투어 구경하면서 이는 특이한 상서라 하였고 모두 뛰면서 기뻐하였다."

정조는 죄인의 아들이란 멍에가 짙게 드리워져 있던 데다 당파들의 치열한 권력투쟁이 심하던 터여서 어딘지 모르게 위축되었던 게 사실이다. 이런 상황에서 원자가 탄생했으니 분위기 반전을 위한 카드가 필요했으리라. 그게 바로 '개혁 정치'가 아닌가 싶다.

정조는 거침없이 개혁 정책을 폈다. 정조는 조선 역사상 세종과 함께 가장 많은 업적을 남긴 왕으로 평가받는다.

특히 정조는 왕실도서관인 규장각奎章閣을 설치해 여러 선비를 뽑아서 썼는데, 우리에게 이름이 낯설지 않은 정약용, 박제가, 유득공, 이덕무 등이 대표적인 인물들이다. 그런데 이들 중 박제가, 유득공, 이덕무 등이 서얼 출신이란 점이 눈에 띈다. 이들은 정조의 개혁을 추동하는 핵심 세력이 되었다.

이때 당파는 되레 더 복잡한 양상을 띠었다. 영조 때부터 지지기반이었던 노론이 다시 분열했다. 시파時派와 벽파僻派로.

정조는 할아버지 영조의 탕평책을 그대로 이어가는 정책을 폈는데, 그러자 노론이 이를 지지하는 파와 반대하는 파로 나뉜다. 정조의 탕평책 지지자를 시류에 편승하는 자라는 의미에서 시파, 오로지 노론만이 충신이라고 주장하는 반대파의 궁벽한 처지를 표현하여 벽파라고 했다.

여기서 당시의 복잡한 당파 관계를 자세하게 살펴볼 수는 없지만, 이후 정치를 가늠하는 주요한 잣대가 된다는 점에서 그 중요성이 대두된다. 이런 권력투쟁 틈바구니에서 정조는 어떤 선택을 했고, 나아가 원자는 어떤 영향을 받았을까 하는 점이 중요하기 때문이다.

원자 '공'은 1800년 1월 나이 열한 살이 되어서 세자로 책봉됐다. 세자 책봉은 정조의 건강 악화 때문에 급작스럽게 이루어졌다. 그동안 대신들이 여러 차례 정조에게 원자를 세자로 책봉하라고 채근했었다. 그런데 정조는 아마도 자신이 세손으로 책봉되던 나이는 되어야 한다고 생각했던 모양이다. 그래야만 장차 왕이 되기 위한 공부와 준비를 할 수 있다고 본 거다.

정조는 원자를 세자로 책봉하고 나서는 세자의 가례를 추진했다. 정조가 생각한 세자의 처가는 충분한 울타리가 될 수 있는 가문이기를 바랐다. 혹시 어린 나이에 즉위하게 되면 여기저기에 휘둘릴 게 뻔하기 때문이었으리라. 해서 정조는 당시 노론의 명가인 안동 김씨 가문에 손을 내민다.

날로 건강이 안 좋아져서인지 정조는 세자빈 간택을 관례대로 삼간택이 아닌 중매를 생각했다고 한다. 자기가 맘에 두고 있는 가문과 그 규수를 뽑겠다는 생각이 컸던 것이다. 결국 관례대로 진행하며 재간택을 거쳐 김조순의 딸이 내정됐다.

김조순이 누구던가. 노론의 4대신 중 한 명인 김창집의 고손으로 병자호란 때 척화파 최명길과 대립했던 주화파 김상헌의 후손이다. 노론의 명문가이면서 정조의 신임도 두터웠고 비당파적 입장을 견지하는 노론 시파였다고 한다. 해서 서인이나 남인 모두 좋아한 인물로 꼽힌다. 특정 정파에 치우치지 않고 원만한 입장이었던 터여서 정조는 세자의 보호막으로는 안성맞춤이라고 생각했다.

하지만 재간택 후 정조가 사망함으로써 삼간택을 못 했는데, 이게 빌미가 되어 벽파에서 방해 공작을 펴기도 했다. 그러나 할머니인 정순왕후도 정조의 유지가 워낙 강했던 터여서 그대로 진행하도록 했다고 한다. 정순왕후 친정도 사실 사도세자의 죽음을 찬성했던 노론 벽파가 아니던가. 정조와는 정치적 입장이 반대로 갈릴 수밖에 없었지만 어쩔 수 없었다.

특히 1800년 5월 30일 정조는 신하들과 경연을 하다 이른바 '오회연교五晦筵敎'를 내린다. 5월 그믐날 경연에서 교시를 내렸다 하여서 이름이 붙여진 '오회연교'는 사사건건 맞서는 신하들에게 임금의 명령에 따르라고 한 것을 말한다. 벽파인 영의정 이시수의 동생 이만수를 이조판서에 임명하자 시파 김이재가 비판한 데서 비롯됐다. 여기에서도 노론의 시파와 벽파의 정쟁이 그 행간에 숨어 있다.

그동안 정조는 여러 차례 신하와 격한 논쟁을 벌였는데, 이런 정황이 스트레스로 작용했을 테고, 또 술과 담배도 즐겼다고 하니 건강에는 늘 적신호가 켜졌었다고 봐야 할 것이다.

그러던 차 이해 6월 정조의 몸에 종기가 났다. 요즘은 종기가 쉽게 치료가 되는 질병이라 사망 원인이 되기에는 함량 부족이지만 그때는 달랐다. 조선시대 많은 왕이 종기 때문에 고생했다는 기사를 실록에서 심심찮게 찾아볼 수 있다.

이 종기는 점점 커지기 시작하더니 열흘이 지나자 바가지만 한 크기가 되었다고 한다. 그러면서 정조는 정신까지 혼미해지는 증상을 겪었다. 그리고 6월 28일 정조는 이승에서의 삶에 마침표를 찍었다.

정조의 죽음을 둘러싸고 독살설이 돌았다. 노론 벽파의 우두머리 심환지沈煥之와 정순왕후가 짜고 어의 심인을 통해 독살했다는 것이다. 정약용이 《여우당전서與猶堂全書》에서 언급하여 거의 믿는 분위기였다. 하지만 정조와 심환지가 주고받은 비밀 편지가 공개되면서 독살설의 신빙성은 잦아들었다. 두 사람이 겉으로는 대립하는 관계였지만 비밀 편지를 주고받을 만큼 한배를 탄 사이임이 드러난 것이다.

어쨌든 정조의 죽음은 세자의 즉위를 의미하는 바, 열한 살의 순조는 정조가 죽은 지 엿새 만에 왕위에 올랐다. 왕의 나이가 어리면 으레 수렴청정을 하기 마련인데, 이때 수렴청정은 영조의 계비이자 증조모인 정순왕후가 맡았다.

그리고 정순왕후의 친정 쪽 인사들이 대거 정계에 진출하면서 노론 벽파가 정치를 주도하게 된다.

혹시 정조 무렵에 세도정치가 실질적으로 시작됐다는 점에서 정순왕후를 '안동 김씨'로 오해하는데, 정순왕후는 경주 김씨다. 소현세자빈 강씨를 신원하려다 죽임을 당한 김홍욱의 후손이다. 훗날 추사 김정희가 벽파 잔당으로 몰려 고초를 당했는데, 정순왕후가 증대고모뻘이어서 그랬다는 이야기도 있다.

당파 싸움 속 어린 나이에 왕 되다

가장
어린 나이에
왕 되다

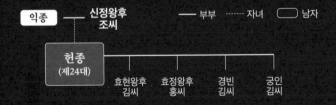

헌종

1827~1849 | 재위 1834~1849

헌종은 조선의 왕 중 가장 어린 나이에 왕이 된 기록의 보유자다. 순조가 세운 '열한 살'의 '최연소 즉위' 기록을 '여덟 살'로 갈아 치웠던 거다. 헌종의 이 전무후무한 '최연소 왕' 신기록 속에는 어떤 서사가 숨어 있을까.

정조의 급작스러운 죽음으로 헌종의 '할아버지' 순조가 왕이 되면서 정치는 이른바 조선 후기 역사를 상징 짓는 열쇳말 '세도정치'에 방점이 찍혀 있었다.

여기서 혹시 잘못 쓴 거 아니냐는 성급한 질문이 나올 것 같아 미리 밝힐 게 하나 있다. 헌종이 왜 순조의 '아들'이 아니고 '할아버지'라고 표현했는가 하는 점이다. 왕이 죽으면 당연히 그 아들이 계승하는 게 일반적이기 때문이다. 정조도 선왕 영조의 손자였는데, 이 사실은 워낙 잘 알려져 있어서 낯설지 않지만, 헌종의 경우는 다르게 다가온다. 이야기를 더 전개하면 자연스럽게 알게 되긴 하지만 상황이 그렇게 됐다. 일단 할아버지가 맞다. 할아버지 순조 역시 열한 살의 어린 나이에 즉위했다. 수렴청정을 하던 이가 영조의 계비이자 증조모인 정순왕후가 아니던가. 알다시피 정순왕후의 친정은 오빠 김귀주로 대표되는 노론 벽파 가문이다.

정순왕후는 남편 영조와 쉰한 살의 나이 차가 상징하듯 정조의 뒤를 이어 열한 살의 순조가 즉위할 때까지도 여전히 대궐의 가장 큰 어른으로 있었다. 당연히 수렴청정을 해야 하는 위치였다. 그만큼 정치적 영향력이 컸다.

정순왕후의 수렴청정은 이후 전개되는 안동 김씨의 세도정치와는 결이 조금 달랐다. 이때까지만 해도 노론 벽파와 시파가 대립하는 구도였다. 정순왕후 오빠 김귀주와 사도세자의 장인 홍봉한 세력이 사도세자에 대한 영조의 처분을 둘러싸고 서로 다른 입장이어서 불거진 대립이었다. 벽파는 사도세자를 배척한 당파이고, 시파는 그 반대 입장에 섰던 당파이다.

이런 상황을 누구보다 잘 알던 정순왕후는 순조 즉위 직후 삼정승을 교체하는 일부터 한다. 영의정에 심환지, 좌의정에 이시수, 우의정에 서용보를 각각 임명했다. 노론 시파인 이시수를 제외한 두 정승은 노론 벽파였다. 사실 서영보도 벽파와 어느 정도 타협적인 입장이었다. 그리고 다른 요직들도 개편했는데, 심환지와 김일주 등 정순왕후의 친정 세력이 대거 기용됐음은 말하나 마나다.

그러면서 정순왕후는 신하들에게서 '어린 임금을 보호하고 선왕이 내세운 의리를 지키겠다'는 개인별 충성 서약까지 받았다고 한다. 아울러 영조의 사도세자에 대한 처분이 부득이했음도 분명히 했다. 이는 '사도세자의 아들'이라는 정조의 즉위 일성을 정면으로 뒤집는 것이어서 향후 정국에 어떤 영향을 미칠지 주목됐다.

　애초 정순왕후는 정조와 정치적 입장을 같이하며 연대하는 모습을 보였다가 결국 오빠 김귀주가 처벌받으면서 둘 사이는 벌어졌다. 그리하여 정순왕후가 벽파의 핵심이 되었다. '여주女主'나 '여군女君'이라며 중종의 세 번째 비인 문정왕후를 연상시킨다는 역사적 평가를 받을 만큼 정순왕후는 강력한 카리스마로 정국을 틀어줘었다.

　정조는 여러 정치적 역학 관계를 고려하여 세자빈만큼은 세자의 울타리가 될 수 있는 가문에서 고르겠다 해서 들인 세자빈 후보가 바로 안동 김씨 김조순의 딸인 순원왕후純元王后 김씨이다.

　앞에서도 말했지만 순원왕후는 정조가 살아생전 재간택까지 밖에 진행하지 못했던 터여서 여전히 바깥 입김이 들어올 여지가 있었다. 순조가 상중이어서 가례를 올리지 않은 상태에서 왕위에 올랐는데, 아버지 김조순으로 상징되는 순원왕후의 가문은 시파였다. 이는 현재 정권을 잡고 있는 벽파 입장에서는 어딘지 모르게 불편했다. 김조순의 딸이 왕비가 된다면 외척, 특히 시파의 입김이 당연히 세질 것이기 때문이다.

　그렇다면 이 시점 벽파가 할 수 있는 가장 좋은 계책은 뭘까. 깊이 생각할 것 없이 순조와 김조순 딸의 가례를 막을 수만 있다면 최상이었을 거다. 이런 상황에서 지실록사知實錄事인 권유權裕가 상소를 올린다. 권유는 정조 시절 정권 실세였던 좌의정 채제공蔡濟恭을 공격했다가 유배까지 갔던 인물로 심환지와 같은 벽파의 핵심이었다.

　권유는 순조의 가례일이 1802년 10월로 잡히자 10월에는 길일 없다는 이유를 들어 반대한다. 권유의 상소는 그 의도가 뻔했다. 어떻게 해서든 순조와 김조순이 사돈이 되는 걸 막겠다는 것 그 이상도 이

하도 아니었다.

하지만 정국의 실권자이자 궁중의 모든 대소사의 최종 책임자인 정순왕후는 권유의 상소를 물리치면서 그를 국문한다. 권유는 상소 끝부분에 '곡돌사신曲突徙薪'이란 표현을 써가며 안동 김씨를 비난했다. 곡돌사신은 굴뚝을 꼬불꼬불하게 만들고 아궁이 옆의 나무를 다른 곳으로 옮겨 화근을 미리 방지한다는 의미다.

국문 자리에서 권유는 상소를 올리기 전에 벽파의 우두머리 이안묵과 정재민과 이야기를 나눴는데, 잘 지은 글이고 국혼을 훼방 놓을 수 있겠다는 의견을 주었다고 실토한다. 권유는 또 왕의 장인인 국구가 될 김조순은 의리를 지키지 않는 사람이라고까지 말했다.

이건 '국혼 저지 기도 사건'이지만 그 행간에는 시파에 대한 벽파의 반격이 숨겨져 있었다고 볼 수 있다. 하지만 정순왕후는 선왕 정조가 정해 놓은 혼인을 없던 일로 하기엔 정치적 부담이 너무 컸던 터여서 김조순의 딸에 대한 삼간택까지 진행하면서 가례를 올리게 했다. 이때 정순왕후가 김조순에게 이렇게 말했다고 한다.

"대혼이 완전히 결정되었으니 종사의 억만년 경사가 지금부터 시작될 것이오. 경사스럽고 다행스럽소. 경신년 재간택 때 선왕이 기뻐하시던 모습을 생각하니 감회를 진정시킬 수 없소."

아무튼 이런 과정을 거쳐 순원왕후는 순조의 첫 왕비가 되었다. 이렇게 순원왕후의 친정아버지 김조순, 그의 가문인 안동 김씨가 왕비인 딸의 위세를 딛고 정치 한가운데로 뛰어들었다.

역사에서 말하는 '세도정치' 시대의 서막을 연 것이다. 가례까지 올렸지만 순조의 정치는 어려움의 연속이었다. 우선 정순왕후가 수렴 청정을 하며 천주교 탄압의 닻을 올렸다. 성리학이 국가 이념인 조선에 '서학西學'이 웬 말이냐며 우려를 나타냈다. 특히 의미를 좁혀 종교적인 차원에서 접근하여 보면 당시 서학은 곧 천주교(가톨릭)를 의미하는 말이었다.

글을 읽을 줄 아는 일부 사람들이 접하던 것이 어느덧 일반인에게도 확산되며 '신앙' 차원이 되었다. 이런 상황에서 그 유명한 정약용 집안을 비롯하여 음으로 양으로 많은 사람이 비밀리에 천주교 신자가 되었다.

그러면서 정조 때 진산에 살던 천주교 신자인 양반 부인 안동 권씨가 죽으면서 유교식 제사를 거부하라는 유언을 남긴 것이 문제가 되어 천주교 신자들을 탄압한 '신해박해辛亥迫害'가 일어났었다.

순조 1년인 1801년에는 '신유박해辛酉迫害'가 일어난다. 정순왕후의 노론이 앞장서서 일으킨 이 박해는 그동안의 소규모 박해와는 차원이 달랐다. 대규모로 단행했다. 여기엔 정순왕후의 정치적 의도가 들어 있었다. 시파를 공격하기 위한 수단으로 삼았던 것이다.

천주교가 사회적 문제라는 인식에서 대대적으로 천주교 신자 색출 작업을 했다. 이 과정에서 정약용의 형 정약종丁若鍾이 천주교 책에 '무부무군無父無君(아버지도 없고 군주도 없다)'고 쓴 낙서가 발견되면서 일파만파 확대되었다. '나라에 큰 원수가 있으니 임금이다. 집안에 큰 원수가 있으니 아버지다'는 이 말 행간에 담긴 의미 때문에 천주교는 패륜이라는 이미지까지 덧씌워졌다.

이어 '황사영 백서 사건黃嗣永帛書事件'이 일어난다. 정약용의 조카사위인 황사영이 제천 배론의 동굴에 몸을 숨기고는 명주 천에 북경에 있는 구베아 주교에게 포교 방안을 담은 편지를 쓴다. 그런데 그 내용이 폭발력이 컸다. 포교를 위해 기독교 국가의 군대를 이용하자는 거였다.

중도에 발각돼 전달되지는 않았지만 이 사건은 정순왕후와 노론 벽파에게는 상당한 위협으로 다가왔다. 정순왕후의 적이 노론 시파만이 아니라는 걸 확인한 것이다. 그렇다면 정순왕후와 노론 벽파가 선택할 카드는 박해밖에 없었다. 그리하여 이 사학邪學(천주교)을 탄압하기 위한 수단으로, 다섯 가구를 1통으로 편성하여 통 내 집들이 연대 책임을 지게 하는 '오가작통법五家作統法'을 실시했다.

그러면서 정순왕후는 정조가 왕권 강화를 위해 만든 국왕 친위 부대인 '장용영壯勇營'을 폐지한다. 정조는 기존 오군영 체제가 많은 재원을 필요로 한다는 점에서 이를 고치려는 의도였다. 하지만 그 의도와 다르게 장용영의 횡포가 심해지자 폐지한 것이다.

정조의 학문적 정책적 기반이었던 왕실도서관 규장각도 축소했다. 규장각은 젊은 선비들의 출셋길을 보장하는 통로였다는 점에서 경쟁 파벌의 확산을 경계하는 측면이 있었을 거다.

이렇게 정순왕후는 정조가 쌓아 놓은 개혁 정책을 지우면서 "주상이 어리니 내가 여주女主로서 조성에 임한다"며 시작했던 3년 반 동안의 수렴청정을 1803년 12월 28일에 거둔다. 이때 순조의 나이가 열세 살이었다. 여전히 자기 정치가 어려운 상황임에도 정순왕후가 권력을 내려놓은 것은 아마도 공격받는 김조순에게 더 힘을 실어 주려는 의도로 보인다. 더욱이 창덕궁에 불이 나는가 하면 평양과 함흥, 종루(종로)에서도 큰불이 나면서 민심이 흉흉해지기 시작했던 것도 수렴청정을 거둔 하나의 이유가 되었다.

하지만 정순왕후는 6개월 후 다시 수렴청정을 하겠다고 나섰다. 정순왕후가 "할 말이 있으니 대신을 모으라" 하여 대신들이 모이자, 순조도 "자선께서 할 말이 있다고 하신다"는 말로 회의 소집의 이유를 설명했다.

그러자 소론인 좌의정 이시수가 나서 할 말이 있으면 임금이 하면 되지 굳이 수렴하는 게 맞느냐고 했고, 여기에 대해 벽파인 우의정 김관주도 동의하고 나섰다.

이에 정순왕후는 순원왕후 가례에 대한 불만 세력이 누구인지 밝히겠다고 대응했다. 다시 이시수가 그런 일이라면 임금이 처리하면 될 일이라며 물러서지 않았다. 그러면서 정순왕후와 대신들 사이의 감정이 달아올랐지만, 결국 정순왕후가 수렴청정을 포기하고 물러났다.

이 일은 김조순이 권력의 정점에 있다는 것으로 수렴되면서 벽파의 숙청과 더불어 정순왕후의 힘도 줄어들었다. 그러다 정순왕후가 1805년에 사망한다.

정순왕후의 사망은 단순한 문제가 아니었다. 정순왕후는 그동안 정치 전면에서 수렴청정을 할 뿐만 아니라 노론 벽파의 권력을 유지해 주는 기둥뿌리였다. 그런데 그 기둥뿌리가 뽑혔다는 건 앞으로 정치 지형에 큰 변화가 있을 것임을 암시하는 징조이기도 하다.

역사에서는 권유의 '대혼 저지 기도 사건'으로 시작된 벽파의 몰락이 정순왕후의 사망과는 무관한 자살골이라고 말하기도 한다. 그 자살골은 바로 '김달순의 상소'이다.

김달순은 정순왕후 사후 사실상 권력을 틀어쥔 순조의 장인 김조순과 10촌의 안동 김씨로, 이때 영의정에 오른 인물이다. 그는 시파였던 여느 문중 인사들과 달리 벽파였는데, 정권을 잡은 시파를 공격하는 상소를 올렸던 것이다.

그러자 김달순을 처벌하라는 상소가 빗발쳤고, 이 낌새를 눈치 챈 김달순이 사직을 청하고 도망치다 결국 유배지에서 처형당한다.

사실 이전부터 '8자 흉언'이 시중에 떠돌며 민심을 자극하고 있었다. '죄인지자 불위군왕罪人之子 不爲君王'. 이 여덟 글자가 잔잔한 호수에 던져진 돌이 되어 시중에 떠돌기 시작했다. 죄인의 아들은 왕이 될 수 없다는 이 말에서 '죄인의 아들'은 누가 보더라도 정조를 일컫는 것이었다. 사도세자는 물론이거니와, 그의 아들 정조까지 싸잡아 비난하는 상황이었고, 이것 때문에 노론이 시파와 벽파로 갈라지지 않았던가.

그런데 이 여덟 글자 흉언은 다시 '태조자손 하인불가太祖子孫 何人不可'라는 여덟 글자가 더해지면서 16자 흉언으로 확대 재생산됐다. '태조의 자손이면 누군들 어떠하리.'

그런데 1806년 5월 13일 김이영金履永의 상소가 올라온다. 참고로 그는 이름 '영永' 자가 예종의 이름과 비슷하다 하여 피휘避諱(임금의 이름을 피함)하여 김이양金履陽으로 바꾸었다. 김이영은 상소에서 8자 흉언을 두고 "당나라 중종의 일을 인용한 여덟 글자의 흉언"이라고 표현하는데, 이 흉언의 출처가 바로 김한록金漢祿이라고 고한다. 어쨌거나 "가슴이 뛰고 뼈가 오싹한 말"(8자 흉언)이 세상에 나오면서 정국을 뒤흔든다. 여기서 김이영이 말한 '당나라 중종 때의 일'이란 중종이 어머니 측천무후則天武后에 의해 유폐되어 황제 구실을 못 하다가 적인걸狄仁傑과 장간지張柬之가 측천무후를 폐위하자 다시 중종으로 복위한 사건을 말한다. 아무튼 이 소동은 결국 시파의 승리로 끝나면서 일단락되었고, 김조순의 권력은 더 강화됐다.

순조와 가례를 올린 순원왕후는 1809년 맏아들 '영旲'을 낳는다. 왕의 정비에서 원자가 태어난 것은 명성왕후가 숙종을 낳은 이래 150년 만의 경사였다.

"지극한 교화와 두터운 곤덕으로 큰 복록이 물줄기처럼 이르러서 원자(효명세자)가 탄생함으로써 종사가 태산 반석처럼 공고하여졌으므로 신인神人이 함께 기뻐하고 온 나라가 다 같이 환희에 차 있으니, 신은 경사스럽고 기쁜 마음 견딜 수 없어 삼가 전문을 올려 경하드리는 바입니다." [《순조실록》순조 9년(1809년) 8월 15일]

여기서 여러 말 할 것 없이 원자는 일사천리로 그다음 과정이 진행되었다. 1812년 왕세자로 책봉되었고, 1817년에는 성균관에 입학했다. 이름하여서 효명세자孝明世子(익종)이다.

《순조실록》을 보면 효명세자는 《소학》을 읽다 "오직 성인聖人만이 천성을 온전히 보존한 자이다"라고 한 대목을 보고는 박사 남공철에게 어떻게 하면 성인이 될 수 있느냐고 물었다고 한다.

이에 대해 남공철은 어린 나이에도 성인이 되길 바라니 잘한다면 요나 순임금이 될 수 있다고 답했다. 다시 효명세자는 효와 충에 대해서도 물었다고 한다. 흔한 말로 위인전 버전으로 보면 어려서부터 왕의 자질을 타고난 인물이었다고 할 수 있으리라.

효명세자는 1819년 3월 영조 때 고구마를 들여온 조엄의 손자인 조만영의 딸 풍양 조씨와 가례를 올린다. 앞으로 이 풍양 조씨도 주목하길 바란다.

그리고 순원왕후는 내리 딸 둘을 낳은 다음 1820년 둘째 아들을 낳았는데, 아들이 백일도 못 넘기고 사망하는 비운을 맞는다. 순조는 유일하게 후궁 한 명을 두었는데, 숙의 박씨다. 궁녀 출신으로만 알려진 숙의 박씨는 옹주를 한 명 낳았으나 열두 살에 요절한다. 이런 점으로 미루어 순조는 자손 복이 그렇게 좋지는 않았다.

순조는 1827년 2월 9일 효명세자에게 대리청정을 맡긴다. 순조 자신의 건강상 문제도 있었거니와, 김조순으로 대표되는 처가 안동 김씨의 세도정치로 떨어진 왕권을 회복하려는 의도로 보인다. 다만 이 또한 김조순 등을 비롯한 시파의 묵인과 지원이 있어야 가능한 일이었다. 남공철이나 김재찬, 한용귀, 김사목, 삼상규 같은 관료들은 대리청정을 크게 환영했다고 한다.

사실 효명세자는 그 이전에 종묘와 사직의 주요 제사를 대신 관장하면서 대리청정 경험을 한 바 있다.

대리청정을 맡은 효명세자는 나름대로 열심히 정사를 펼쳤다. 정순왕후에 의해 규모가 축소된 규장각을 정조처럼 기반 세력으로 삼으려고 했고, 서얼의 차별을 두지 않고 인재를 등용하는 한편 민심에 세심한 주의를 기울였다고 한다.

하지만 효명세자는 1830년 4월 22일 갑자기 피를 토하고 쓰러지더니 혼수상태에 빠졌다. 어의들이 분주하게 오가며 긴급 약 처방을 했지만 효험은 없었다. 게다가 이튿날 밤, 유성이 떨어지는 불길한 조짐까지 더해졌다. 그러자 순조는 다급한 마음에 "종묘와 사직, 경모궁(사도세자 사당)은 물론 산천, 날짜를 가리지 말고 세자의 쾌유를 비는 기도를 하라"고 명령한다.

하지만 이런 필사의 노력과 간절함에도 효명세자는 쓰러진 지 열나흘 만인 5월 6일 스물두 살의 나이로 절명한다. 순조는 세자의 죽음을 받아들일 수 없었다.

"내가 장차 누구를 원망하고 누구를 허물하며 어디에 의지하고 어디에 호소할까. 말하려고 하면 기운이 먼저 맺히고 생각하려고 하면 마음이 먼저 막히며 곡을 하려고 하면 소리가 먼저 목이 메니 천하와 고금에 혹시라도 국가를 소유하고서 나의 처지와 같은 자가 있겠는가." [《순조실록》 순조 30년(1830년) 7월 12일]

상황이 이렇게 되자 가장 급선무는 누가 효명세자의 뒤를 이를 것인가 하는 문제였다. 물론 아직 순조가 살아 있으므로 왕위를 곧바로 계승해야 함은 아니지만 순조의 건강 역시 좋지 않은 상황이라 왕실은 걱정이 이만저만이 아니었다.

그래도 천만다행으로 효명세자는 생전에 세자빈 조씨와 사이에 아들을 낳았었다. 이름은 '환炮'이었다. 환이 그해 9월 15일 왕세손에 책봉됨으로써 일단 순조의 후사 문제는 한시름 놓게 되었다.

하지만 순조도 1834년 12월 13일 죽음을 맞이한다. 통치하는 동안 홍경래의 난이나 자연재해 등을 특히 심하게 겪었고, 또 세도정치 때문에 속앓이도 많이 했던 터라 늘 스트레스 속에서 살았다. 간혹 영국 배들이 앞바다에 나타나 문호를 열라고 괴롭히는 한편 전염병까지 창궐했었다. 더욱이 자녀들이 죽으면서 참척의 고통을 견뎌야 했다.

이제 왕실은 서둘러 3대 독자인 세손의 즉위식을 열어야 했다. 세손의 나이 여덟 살이었다. 헌종은 조선 왕 중 최연소 즉위 기록을 경신했다. 당연히 수렴청정을 할 수밖에 없었는데, 그 몫은 익종으로 추존된 효명세자의 부인인 신정왕후 조씨가 맡았다. 앞에서 순조가 헌종의 할아버지라 한 것을 이해하면서, 이제 신정왕후 조씨를 주목해야 한다.

나무꾼 강화도령이 왕 되다

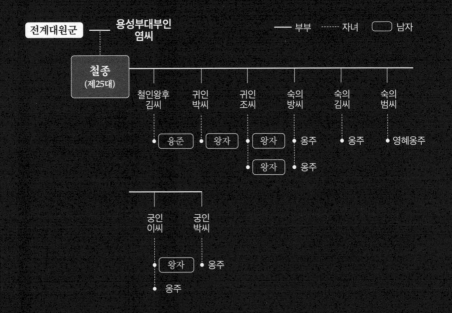

철종

1831~1863 | 재위 1849~1863

이제 우리는 조선의 왕 중 가장 현실성이 없는 철종의 즉위기를 만나야 한다. 흔히 '철종'을 '강화도령'이라 부르는 데서 알 수 있듯 나무꾼 철종은 왕위와는 거리가 멀어도 너무 멀었기 때문이다.

세도정치가 한창 극성을 부리는 상황에서 헌종은 여덟 살에 왕세손의 자격으로 할아버지 순조를 이어 왕위를 물려받았다. 어린 나이 탓에 할머니 순원왕후의 수렴청정을 받아야만 했다.

순원왕후는 알다시피 순조 시대를 풍미하던 안동 김씨 김조순의 딸이 아니던가. 사실 순원왕후는 조선 역사상 유일하게 수렴청정을 두 번이나 했을 만큼 영향력이 큰 인물이다,

그럼에도 순원왕후는 정치 전면에 나서기 보다 뒤에서 조정하는 역할을 했다고 한다. 이미 친정 사람들이 대거 정계의 요직에 두루 포진해 있었기 때문에 가능했으리라.

하지만 순원왕후는 친정 세력이 득세한다고 해도 시댁의 왕권을

불에 탄 철종의 어진 (국립고궁박물관 소장)

강화하는 일 또한 게을리할 수 없는 입장이었다. 특히 아들 효명세자의 안타까운 죽음에 대해 어떻게 해서든 그 지위를 만들어 주려고 했다. 해서 순원왕후는 왕위에 오르지 못한 효명세자를 '익종'으로 추숭하여 순조와 헌종 사이에 위치시켰다.

또한 순원왕후는 효명세자의 부인인 며느리 신정왕후 가문인 풍양 조씨 인사들도 등용하면서 안동 김씨와 풍양 조씨 간의 균형을 유지하려고 애썼다고 한다. 가령, 신정왕후의 아버지인 조만영을 어영대장과 호위대장에 임명한 것을 보면 알 수 있다.

순원왕후의 수렴청정 시기 눈에 띄는 정치로는 '척사윤음斥邪綸音'의 반포를 들 수 있다. 1839년 순원왕후가 헌종의 권위를 빌려 천주교 폐해를 막는다는 취지로 백성들에게 내린 교서이다. 이해 기해사옥己亥邪獄으로 70여 명의 천주교인이 처형되었다. 이 글은 조만영의 동생 조인영이 지었는데, 천주교의 논리를 조목조목 반박하여 믿지 말라고 하는 내용을 담고 있다.

이런 상황에서 천주교를 적대시하는 이지연이 우의정이 되면서 아버지와 임금이 없다는 '무부무군無父無君'을 주장하는 천주교인은 역적이라며 체포하기 시작했다. 이렇게 하여 프랑스 선교사를 비롯한 수많은 천주교 신자가 처형되었고, '척사윤음'을 쓴 조인영이 우의정이 되면서 박해는 더 심해졌다.

여기서 우리가 주목할 부분은 기해사옥의 중심에 조인영이 있었던 점에서 풍양 조씨가 안동 김씨를 대신해 세도정치의 전면에 나서게 됐다는 점이다. 그럼 우리는 누구를 주목해야 할까. 그렇다. 효명세자, 즉 익종의 부인인 신정왕후 조씨이다.

헌종 즉위 초기 어수선한 분위기 속에서 남응중의 역모 사건이 일어난다. 1836년 헌종 2년에 몰락한 노론 출신 남응중이 은언군恩彦君의 손자를 왕으로 추대하고 반역을 꾀했다. 은언군은 사도세자의 셋째 아들로, 어머니가 숙비 임씨이고, 정조의 이복동생이다. 은언군은 동생 은신군과 함께 북당의 홍봉한과 남당의 김귀주 사이의 권력 다툼의 희생물이 되어 제주도로 유배를 가야만 했던 비운의 왕족이었다.

남응중는 은언군의 손자를 왕으로 추대하려는 역모를 꾸몄으나 사전에 발각돼 미수에 그치고 말았다.

당시 은언군 일가는 은언군이 홍국영과 역모를 꾸몄다는 무고를 받고 아들 상계군이 자살하고, 그로 인해 강화도 교동으로 추방됐었다. 이런 상황에도 심심찮게 역모 사건에 휘말리면서 수난은 계속되고 있었다.

남응중의 역모 사건과 관련한 야사 한 토막.《천안의 땅 이름 이야기》(천안문화원)에 나오는 이야기로, 남응중의 누이가 반란 계획을 알고 이런 충고를 했다. 벼 한 말을 방아에 찧어 쌀 한 말이 나오면 거사를 하고, 아니면 하지 마라. 그래서 남응중이 벼 한 말을 찧었는데, 쌀 한 말에 부족한 아홉 되가 나왔다. 상식적으로 보아도 벼 한 말에 쌀 한 말이 나오는 것은 불가능하다. 그럼에도 남응중은 거사를 멈추지 않았다고 한다. 실패는 당연지사. 어쨌든 이런 어수선함 속에서 헌종은 열다섯 살이 되면서 친정을 시작했다.

현종은 1837년 열한 살 때 열 살의 안동 김씨 가문의 김조순의 재종질인 김조근의 딸과 가례를 올렸으나 슬하에 자식이 없었다. 더욱이 김씨(효현왕후)는 1843년 열여섯 살 때 사망한다. 그러자 왕실은 간택을 서둘러 공조판서인 남양 홍씨 홍기섭의 딸을 맞이한다. 하지만 홍씨와 사이에도 자식을 두지 못한다.

이제 왕실은 큰 걱정이 들기 시작했다. 아직 왕의 나이가 어리고 왕비도 어리니 충분히 자녀를 생산할 수 있지만, 지금까지 없었던 자녀가 급작스럽게 생긴다는 것도 현실성이 떨어지기 때문이다. 후궁으로 정빈 윤씨貞嬪 尹氏가 있었지만 역시 자녀가 없었다. 다만 승은을 입은 후궁 화락당 숙의 김씨和樂堂 淑儀 金氏 사이에 유일한 혈육인 옹주를 두지만 태어나던 날 바로 사망한다. 이 점으로 보아 현종이 불임은 아닌 것 같다.

그런데 역사는 일어나지 말아야 할 일이 꼭 일어나고 마는 현실을 보여 준다. 후사가 전혀 없는 현종이 스물세 살의 나이로 요절한 것이다. 사실 재위 기간은 14년이 넘는다.

현종은 열일곱 살에 천연두를 앓았지만, 특별한 중병은 없었던 것으로 알려졌다. 사망하던 그해 봄부터 소화불량 증세를 보이다가 여름에 설사를 심하게 하다 사망한 것이다. 현종은 미식가답게 산해진미를 즐기는 한편 주막집을 궐내에 설치했다는 이야기가 돌 만큼 일탈된 모습을 보였다.

현종의 급작스러운 죽음은 그가 아들이 없었던 만큼 왕위를 이을 후사를 찾는 일이 급선무였다. 다음 왕의 결정권을 갖고 있던 순원왕후는 현종 15년(1849년) 6월 6일 하교를 내린다.

"종사의 부탁이 시급한데 영묘조英廟朝의 핏줄은 금상과 강화에 사는 이원범李元範뿐이므로, 이를 종사의 부탁으로 삼으니, 곧 광曠의 셋째 아들이다."

6월 8일 덕완군德完君 이원범에게 봉작 교지封爵敎旨를 내린다. 후사를 이을 왕으로 선택했다는 이야기다.

덕완군은 앞에서 잠깐 언급했던 사도세자의 셋째 아들인 은언군 이인李裀의 손자이다. 물론 은언군도 서자이고, 덕완군의 아버지인 전계군 이광李壙 역시 서자이다.

전계군은 은언군의 여섯째 아들인데, 어머니는 전산군부인 전주 이씨이다. 여기서 보면 전계군의 아버지와 어머니는 모두 전주 이씨로, 동성동본이다. 1997년 헌법재판소의 결정이 내려지기 전까지는 동성동본 간 혼인은 금지돼 있었다. 그런데도 은언군은 동성동본의 첩을 두었다.

1779년 아버지 은언군과 숙부 은신군이 홍국영의 역모 사건에 연루되어 강화도로 귀양 갈 때 전계군도 함께 갔다. 물론 정조가 살아 있을 적에는 그럭저럭 보살핌이 있어서 왕족의 품위는 지킬 수 있었다고 한다.

그러다 1801년 신유박해가 일어나면서 그나마 근근이 유지하던 가정이 풍비박산 난다. 신유박해가 노론 강경 세력에 의해 주도되면서 남인계 인사들을 숙청할 때 그 영향권에서 벗어나지 못한 것이다.

이때 은언군의 부인인 송씨와 며느리 신씨가 양제궁에서 살고 있었는데, 양제궁은 은언군의 어머니인 양제부인 부안 박씨가 거처하던 옛 궁이다. 그런데 상계군이 모반죄로 죽고 은언군과 전계군이 강화도로 귀양 가자 송씨와 신씨가 유폐되어 사는 폐궁이나 다름없었던 곳이다. 이런 어려움 속에서 송씨와 신씨는 양반의 서녀로 한국 천주교회의 첫 여성 회장인 강완숙姜完淑에게서 교리를 배웠다.

이들 두 여인의 천주교 입문은 대단히 위험한 일이었다. 당시 왕은 서학이자 사학이라며 천주교를 대대적으로 탄압하고 있던 상황이라 혹시 발각이라도 되면 누구든 목숨 부지가 어려운 상황이었다. 더욱이 이 두 부인은 남편들이 모두 역모 사건에 연루된 자들이 아니던가. 그런데도 어려운 처지였던 이들은 천주교 교리를 배우면서 위안을 받았고, 급기야 송씨는 '마리아'라는 이름으로 세례까지 받는다.

이들은 주문모 신부가 만든 평신도 사도직 모임인 '명도회'에 가입해 은밀하게 활동하기도 했다. 아마도 상당히 적극적으로 신앙 활동을 한 것으로 보인다.

그러나 꼬리가 길면 밟히는 법, 양제궁에 있던 궁녀 서경의의 밀고로 들통나고 만다. 서경의는 양제궁에서 두 부인과 함께 천주교 교리를 공부하던 궁녀였다. 신유박해가 일어나자 주문모 신부가 양제궁으로 피신했는데 서경의가 이 사실을 고했던 거다.

왕실이 발칵 뒤집혔다. 천주교 신자가 된 것만으로도 용납할 수 없는데, 주문모 신부까지 피신시켰던 점에서 즉시 사약이 내려졌다. 순원왕후가 이들에게 내린 교지는 살벌하다.

"강화읍에 갇힌 죄인 인(은언군)의 아내 송씨와 상기 죄인 인의 아들 담의 아내 신씨의 사건에 대하여, 시어머니와 며느리가 둘 다 사학에 물들었음이 명백하고, 이들이 고약한 외국 종자와 상통하고 외국인 신부를 보았으며, 또 엄금도 두려워하지 않고 염치없이 그를 자기들 집에 숨겨 두었음이 명백하다. 이런 중대한 죄를 생각하면 그들은 하루라도 천지간에 용납할 수 없음이 만인에게 명백하다. 그런즉 그들에게 독약을 내려 둘이 함께 죽게 하라."

정상적인 경우라 하더라도 그런데, 이런 상황이니 사실상 은언군의 자손이 왕위를 물려받을 기회는 없었다. 하지만 그런 불가능한 일이 현실이 되었다.

헌종이 사망하자 왕실에서는 왕족 남자를 찾아 나섰다. 그런데 강화도에 사도세자의 서자인 은언군 자손들이 있었던 것이다. 이들은 사실 종친 대접도 받지 못했다. 서얼이 종친 대접을 받으려면 본인만이 가능했고, 서얼의 자녀는 아버지가 대군이어야만 했다. 이런 점에 비추어 보면 은언군의 서자인 전계군의 자녀들은 종친도 아니었다.

그런데 문제가 있었다. 말했다시피 덕완군은 종친이 아니었으므로 곧바로 왕이 될 수 없었다. 그렇다면 어떤 방법이 있을까? 그렇다. 일단 왕자로 입적하고, 그러고 나서 즉위하는 절차를 거쳐야 한다.

사실 덕완군에게는 위로 형 이욱이 있었다. 그럼에도 덕완군이 선택된 것은 아무래도 형은 전계군의 후사를 이어야 했기에 셋째를 양자로 입적한 것 같다.

덕완군은 직계 4대가 모두 서자이다. 영조의 서자인 사도세자에서, 사도세자의 서자인 은언군, 은언군의 서자인 전계군, 전계군의 서자가 바로 덕완군이었다.

일설에는 철종이 무식해서 순원왕후가 왕으로 점지했다는 말이 돌기도 했다. 이 말이 완전히 틀렸다고 보기는 어렵다. 이때가 어떤 때인가. 바로 세도정치가 기승을 부리던 때 아니던가.

왕이 똑똑해서 자기주장을 해대기 시작하면 세도가들은 골치 아픈 상황을 맞게 된다. 아무리 허수아비 왕이라도 왕은 왕이다. 일단 왕이 한마디 뱉으면 그것은 곧 법처럼 취급되어야 마땅하기 때문이다.

더욱이 덕완군 말고도 은언군에게는 비슷한 상황의 친손자들이 있었다. 앞에서 얘기한 덕완군의 형을 비롯하여 은언군 집안의 종손인 익평군 등이 그들이다. 이들은 모두 스무 살이 넘은 성인이었고, 나름 소양을 갖추었다고 한다. 그런데도 덕완군을 골랐다면 그런 추측이 무리는 아닐 것 같다.

야사에서는 고종의 아버지 이하응이나 덕흥대원군 이하전도 물망에 올랐다는 이야기가 있으나 한참 윗대까지 거슬러 올라가 그 연원을 찾아야 해서 실효성이 없었다고 한다.

덕완군이 철종으로 즉위한 것은 정통성은 물론 여러 면에서 깔끔한 결정은 아니었다. 우선 철종의 선대가 죄인의 처벌을 받았고, 항렬상 숙부뻘인데도 헌종의 뒤를 이었다는 점이다.

철종의 선대가 처벌받은 이야기는 앞에서 충분히 했으므로 더 이상 언급은 하지 않겠다. 다만 숙부뻘 되는 사람이 조카 헌종의 뒤를 이었다는 점은 어딘지 모르게 그 행간에 숨은 의미가 있는 것으로 보인다. 신빙성을 떠나, 철종을 허수아비 왕으로 만들려는 순원왕후의 의도였다는 게 주된 설명이다.

순원왕후가 철종더러 "만고풍상을 겪어 거의 촌아이나 다름이 없다"고 했다지 않은가. 철종은 서연이나 이런 학습 과정이 전혀 없는, 강화도에서 농사짓던 촌부 그 이상도 이하도 아니었다. 꿈보다 해몽이라 했던가 순원왕후는 철종에 대한 기대감을 이렇게 표현했다고 한다.

"주상은 지난날 어려움도 많았고 오랫동안 시골에 살아왔으나, 옛날의 제왕 중에도 민간에서 생장한 이가 있어 백성들의 괴로움을 빠짐없이 알아 애민의 정사를 해왔으니 지금 주상도 백성들의 일을 익히 알고 있을 것이오."

자, 이렇게 철종이 즉위하고, 나이도 열아홉 살이었지만, 앞에서도 이야기했듯 왕에 관한 공부가 전혀 안 돼 있어서 누군가에게서 도움을 받아야 했다. 그래서 순원왕후가 수렴청정에 나서는데, 이는 조선 역사상 한 대비가 두 왕조를 수렴청정 하는 최초이자 마지막 기록이다.

불가능을 뚫고
조선의 마지막
왕 되다

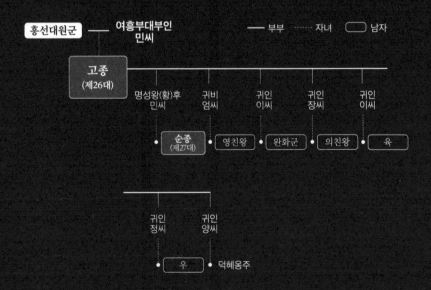

흥선대원군 ——— 여흥부대부인
　　　　　　　　민씨

——— 부부　　┈┈┈ 자녀　　⬭ 남자

고종
(제26대)

명성왕(황)후　귀비　　　귀인　　　귀인　　　귀인
민씨　　　　엄씨　　　이씨　　　장씨　　　이씨

● 순종　　　영친왕　　완화군　　의친왕　　육
　 (제27대)

귀인　　　귀인
정씨　　　양씨

● 우　　 ● 덕혜옹주

고종

1852~1919 | 재위 1863~1907 | 대한제국 초대 황제

조선 왕 암기송 '태정태세문단세 예성연중인명선 광인효현숙경 영 정순헌철'을 외우며 그동안 숨 가쁘게 달려온 조선 왕 즉위기가 이 제 끝이 보인다. 마지막 한 자 '고' 자를 채우면 조선 왕 스물여섯 명 의 즉위기가 완성되기 때문이다.

이 대단원의 마지막을 장식할 조선의 26대 왕은 누구일까. 앞에 서 힌트를 주었지만, 그런데도 많은 사람이 '순종'으로 기억한다. 아마 도 조선 왕 암기송의 마지막이 '고순종'으로 끝나 자연스럽게 고종에 서 순종으로 이어진다고 생각해서 그럴 것이다. 분명하게 말하면, 조 선의 마지막 왕은 '고종'이다. 고종이 1897년 조선을 '대한제국'으로 선포하면서 조선시대는 막을 내렸고, 대한제국 시대가 시작됐다. 따 라서 고종은 조선의 마지막 왕이자 대한제국의 첫 번째 황제이고, 그 뒤를 이은 '순종'은 두 번째 황제이지만 1910년 일제의 조선 강제 병 합으로 마지막 황제라는 수식어도 함께 갖고 있다. 순종은 대한제국

고종의 어진　(국립중앙박물관 소장)

의 황제일 뿐 조선의 왕이 아니다.

아무튼 이제부터 고종의 즉위기를 살펴보자. 알다시피, 고종은 조선의 왕위가 정상적인 절차로 계승됐다면 왕이 될 가능성이 거의 없었다. 하지만 역사는 반전을 위해 존재하는 것임을 증명이라도 하듯 그 불가능한 일이 현실이 되었다.

고종의 선왕인 철종 역시 정상적인 왕실 가계도에 따르면 가능성이 거의 제로(0)에 가까운 '종친'도 아닌 '전주 이씨'에 불과하지 않았던가. 그러다 보니 나이가 찼음에도 불구하고 순원왕후의 수렴청정을 받아야 했다.

더욱이 이때가 안동 김씨에 이어 풍양 조씨의 세도정치가 절정을 이루며 왕권이 땅에 떨어지다시피 한 상황이었다. 사실 철종의 정치력을 다른 왕들과 비교하는 것이 무의미하다는 생각도 든다.

한쪽에선 그래도 '삼정이정청三政釐整廳'을 설치하는 등 개혁적 성과도 있었으므로 아주 능력 없는 왕이라고 폄훼해서는 안 된다는 평가를 내놓기도 한다.

철종 시대의 대표적인 문제를 들라 하면 으레 '삼정三政의 문란'을 꼽는다. 삼정은 토지에 부과하는 '전정田政', 장정에게서 군포를 거두는 '군정軍政', 백성들에게 곡식을 빌려주는 '환정還政'을 말하는데, 세금 제도이다. 그런데 이게 비정상적으로 운영되면서 백성들에게 큰 부담이 되었다.

오죽하면 철종 3년인 1852년의 《철종실록》을 보면, "군정·적정

糴政(환곡)·전정의 삼정은 나라의 큰 정책인데, 현재 삼정이 모두 병들어서 민생이 고달프고 초췌해졌다"라고 할 정도였다.

다양한 편법으로 백성들을 수탈했는데, 이런 식이다. 전정의 경우, 토지가 없음에도 허위로 장부에 기재하거나 황무지 같은 곳에도 세금을 매겼다. 군정은 백골징포白骨徵布라 하여 죽은 사람은 물론이거니와 황구첨정黃口簽丁이라 하여 어린아이에게까지 군포를 지웠다. 환정은 어떤가. 환정은 구휼제도, 즉 백성들이 어려울 때 곡식을 빌려주고 가을에 추수하면 갚는 방식인데, 이자를 선불로 내게 하는 건 약과였다. 필요 없는 백성에게도 강제로 빌려주는가 하면 세율을 높이더니 나중엔 1년에 100%에 달하기까지 했다.

상황이 이러하니 백성들이 살 수 없을 지경이 되었고, 철종도 문제의 심각성을 이해하고 있었던 듯싶다. 해서 나온 정책이 '삼정이정청' 설치와 '삼정이정절목三政釐整節目'의 반포이다. 이 개혁 정책은 군정과 전정은 제도의 본질은 그대로 유지하되 운영의 폐단을 고치고, 환곡은 아예 폐지하는 게 골자였다. 하지만 삼정의 덕을 톡톡히 보던 기득권층이 도와줄 리 없어 제대로 시행해 보지도 못하고 실패한다.

이런 상황이니 철종으로서도 능력도 능력이지만 정치에 관심을 쏟을 필요성을 못 느꼈으리라. 임금이 싫다고 안 하고 좋다고 하는 그런 자리가 아니지만 세도가들의 등쌀이 장난이 아닌 상황에서 뭔가를 해보려고 해도 큰 의미를 찾지 못하는 형국이라 인간적인 면에서 보면 이해할 수도 있을 것 같다.

정치적 상황이 이러하니 철종이 할 수 있는 게 무엇일까. 거의 없다고 해도 틀린 말이 아닐 것이다. 다만 여색을 탐하는 일이 그나마 큰 제지를 받지 않고도 할 수 있는 몇 안 되는 일 중 하나가 아닌가

싶기도 하다. 철종이 유난히 많은 후궁을 두었던 게 이런 이유라고 설
명하는 사람도 있다.

철종은 집권 2년 차인 1851년 9월 25일에 공식적인 첫 가례를
올린다. 철인왕후哲仁王后 안동 김씨가 첫 왕비이다.

하지만 이때 철종의 나이가 스무 살이란 점을 고려하면 자연스
럽게 진짜 이 가례가 처음일까 궁금해진다. 조선시대임을 고려하면
그 나이는 장성한 나이로 이미 결혼하고도 남는다.

이 궁금증에 대한 답은 '정사'가 아닌 '야사'가 내놓는다. 철종이
강화도에 살 때 결혼까지 생각했던 여인이 있었다고 한다. 이름이 '양
순'이라고 하는 처녀였다. 그런데 철종이 하루아침에 궁으로 들어가
왕이 되면서 둘은 떨어질 수밖에 없었다. 물론 데리고 궁으로 들어갈
수도 있었겠지만, 신분이 낮아 무수리로밖에 안 되는 처지였다는 것
이다. 그래서 철종이 양순이를 잊지 못해 상사병에 걸렸다, 혹 후계자
를 낳을까 봐 양순이를 죽였다 등등의 후일담을 남겼다. 하지만 영조
의 어머니도 무수리였다는 사실과 그러잖아도 아들이 귀한 왕실인데
후사를 보면 환영할 일 아닌가 싶어서 이 이야기가 신빙성이 낮은 야
사임을 더욱 확신하게 해준다.

어쨌거나 철종이 맞이한 첫 왕비는 당시 왕실의 최고 실권자인
대왕대비 순원왕후와 같은 안동 김씨 김문근金汶根의 딸이다.

이 가례에 안동 김씨의 입김이 크게 작용했으리라는 건 합리적인
추론이다. 그런데도 철인왕후는 정치 문제에 개입하거나 가문의 이익
을 위해 나서지는 않았던 것으로 보인다.

그런데 왕실에 경사가 났다. 가례를 올린 지 7년이나 되었는데도
후사 소식이 없던 철인왕후가 1858년에 적장자이자 원자인 '융준'을

생산했던 거다. 장삼이사의 집에서도 혼인한 지 7년이나 되어 아이가 없으면 후사를 볼 온갖 방법을 동원하던 게 당시 관례인 점을 고려하면 하물며 왕실에서랴.

왕실에서 적장자의 탄생을 얼마나 기다렸으면 태어나자마자 '원자' 호칭을 받았을까. 철종은 원자가 지낼 처소에 '이극문貳極門'이라는 휘호를 써서 현판으로 내렸다고 한다. 참고로 왕세자를 칭할 때 '임금의 다음 자리'라는 의미에서 '저궁儲宮'과 '이극貳極'이라고 불렀는데, 궁중의 동쪽에 거처한다고 하여 '동궁東宮' 등으로 부르기도 했다. 이 이극문은 창덕궁과 창경궁의 경계 지점에 있던 동궁의 정문 격이다.

더욱이 철종은 맏아들이 백일을 맞자, 이름도 홍복洪福, 장록長祿, 윤중胤重, 융준隆俊 등을 놓고 고민하다 '융준'으로 지었다고 한다. 철종이 원자의 탄생을 얼마나 반겼는가를 상징적으로 보여 주는 일화이다.

하지만 거기까지였다. 잔병치레를 특별히 하지 않고 잘 자라던 원자는 6개월 만인 1859년 5월 25일 갑자기 찾아온 열병을 이겨 내지 못하고 요절한다.

물론 철종은 언제 승은을 입었는지 모르는 후궁 귀인 박씨에게서 1854년에 아들을 보긴 했는데, 이 서자도 이미 죽은 상황이었다. 원자와 서자를 앞세우는 참척의 아픔에도 철종은 원자가 죽은 직후 후궁인 귀인 조씨에게서 또 아들을 본다. 조씨는 궁녀 출신인데, 본관이 풍양으로 알려져 있다. 귀인 조씨는 1861년 1월에 둘째 아들까지 낳는다. 하지만 기쁨은 여기까지였다. 모두 일찍 세상을 떠났다.

이 밖에도 철종은 여러 후궁을 두어 자녀를 낳는다. 숙의 방씨와의 사이에서 옹주 둘, 숙의 김씨와의 사이에서 옹주 하나, 숙의 범씨와의 사이에서 옹주 하나(사위가 훗날 김옥균과 함께 갑신정변을 일으킨 박영효), 궁인 이씨와의 사이에서 1남 1녀를 두었지만 모두 일찍 죽었고, 궁인 박씨 사이에서 옹주 한 명을 더 두기는 한다.

이처럼 철종은 5남 6녀를 두었지만 박영효의 부인인 넷째 딸 영혜옹주를 제외하고 모두 일찍 세상을 등지는 비운의 연속이었다. 영혜옹주도 박영효와 혼인한 직후 열네 살의 나이로 죽는다. 단 한 명의 예외도 없이 자식 모두를 앞세웠지만 철종에겐 아직 희망은 있다. 후궁을 더 들이거나 기존 후궁 사이에서 여전히 왕자를 낳을 가능성이 있기 때문이다. 이 가능성이란 말은 그 반대의 경우도 있을 수 있다는 의미를 행간에 담고 있긴 하지만 말이다.

그런데 문제의 심각성은 자식 복이 유달리 없었던 철종의 건강이 그다지 좋지 않았다는 점이다. 당장 왕위를 이을 후사가 없다는 점이 더 큰 문제였다. 이런 우려는 현실이 되었다.

1863년 12월 8일, 철종은 서른세 살의 나이에 숨을 거둔다. 안동 김씨는 소위 멘붕이었다. 후계 문제가 급선무로 떠올랐기 때문이다.

그런데 철종이 죽은 그날 다음 왕 결정권을 가진 헌종의 어머니인 신정왕후, 즉 조대비는 이렇게 말했다.

"흥선군의 적자에서 둘째 아들 이명복李命福으로 익종대왕翼宗大王의 대통을 입승入承하기로 작정하였다."

이게 무슨 소리인가. 조대비 입에서 나온 말이 전혀 예상치 못한 뜻밖의 일이기도 하거니와, 향후 정국에 미칠 파장이 작지 않은 교시였다. 하지만 어쩌랴. 이미 결정은 난 상황이다. 조대비는 이참에 열두 살의 명복에게 '익성군翼成君'이라는 작호를 내렸다.

이날 조대비의 결정에는 이런 상황을 예상하고 발 빠르게 움직인 이하응의 노력이 있었다. 이하응은 우리가 이미 알고 있는 이명복의 아버지인 그 '흥선대원군'(이하 '대원군')이다.

인조의 아들 인평대군 후손인 대원군은 왕족이기는 하지만 도무지 왕의 자리 근처에도 갈 수 없는 일개 '종친'에 불과했다. 그러다 사도세자 넷째 아들(후궁 순빈 임씨와 사이의 둘째 아들) 은신군이 대를 이을 자식이 없자 대원군의 아버지 남연군이 양자로 입적된다.

이렇게 되다 보니 흥선군의 가계는 왕과의 촌수가 아주 가까워졌다. 정조의 아들 순조와 대원군의 아버지 남연군이 사촌이 된 거다. 그다음 대인 순조의 아들 효명세자(훗날 익종으로 추증)와 남연군의 아들 대원군과는 육촌, 효명세자의 아들 헌종과 대원군의 아들 명복과는 팔촌이 되었다.

이쯤 되어도 대원군 입장에서 감히 왕위는 꿈도 꿀 수 없었다. 하지만 낙타가 바늘구멍을 통과하는 기적이 일어났다. 대원군의 둘째 아들이 왕이 되었다.

일단 여기서 조대비의 하교에 나오는 핵심 열쇳말 두 개의 의미부터 알아보자. '익종대왕'과 '입승'. '익종대왕'부터 볼까. 새 왕은 당연히 철종의 뒤를 잇는 것임에도 '익종대왕'의 대통을 잇는다고 한 데에는 대원군의 피눈물 나는 절절한 이야기가 숨어 있다.

사실 이 무렵 흥선군은 제대로 기를 펴고 살지 못했다. 권력이 왕보다 더 큰 풍양 조씨와 안동 김씨의 세도정치 등쌀에 옴짝달싹하지 못했다. 세도정치가들은 왕족을 특별히 감시했다. 일개 '왕족'이라 해도 왕족은 왕족이니까, 혹시 무슨 일을 일으켜 자신들의 기득권을 공격하지 않을까 하는 우려 때문이었다.

이런 정치적 상황을 간파한 대원군은 처세의 달인처럼 행세했다고 한다. 양반의 잔칫집이나 상갓집에 드나들며 술과 음식을 얻어먹는 비렁뱅이 행세를 한 데서 '상갓집 개'로 불렸다는 건 익히 알려진 일화이다. 야사에 나오는 이 이야기와 달리 실록에는 말과 행동이 모범이 된다고 기록하고 있어서 이 일화가 거짓일 가능성도 크다.

하지만 대원군의 이런 기행은 철저히 계획된 것이었다고 한다. 정무 감각이 뛰어난 그였기에 대를 이을 아들이 없는 철종 다음을 내다보았던 것이다. 더구나 철종이 시름시름 앓으며 오늘내일하는 상황이었으니 대원군에게는 기회처럼 보였으리라.

이때 대원군은 큰 그림을 그리기 시작한다. 안동 김씨 세상이라, 그렇다면 이들에게 권력을 빼앗긴 풍양 조씨와 손잡으면 다음 왕권을 넘볼 수 있겠다는 판단이 들었다.

대원군은 이 큰 그림의 완성을 위해 가장 중요한 인물이 누군가를 생각해 낸 결과, 안동 김씨에게 권력을 빼앗긴 풍양 조씨를 움직일 수 있는 사람이 바로 신정왕후라는 점에 주목했다.

그래서 대원군은 조대비의 친조카 조성하趙成夏와 친교를 맺는 한편 함께 힘을 합치자고 은밀히 제안한다. 조대비로서도 손해 볼 것이 없었다. 빼앗긴 친정의 위신과 명예를 되찾을 수만 있다면 그걸로 만족하는 게임이었다.

이들의 바람대로 철종이 죽었고, 조대비와 대원군은 재빠르게 흥선군의 둘째 아들 '명복'을 효명세자의 양자로 입적부터 시킨다. 왜? 최고 권력이 정통성을 확보하지 못하면 그 권력은 모래 위에 지은 성처럼 위태롭기 마련이다. 물론 가능하지도 않지만 그냥 일개 종친이 왕이 된 것과 왕의 아들이 왕이 된 것의 차이는 하늘과 땅만큼이나 크다. 이를테면, 효명세자가 '익종'으로 추존되어 엄연한 왕이었으니까 그의 아들이라면 정통성은 완벽하게 갖춘다는 점에 착안했다.

또 효명세자가 안동 김씨와 사이가 안 좋았던 것도 한몫했다. 조대비 입장에서는 이런 안동 김씨와 정치를 계속한다는 게 여간 껄끄럽지 않았기 때문이다.

이렇게 해서 신정왕후 조대비와 흥선군 이하응이 서로 짬짜미해서 흥선군의 둘째 아들 이명복을 조선의 26대 왕으로 한다고 결정한다. 이게 《고종실록》에서 '익종대왕'의 대통을 잇는다고 한 이유이다.

'입승'이란 말은 '승承' 자가 있다는 의미가 있어 당연한 것처럼 보이겠지만 사실은 왕에게 아들이 없을 때, 왕족 중의 한 사람이 왕의 대를 이을 때 쓰는 용어이다.

이렇게 고종이 즉위하자, 나이가 어려서 신정왕후가 공식적으로 수렴청정을 한다. 하지만 신정왕후의 수렴청정 역시 형식적이었고, 실질적 권력은 대원군이 틀어쥔다. 대원군이 정치 전면에 서서 하는 건 섭정攝政이었다. 고종이 아직 어려 정무를 볼 수 없어서 통치권을 대신 행사하는 것을 말한다.

이후 고종 시대는 대원군과 중전 민씨 사이의 피 튀기는 권력투쟁과 일본 낭인에게 중전 민씨가 살해되는 비운을 겪는다. 고육지책으로 나라를 '대한제국'으로 선포하여 제국이 되어 초대 황제로 즉위하기도 하지만 일제에 나라를 빼앗겨 조선이라는 나라가 역사의 뒤안길로 사라지는 아픔을 겪기도 했다.

이 책을 관통하는 주제인 조선의 스물여섯 명의 왕 즉위기는 이렇게 끝난다.

<번외편>

일제에 의해 억지로 황제가 되다

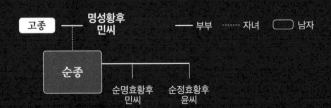

순종

1874~1926 | 재위 1907~1910 | 대한제국 2대 황제

조선의 마지막 왕이 누굴까 하는 질문은 이제 우문에 가깝다. 나는 이 책 맨 앞의 머리글 '시작하며'와 조선의 마지막 왕 '고종' 편에서 두 번이나 조선의 마지막 왕과 순종의 관계를 언급했다. 여기서는 동어반복이 될 것 같아 다시 언급하지 않겠다.

그런데도 순종의 즉위기를 '번외'로라도 쓰는 건, 그래야만 이 책의 완결성이 확보된다고 생각하기 때문이다. 조선과 대한제국의 관계를 알면 그 이유를 알 것이다.

조선과 대한제국은 겉옷만 갈아입듯 국호를 '조선'에서 '대한제국'으로 바꾼 것에 지나지 않았다. 조선이 외침이나 내전으로 망한 것이 아니라 필요에 따라 나라 이름을 대한제국으로 바꿨을 뿐이다. 이에 대한제국의 법통은 조선의 영속성을 고스란히 이었다. 그렇다면 순종은 이 책의 핵심 주제인 '조선'의 왕은 아니더라도 조선의 명맥과 정신을 고스란히 이은 군주인 것은 맞다. 순종을 넓게 조선의 왕 범주

일제에 의해 억지로 황제가 되다

대한제국 2대 황제 순종 (국립고궁박물관 소장)

에 넣어도 무리가 없을 것 같았다. 이 책의 완결성을 위해 번외편으로라도 순종을 다뤄야 하는 이유다.

또 하나. 조선과 대한제국 군주는 조선을 창업한 태조 이성계에서부터 이어져 내려왔다. 군주의 성씨가 단 한 번도 다른 성씨로 바뀐 적이 없다. 이런 유구한 대물림의 역사가 대한제국 순종 대에 그 막을 내린다. 대한제국이 일제에 강제로 병합되었기 때문이다. 이런 상황을 고려하여 '순종 황제'까지 써야만 이 책에 실질적인 마침표를 찍을 수 있겠다는 생각이 들었다.

글을 시작하면서 뱀의 다리부터 길게 드러내려는 건 그만하고, 순종의 즉위기를 시작해 보자.

순종의 아버지 고종의 정치는 '격동의 근대사'라 부를 만큼 많은 사건이 얽히고설키는 상황이었다. 더욱이 명목상 왕은 고종이었지만 실질적 통치자가 다른 사람이어서 혼란은 가중됐다.

고종의 즉위 후 초기 통치는 아버지 대원군의 섭정이었다. 그러다 시아버지 대원군과 며느리 중전 민씨 사이의 권력투쟁에서 며느리가 이기면서 중전 민씨가 틀어쥐었다.

이때를 설명하는 열쇳말들을 몇 개 늘어놓아 보자. 대원군 섭정 시절엔 비변사 철폐, 쇄국정책, 서원 철폐, 경복궁 중건, 운요호 사건, 강화도조약 같은 걸 꼽을 수 있다. 중전 민씨가 정치 전면에 나섰을 때는 별기군 창설, 임오군란, 갑신정변 등이 먼저 기억난다.

이 역사적 사건들의 행간에는 알다시피 조선이 일제에 강제로 병합되는 과정이 고스란히 담긴 치욕의 서사가 스며 있다. 이후의 역사 연표 역시 일제의 탐욕이 더 노골화되는 것으로 채워진다. 청일전쟁, 을미사변, 아관파천, 러일전쟁, 제1차 한일협약, 가쓰라-테프트 밀약, 을사늑약, 고종 황제 강제 폐위, 한일병합조약….

물론 일제의 이런 무도한 탐욕에 맞서는 국민의 저항이 만든 역사 연표도 있다. 동학농민전쟁, 독립협회 창설, 만민공동회 개최, 만국평화회의 밀사 파견, 3·1운동….

이런 역사 연표를 촘촘히 채워 가며 격랑의 근대사를 만들던 대한제국은 1910년 8월 29일 일제에 강제로 병합된다. 이 과정의 슬픈 역사를 우리가 잊지 말아야 함에도 여기서는 더 이상 언급하지 않겠다. 본 주제가 아니기 때문이다. 순종이 어떻게 즉위했는가가 본 주제임을 다시 한번 상기시킨다.

얼른 본 주제로 전환하기 위해 고종의 가계도를 먼저 살펴보자. 고종은 정비인 명성왕(황)후 민씨를 비롯한 후궁을 여럿 두었다.

1863년 열두 살에 왕이 된 고종은 즉위한 지 3년이 되어서야 가례를 올렸다. 왕비를 뽑는 간택령을 내렸으나 이건 형식에 불과했다. 부모인 대원군 부부가 내심 정한 조건이 있었고, 이 조건에 맞는 규수가 이미 정해져 있었기 때문이었다. 조건은 한미한 집안의 딸이어야 한다는 것이었다. 이유는 자칫 명망가와 사돈을 맺었다간 외척이 발호할 수도 있기 때문이었다. 혹시 있을지도 모를 화의 근원을 아예 만들지 않겠다는 의도였다.

이런 필요충분조건을 채워 주는 규수는 멀리 있지 않았다. 대원군의 부인인 여흥부대부인 민씨의 친정에 있었다. 경기도 여주에 사는 일가친척 중 부모 형제가 없는 '민자영'이 그 주인공이었다. 형식적인 절차인 초간택, 재간택, 삼간택을 거쳐 최종 왕비로 선정된 민자영은 고종과 1866년 가례를 올린다.

하지만 고종은 이때 이미 아홉 살이나 위인 영보당 귀인 이씨永保堂 貴人 李氏를 마음에 두고 있었다. 이씨는 고종이 명성왕후와 가례를 올리기 전에 이미 승은을 입었다. 그래서인지 고종은 명성왕후와의 첫날밤에도 이씨의 처소로 갔을 만큼 이씨를 좋아한 것으로 보인다. 이씨는 1868년에 고종의 첫아들 완화군完和君을 출산한다.

고종이 얼마나 기뻐했는지 이 아들을 원자로 책봉하려고 했을 정도다. 역술가가 점을 쳐보니 점괘가 좋지 않자, 고종이 그 역술가를 죽였다는 야사가 있을 정도였다.

하지만 이게 명성왕후에게는 엄청난 위기로 다가왔다. 남편인 왕이 자신은 거들떠보지도 않은 데다 후궁에게서 아들을 낳았으니 그럴 만도 했다.

이씨가 아들을 낳은 후에야 고종은 명성왕후를 조금씩 거들떠보기 시작했다고 한다. 그래서인지 명성왕후도 1871년에 아들을 생산했다. 고종의 실질적 맏아들을 낳은 영보당 이씨를 박해할 만큼 아들 낳기에 예민했던 명성왕후의 입지가 탄탄해질 조짐이었다.

하지만 이 아들은 항문이 막힌 채 태어나 닷새 만에 변을 보지 못해 죽는다. 명성왕후는 시아버지 대원군을 의심했다. 대원군이 갓 태어난 원자를 위해 산삼을 달여 먹였던 게 원인이라고 생각한 것이다. 여기에다 대원군이 완화군을 세자로 책봉하려는 움직임마저 보이자 명성왕후의 대원군에 대한 증오심은 최고로 올랐다.

하지만 영보당 이씨의 아들 완화군도 열세 살에 요절한다. 믿기는 어렵지만 《매천야록》은 명성왕후가 완화군을 젓갈 항아리에 빠트려 죽였다거나 방망이로 때려죽였다는 말도 있었다고 기록한다.

원자가 죽은 지 2년 후인 1873년 2월 명성왕후가 아이를 낳는다. 공주였다. 하지만 이 공주는 한 살이 안 돼 죽었다. 그럼에도 명성왕후의 왕성한 출산은 이어져서 이듬해인 1874년 3월 25일에 둘째 아들 척坧을 낳는다. 이후 명성왕후는 두 아들을 더 낳는 등 모두 4남 1녀를 낳았다. 하지만 모두 요절하고 오로지 둘째 아들 척만 살아남는다.

척은 출생 이듬해인 1876년에 곧바로 세자에 책봉된다. 이렇게 서둘러 세자 책봉을 할 만큼 당시 고종과 명성왕후는 물론이거니와, 조선 왕실의 후사에 대한 간절함이 얼마나 컸는지 상징적으로 보여준다.

한편 고종은 1877년에 후궁 귀인 장씨에게서 아들을 본다. 장씨는 궁녀 출신이었는데, 천민이란 설이 있을 만큼 가계에 대해서는 알려진 바 없다. 고종보다 무려 열네 살 연상인 장씨는 서른여덟의 나이에 의화군義和君(의친왕義親王)을 낳은 것이다. 하지만 죽어서야 귀인 칭호를 받을 수 있었고, 장씨의 운명도 명성왕후 질투의 희생양이 되어 궁에서 내쫓김을 받아야만 했다고 전해진다.

고종은 보통 '엄 귀비'로 불리는 궁녀 엄씨에게도 승은을 내린다. 이 일도 명성왕후를 자극하는 일이 되어서 엄씨는 궁궐 밖으로 쫓겨난다.

이밖에도 고종은 광화당 귀인 이씨光華堂 貴人 李氏와 사이에서 육垧을, 보현당 귀인 정씨寶賢堂 貴人 鄭氏와 사이에서 우堣를, 내안당 귀인 이씨內安堂 貴人 李氏와 사이에서 옹주를, 복녕당 귀인 양씨福寧堂

貴人 梁氏와 사이에서 덕혜옹주德惠翁主를 보는 한편, 기록에 다섯 명의 후궁이 더 있었다고 나온다.

인생사 새옹지마라 했던가. 명성왕후는 처음엔 고종이 처소를 찾아오지 않아도 나름 책 읽기에 전념하면서 왕비의 품위를 지켰다. 언젠가 남편이 오리라 기대하면서. 하지만 후궁이 먼저 아들을 낳고, 자신이 낳은 자식들이 줄줄이 죽어 나가는 상황 앞에선 명성왕후도 사람인지라 이성을 잃을 만도 했다.

명성왕후는 가만히 앉아 있지는 않았다. 친정인 민씨들을 앞세워 권력을 쟁취하기 시작했다. 대원군이 며느리를 고를 때 고민하고 고민해 고른 며느리가 호랑이 새끼인 줄 몰랐던 거다. 시아버지와 목숨을 건 권력투쟁을 벌여 결국 이기지 않았는가.

이런 상황 속에서 명성왕후 곁에는 늘 무녀가 있었다. 명성왕후는 임오군란壬午軍亂 때 성난 군인들이 궁으로 몰려오자, 궁녀복으로 갈아입고 몰래 충주로 피신한 적이 있었다. 이때 한 무녀가 그곳으로 찾아왔고, 그렇게 알게 된 무녀에게서 명성왕후는 큰 위로를 받았다. 나중에 환궁할 때도 데리고 왔을 정도로 신임했다. 오죽하면 고종이 '진실로 영험하다'는 의미의 '진령군眞靈君'이란 작호까지 내렸을까.

진령군은 궁중 무녀 자격으로 왕실을 위한 산천기도, 굿과 제사를 도맡았다고 한다. 진령군이 양반의 벼슬을 임명하고 내쫓는 일쯤은 다반사로 할 정도로 호가호위했다고 한다. 고종과 명성왕후의 진령군에 대한 의존도는 점차 높아졌다. 병약한 세자를 위한 일이라면 진령군의 부탁을 다 들어주었다. 진령군이 세자를 위해 굿을 하고, 금강산 1만 2천 봉우리마다 쌀 한 섬과 돈 열 냥씩을 바쳤다는 이야기기가 돌 정도였다. 이런 일로 내탕금이 바닥났다고 한다.

1895년 8월 20일, 일어나지 말아야 할 일이 일어났다. 일제가 낭인들을 시켜 명성왕후를 시해한 사건이다. 조선의 식민지화 야욕을 불태우던 일제는 친청파인 명성왕후를 걸림돌로 생각했다. 일제가 치밀하게 준비한 작전의 이름은 '여우 사냥'이었다. 명성왕후의 얼굴을 몰라 허둥대던 낭인들이 명성왕후가 누구냐고 궁녀들을 다그쳤지만 입도 쩍 하지 않았다고 한다. 결국 궁녀복을 입고 궁녀들 사이에 섞여 있던 명성왕후는 발각됐고, 잔인하게 칼로 시해당했다. 일제는 증거를 인멸하기 위해 중전의 몸에 석유를 뿌리고 불을 지른 후 연못에 던져버렸다고 한다.

굳건하던 명성왕후가 '을미사변乙未事變'으로 희생되자 고종은 닷새 만에 사저에 있던 엄 상궁을 다시 궁으로 불러들였다. 엄 상궁이 고종의 승은을 입었다가 명성왕후에 의해 궁 밖으로 내쫓긴 지 10년 만이었다. 엄 상궁은 명성왕후의 역할을 대신했다.

고종은 신변의 위협에 시달리다 결국 러시아공사관으로 피신하는 '아관파천俄館播遷'을 감행했다. 이때 엄 상궁의 역할이 컸다고 한다. 일본의 서릿발 같은 감시를 피하기 위해 궁녀 가마 두 채를 미리 드나들게 해 경계를 늦추는 등 사전 작업을 했다고 한다.

러시아공사관에서 그런대로 편안하게 지내던 고종은 1년 만인 1897년 2월에 경운궁으로 돌아왔다. 그러자 사방에서 '제국'을 선포하라는 목소리가 밀려들었다. 청일전쟁으로 군신 관계에 있던 청과 조공 책봉 관계가 없어지기도 했거니와, 러시아나 일본 같은 주변국들이 하나같이 황제를 칭하고 있었기 때문이었다. 우리만 왕조 국가로 있으면 이 나라들과 대등하지 않아서 우리의 위상을 높일 필요가 있었던 것이다.

그래서 고종은 1897년 10월 12일 문무백관을 거느리고 원구단에 나아가 황제 즉위식을 갖는다. 국호는 '대한제국'으로 정했다. '대한'은 고구려·백제·신라를 통틀어 '삼한'이라 불렀던 데서 착안했다고 한다. 당시 주변국들은 우리나라를 '조선' 말고 '한韓'으로 부르기도 했는데, 그 한을 모두 아우르는 '큰 한'이란 의미에서 '대한'으로 정했다고 한다. 이 '대한'이 임시정부의 국호 '대한민국'으로, 1948년 정부를 세울 때 그대로 사용하여 오늘에 이르고 있다.

이때 또 하나의 왕실, 아니 황실의 경사가 있었는데, 마흔네 살의 엄 상궁이 아들을 낳은 것이다. 북한산에 산신각까지 짓고 백일기도를 올릴 만큼 정성을 들인 결과였다. 그가 영친왕英親王이다. 아무튼 대한제국 선포로 조선의 '왕세자'였던 순종의 지위도 격상됐다. '황태자'가 된 거다. 하지만 일제의 식민지화 작업이 많이 진행된 상황이라 그 실질적 입지는 변하지 않았다. 되레 있으나 마나 한 존재로 격하되고 있었다.

그러는 가운데 천연두를 앓거나 숱하게 잔병치레하며 가뜩이나 건강이 좋지 않았던 순종은 1898년에 독살 미수 사건을 겪는다. 이름하여 '김홍륙 독차 사건'이다.

러시아어 역관이었던 김홍륙이 러시아와 통상에서 거액을 착복한 사실이 밝혀져 유배를 가게 됐다. 김홍륙은 이에 앙심을 품고 고종을 독살하려고 시도한다. 9월 12일, 이날은 고종의 생일이었다. 고종과 순종이 함께 커피를 마시는 데 착안하여 커피에 아편을 섞었다. 아편은 많이 먹으면 죽을 수 있을 만큼의 독이 있다고 한다.

커피 애호가인 고종은 그날따라 커피 맛이 이상하다고 여겨 바로 뱉었다. 순종은 무심코 많이 마셨다. 그 결과 고종은 무사했지만,

순종은 그 자리에서 기절하고 며칠 동안 혈변을 누는 등 건강을 해쳤다. 이가 많이 빠져 틀니를 해야 했다. 사실 여부를 떠나 이 일로 순종이 바보가 되었다는 소문까지 세상에 퍼져 사람들의 입에 회자됐다고 한다.

1905년, 일제가 대한제국 식민지화의 사실상 마침표를 찍는 '을사늑약乙巳勒約'을 체결한다. 이토 히로부미가 헌병의 총칼을 앞세우고 회의장에 들어와 대신들에게 동의하라고 윽박질렀다. 참정대신 한규설이 대성통곡했다. 이토는 "너무 떼를 쓰거든 죽여 버려라"라고 고함치며 그를 별실로 데려가라고 했다. 탁지부대신 민영기와 법부대신 이하영도 반대 의사를 굽히지 않았다.

하지만 학부대신 이완용·군부대신 이근택·내부대신 이지용·외부대신 박제순·농상공부대신 권중현 등 다섯 명은 동의했다. 이로써 을사늑약은 체결된다. 우리 역사는 일제에 나라를 팔아먹은 이들을 '을사 5적'이라고 부른다. 《황성신문》의 사장 장지연이 "아! 원통한지고, 아! 분한지고. 우리 2천만 동포여, 노예가 된 동포여! 살았는가, 죽었는가?"라며 일갈한 그 유명한 '시일야방성대곡是日也放聲大哭(이날에 크게 목 놓아 우노라)'을 발표하기도 했다.

나라 안팎에서 독립운동이 거세게 일어나는 한편 다양한 독립운동 방법이 모색되고 있었다. 1907년 고종이 헤이그에서 열리는 만국평화회의에 정사 이상설, 부사 이준, 통역관 이위종 등 세 명의 밀사를 보내는 것도 이 흐름 중 하나였다.

일제는 이 일을 크게 문제 삼았다. 고종이 러시아 니콜라이 2세 황제에게 몰래 보낸 밀서를 입수했던 것이다. 밀서에는 "한국 황제의 밀사 세 명이 만국평화회의 참석을 요구하며, 1905년 일본과 맺은 보호조약이 한국 황제의 뜻이 아니므로 무효"라는 내용이 들어 있었다.

일제는 협약 위반이라며 고종에게 책임을 지라고 요구했다. 이 문제를 논의하기 위해 소집된 어전회의에서 이완용과 송병준 같은 매국노들이 앞장서서 고종더러 자결하라고까지 주장한다. 7월 16일 열린 내각회의에서 결국 고종 황제의 폐위를 결정한다.

고종 황제는 이를 거부하면서 저항하다가 '황태자 대리 조칙'으로 하기로 타협한다. 왕이 사정이 있어 세자에게 정치를 잠시 맡기는 '대리청정' 같은 것이었다. 하지만 이완용을 비롯한 교활한 친일파의 속내는 달랐다. 형식은 '대리'였더라도 황태자를 즉위시켜 고종을 폐위하겠다 마음먹었다. 이들은 곧바로 황제 양위식을 진행해, 7월 20일 순종 황제가 대한제국 2대 황제로 즉위했다. 《순종실록》 첫 기사인 1907년 7월 19일 자는 이렇게 무미건조하게 기록돼 있다.

"명을 받들어 대리청정하였다. 선위받았다."

이 무슨 형용모순인가. '대리청정'이라고 하고서 '선위'받다니. 둥근 사각형이 아닌가. '대리'는 황태자의 신분을 갖고 하는 거고, 선위禪位는 살아 있는 군주가 군주 자리를 물려주는 걸 의미한다. 선위를 받았다면 황제 자리를 물려받았다는 이야기다. 어떻게 황태자와 황제가 한 사람일 수 있는가.

일제는 고종 황제를 강제로 폐위한 지 나흘 만인 7월 24일에 2차 을사늑약으로 불리는 3차 한일협약(정미7조약)을 맺어 대한제국의 거의 모든 권한을 빼앗는다. 그러고 일제는 1910년 8월 22일 '한일병합조약韓日倂合條約'을 체결했고, 8월 29일 대한제국을 병합하여 식민지로 삼는다.

이날 일왕은 칙령을 발표하여 대한제국의 국호를 '조선'이라 칭한다고 했다. 또 한일병합조약에 따라 대한제국 황실은 '이 왕가李王家'라는 이름의 일본 귀족으로 편입된다. 대한제국 황제는 '조선 왕'으로 불리고.

《조선왕조실록》의 마지막 군주를 기록한 《순종실록》의 맨 마지막 기사인 1910년 8월 29일 자 '일본국 황제에게 한국 통치권을 양도하다'라는 제목의 순종 황제의 말을 들어 보며 조선의 모든 왕의 즉위기를 쓰는 대장정을 끝맺음해 보자.

"짐이 한국의 통치권을 종전부터 친근하게 믿고 의지하던 (…) 이웃 나라 대일본 황제 폐하에게 넘겨 밖으로 동양 평화를 공고히 하고 안으로 팔도의 민생을 보전하게 하니, 그대들 대소 신민들은 나라의 힘과 때의 사정을 깊이 살펴서 번거롭게 소란을 일으키지 말고 각각 그 직업에 안주하여 일본 제국의 문명한 새 정치에 복종하여 행복을 함께 받으라."

순종은 "이 조치는 그대들 민중을 잊음이 아니라 참으로 그대들 민중을 구원하려고 하는 지극한 뜻에서 나온 것"이라고 덧붙였다. 이 말을 듣고 어떤 느낌이 드는가. 글쎄, 이 웃픈(웃기고 슬프다) 현실이 안타까울 뿐이다. 문제는 이게 여전히 해결되지 않고 현재진행형으로 남아 있다는 것이다. 해결의 실마리는 물론이거니와, 그 끝이 언제일지도 모른다. 우리가 역사를 잊지 말아야 하는 이유가 분명하지 않은가. 자, 이제 마무리하자. 태조 이성계가 요동 정벌에 나섰다가 딴마음을 품고 위화도에서 회군하여 창업한 조선 왕조의 500년 역사는 일제에 강제 병합되면서 이렇게 막을 내렸다.

조선 왕실의 최후

대한제국 순종 황제에서 실질적인 조선의 역사는 멈추지만, 대일항쟁기에도 조선 왕가의 명맥은 유지되었다.

순종 황제는 슬하에 자녀가 없었다. 순종의 첫 부인은 순명효황후純明孝皇后 민씨이다. 외가의 친척 민태호의 딸이다. 1904년에 죽었다. 다시 가례를 올려 맞은 계비는 순정효황후純貞孝皇后 윤씨다. 모두에게서 자식을 보지 못했다. 후궁을 두지도 않았다. 일설에는 순종이 성불구였다는 이야기가 돌긴 했지만 확인할 수 없다.

해서 순종은 이복동생들 사이에서 후사를 결정해야 했다. 이때까지 살아남은 동생은 세 명이었다. 의친왕과 영친왕, 그리고 덕혜옹주가 그들이다. 이들 중 순종은 스물세 살이나 어린 귀인 엄씨 소생의 영친왕을 황태자로 삼는다. 이미 어른이 된 귀인 장씨 소생의 의친왕이 있었음에도 이런 선택을 한 건 아버지 고종 황제를 의식한 것으로 보인다. 이때까지만 해도 아버지 고종이 살아 있었다.(고종은 1919년에 돌연 사망한다.) 귀인 엄씨는 고종이 몹시 중히 여긴 후궁이 아니던가.

황태자가 된 영친왕은 곧바로 유학이라는 이유를 들어 강제로 일본으로 보내진다. 이토 히로부미가 인질로 끌고 간 거였다. 영친왕은 일본에서 일본 황족인 마사코(이방자)와 정략 결혼까지 한다. 1926년 순종이 타계하자 영친왕은 대일항쟁기 때 가졌던 '창덕궁昌德宮 이왕李王'의 지위를 계승한다. 유명무실하지만 나중에 그의 아들 이구李玖가 왕세자 자리를 물려받는다.

한편 의친왕은 미국으로 유학을 떠났다가 을사늑약이 있던 해에 귀국하여 대한제국군 육군 부장으로 임관한다. 이후 비밀리에 독립운동에 가담하기도 했다. 의친왕은 슬하에 자녀를 많이 두어 12남 9녀를 낳았다. 이는 대한제국 황실에서 나름 영향력을 행사하는 힘으로 작용하기도 했단다.

공식적으로 이 왕가의 소멸은 1947년 5월 3일에 가서 이루어졌다. 해방 뒤 미 군정하 일본이 신헌법을 제정하면서 이 왕가의 황공족을 폐지했다.

이제 이들은 왕족이 아닌 여느 성씨와 다를 바 없는 본관을 '전주'로 하는 '이씨', 즉 '전주 이씨'로 이 땅에서 우리와 함께 살아가고 있다.

누가 왕이 되는가

스릴과 반전, 조선 왕위 쟁탈기

초판 1쇄 발행	2025년 2월 20일
지은이	조성일
펴낸이	신민식
펴낸곳	가디언
출판등록	제2010-000113호
주소	서울시 마포구 토정로 222 한국출판콘텐츠센터 419호
전화	02-332-4103
팩스	02-332-4111
이메일	gadian@gadianbooks.com
CD	김혜수
마케팅	남유미
디자인	미래출판기획
종이	월드페이퍼(주)
인쇄 제본	(주)상지사P&B
ISBN	979-11-6778-145-1 (03910)

＊ 책값은 뒤표지에 적혀 있습니다.

＊ 잘못 만들어진 책은 구입하신 서점에서 바꾸어 드립니다.

＊ 이 책의 전부 또는 일부 내용을 재사용하려면 사전에 가디언의 동의를 받아야 합니다.